HISTOIRE
DE
L'HOTEL ROYAL
DES INVALIDES.

TOME DEUXIÈME.

BLOIS. — IMPRIMERIE DE CH. GROUBENTAL, GRANDE-RUE, 46.

NAPOLÉON.

1845.

HISTOIRE
DE
L'HOTEL ROYAL
DES INVALIDES

DEPUIS SA FONDATION JUSQU'A NOS JOURS,

PAR AUGUSTE SOLARD,

SECRÉTAIRE INTIME DE M. LE MARÉCHAL OUDINOT, DUC DE REGGIO,
GOUVERNEUR DES INVALIDES.

> Entre tous les établissemens que nous avons faits dans le cours de notre règne, il n'y en a point qui soit plus utile à l'État que celui de l'Hôtel Royal des Invalides, toutes sortes de motifs doivent engager *le dauphin et tous les autres rois nos successeurs* à lui accorder une protection particulière; nous les y exhortons autant qu'il est en notre pouvoir. *(Testament de Louis XIV.)*

TOME DEUXIÈME.

BLOIS,
CH. GROUBENTAL, ÉDITEUR.

PARIS,
A LA LIBRAIRIE MILITAIRE DE J. DUMAINE, NEVEU ET S.ʳ DE G. LAGUIONIE,
(Maison ANSELIN), rue et Passage-Dauphine, 36.

1845.

ANNALES, FASTES

ET

ESQUISSES BIOGRAPHIQUES.

PREMIÈRE PARTIE.

CHAPITRE PREMIER.

L'HOTEL SOUS LE RÈGNE DE LOUIS XIV (1671 à 1751).

Sommaire : — Matières qui composent les annales de l'Hôtel. — Difficultés que présente l'organisation des Invalides. — Activité, de Lemaçon d'Ormoy, premier gouverneur. — Comité d'examen, dette de gloire qu'il est appelé à payer. — Aperçu des corps qui ont pu fournir la première population de l'Hôtel Royal des Invalides. — Louvois. — Son portrait. — Ses réformes militaires. — Nouveaux corps formés sous ses auspices, et qui renouvelèrent, dans la suite, la population des Invalides. — Guerres de Louis XIV, dans lesquelles cette population s'est distinguée. — Régimens nouveaux, formés pour soutenir la lutte contre l'Europe. — Mort de Louvois. — Légende de ce grand homme à l'Hôtel, ses successeurs. — Les premiers successeurs de Lemaçon d'Ormoy. — Particularités diverses. — Louis XIV aux Invalides. — Luttes des gouverneurs pour maintenir les privilèges de l'Hôtel contre les prétentions des officiers de la ville de Paris. — Le roi les soutient. — Esquisse biographique de ces gouverneurs et des lieutenans de roi. — Règlemens divers. — Police et désordres des Invalides. — Mort de Louis XIV. — Petites choses mêlées aux grandes. — Etat des constructions à la mort du roi. — Esquisse biographique des artistes qui furent employés aux dessins, à la construction et à la décoration des diverses parties de l'Hôtel..

Nous ne nous sommes occupés jusqu'ici que de l'Histoire de l'Institution des Invalides, et de son organisation, nous aurons maintenant à parler des faits, des évènemens qui se sont passés dans l'intérieur de l'Hôtel, et ce ne sera pas la partie la moins intéressante de notre publication. En effet cet Hôtel Royal des Invalides, destiné par la munifence nationale, à offrir un asile à ses défenseurs, n'a-t-il pas, lui aussi, ses fastes et ses annales? N'a-t-on pas vu à la tête de son gouvernement, dans les services de son administration, dans ses plus modestes chambres, des hommes qui ont vécu pour illustrer leur patrie, et auxquels l'Histoire doit un souvenir?

Réduits à l'impossibilité de retracer les services individuels de la grande famille des Invalides, nous nous renfermerons dans des appréciations générales; les gouverneurs, les sommités administratives, les visites princières, les évènemens remarquables qui constituent les annales de l'Hôtel, appelleront notre attention; mais nous donnerons surtout tous nos soins au développement des faits survenus dans l'Hôtel, depuis 1789, jusqu'à nos jours. A cette époque de régénération politique, tout s'anime dans l'Hôtel, tout prend une physionomie, une face nouvelle. De retraite royale, la construction bourbonnienne devient monument national. On y couronne les vainqueurs, on y proclame les héros, on y dépose les monumens de la gloire nationale; c'est, chaque jour, un hôte illustre, un évènement remarquable, une page de plus pour l'Histoire.

Nous eussions envié, pour nous tenir constamment à la hauteur de notre sujet, le talent de ces hommes qui élèvent si haut la science de l'Histoire. A defaut de talent, faisons preuve de courage, et continuons notre œuvre avec conscience.

Le premier qui reçut le titre de gouverneur de l'Hôtel Royal des Invalides, ce fut le prévôt-général des bandes à la police, du célèbre régiment des Gardes-Françaises, sorte d'inspecteur-général et d'arbitre suprême des affaires judiciaires de l'infanterie régulière de France et des milices.

Lemaçon, seigneur d'Ormoy, dont la dépouille mortelle repose encore dans le caveau des gouverneurs de l'Hôtel, appartenait à une famille ancienne et noble de la Picardie. Il avait su fixer, par son attitude à la tête des Gardes-Françaises, très-difficiles à manier, l'attention de Louvois ; sa vie judiciaire et militaire n'était pas sans illustration, et il unissait à un grand courage, toutes les qualités qui font aimer les chefs de leurs soldats. Ferme, consciencieux, sévère pour lui-même avant de l'être pour les autres, jamais une plainte, jamais une réclamation ne le trouva indifférent.

Louvois donna pour aide à Lemaçon d'Ormoy, et pour directeur de la partie matérielle, ses créatures les plus dévouées, les frères Camus, hommes fort habiles, et qui, avec Chamlay, eurent une grande part à tout ce que le rival de Colbert fit de remarquable. M. de Senneric, capitaine dans le 4e vieux corps de l'infanterie, blessé plusieurs fois, mais jeune et vigoureux, reçut la charge de lieutenant de roi, en 1675. On n'a pas ses provisions.

Ces premiers fonctionnaires unissant leurs efforts, obtinrent, grâce à ce concours réciproque, de très-grands résultats, mais l'embarras des finances était extrême, et dans l'impossibilité de donner à l'organisation naissante des Invalides, l'éclat dont on avait eu l'intention de l'entourer, on allait jusqu'à accuser Louvois de n'avoir conseillé à Louis XIV la fondation de cet établissement, que dans l'intention de créer des obstacles et des difficultés à Colbert. Il nous serait difficile d'établir jusqu'à quel point ces reproches étaient fondés. Ce qu'il y a de certain, c'est que Louis XIV fut entravé dans l'exécution de ses projets; il ne fit pas ce qu'il voulut, et l'Hôtel demeura inachevé. En 1814, un Bourbon, dépositaire des secrets de la monarchie de ses pères, appelait cet établissement, un établissement provisoire. Quoiqu'il en soit, la première administration des Invalides, justifia la confiance du roi et du pays; elle s'organisa au sein d'une position pleine de difficultés ; elle s'acquitta honorablement d'une tâche d'autant plus difficile, qu'on était encore en pleine construction.

Les bâtimens s'élevaient avec une rapidité inouïe. Louvois cependant trouvait qu'on agissait avec lenteur; chaque instant qu'il avait de libre, il venait le passer avec les ouvriers; on le voyait partout donnant des ordres, contrôlant les dépenses, recevant l'ameublement, discutant la police à établir, les règlemens à donner. Louis XIV lui-même, ne dédaignait pas de visiter les travaux et d'exciter, par sa présence, le zèle des chefs préposés à la surveillance des constructions.

Il fallait toute l'activité de Lemaçon d'Ormoy, pour résister aux fatigues d'une pareille existence, et tout son dévouement à la nouvelle Institution, pour répondre sans cesse à l'impatience de ses fondateurs.

D'un autre côté, les fonctionnaires désignés dans l'ordonnance royale constitutive, étudiaient, de concert avec lui, tout ce qui était propre a assurer la bonne administration et la bonne discipline de l'Hôtel. Un comité spécial, composé des hommes les plus aptes à traiter ces sortes de questions, se réunissait en outre très-souvent sous la présidence du gouverneur, pour examiner les titres d'une foule de vieux braves qui arrivaient incessamment des provinces, attirés par la renommée de la nouvelle fondation.

Et en effet, la France avait, à cette époque, un immense arriéré de services rendus à payer.

On ne devient pas impunément la première puissance de l'Europe. Or, la France était devenue cette puissance prépondérante ; elle que Henri IV avait trouvée si faible, si divisée, si près de devenir la proie de ses ennemis.

Ce n'était pas seulement la politique, le génie de ce grand prince, la politique et le génie de Richelieu, les négociations du cardinal Mazarin, qui avaient élevé si haut la France bourbonnienne, c'était surtout le courage de ses soldats et l'habileté de ses généraux sur les champs de bataille.

Les évènemens multipliés de la fin du dernier siècle et du commencement de celui-ci, ont pour ainsi dire blasé le sentiment national à l'endroit de la gloire militaire. D'un autre côté, ces évènemens ont retenti avec tant de puissance, qu'ils ont presque fait oublier qu'avant la République et l'Empire, il y avait une France militaire, ardente, courageuse, pleine de discipline et de patience, et dont les exploits furent aussi des exploits de géans.

Mais il ne faut pas respecter moins les vétérans de Louis XIII et de Louis XIV, que ceux des batailles dont la série paraît avoir été close en 1815.

Comme les soldats d'Italie, d'Égypte et de Russie, les soldats qui firent la guerre de 30 ans, qui soutinrent les efforts de cinq coalitions, ont souffert, ont mérité. Leurs souffrances, leur mérite furent d'autant plus grands, qu'ils n'avaient pas, comme les soldats de la génération républicaine, la conscience de l'importance de leur individualité. Ils n'avaient pas, comme eux, l'espoir de ces récompenses militaires, dont le désir est un mobile si puissant. Ils combattaient, ils souffraient obscurs, obscurs pour toujours.

En outre, le métier d'homme de guerre était alors pour le soldat bien plus rude qu'aujourd'hui. Vêtu, armé, selon le bon plaisir de son capitaine, nul souvent ne prenait soin de ses vivres. Sa solde n'était pas toujours payée. C'est à peine, quand il était blessé, si, à défaut d'un service d'ambulance organisé, quelque chef bienveillant le faisait relever et traîner parmi ses bagages.

Mais, sans parler de la condition pénible du soldat, avant que nos armées n'eussent reçu l'ordre admirable qui les gouverne depuis longtemps, c'est faire l'Histoire des Invalides que de rappeler les combats et les travaux qui leur méritèrent l'Hôtel.

La première population de cet établissement

datait des guerres de la Valteline et du Piémont, et de la fameuse guerre de trente ans, dans laquelle, venue la dernière, la France porta les plus rudes coups à sa double ennemie, l'Autriche et l'Espagne.

Elle datait aussi de cette guerre de la Fronde, à laquelle l'Espagne vint se mêler.

A peine voyait-on, parmi les vétérans pour lesquels s'ouvrit l'asile révéré, un ou deux soldats du Béarnais, mort en 1610, et encore n'avaient-ils pu assister que comme des enfans, soit à Arques, soit à Ivry, soit au siége d'Amiens.

Mais la masse avait vu de grandes choses, pris part à des évènemens remarquables ; elle avait, elle aussi, sué du sang ; elle avait été noble héroïque ; elle avait sauvé le pays.

Plaçons ici un simple souvenir des hauts faits de cette première population. Nous laissons de côté les guerres civiles, triste reliquat des troubles religieux, et qui agitèrent le commencement et le milieu du règne de Louis XIII.

En 1624, l'expédition des Français dans la Valteline, conduite par le marquis de Cœuvres, r'ouvre la carrière des guerres extérieures. La même année, le connétable de Lesdiguières envahit le territoire Génois. Richelieu, les années suivantes, prend la Rochelle, et termine la grande guerre calviniste, en 1628.

En 1629, Louis XIII, lui-même, marche vers l'Italie, emporte le pas de Suze, et force le duc de Savoie à une paix, qui est bientôt rompue. En 1630, nouvelle expédition conduite par Richelieu en personne, assisté de Schomberg et Créquy. Conquête de la Savoie. Combat magnifique d'Avigliano. Combat de Carignan. Défense de Casal et paix de Chérasco, ménagée par Mazarin.

En 1631, soulèvement du duc de Lorraine et de Gaston d'Orléans. Défaite de Montmorency à Castelnaudary.

Débarrassé des ennemis de l'intérieur, Richelieu entreprend une double guerre, depuis long-temps méditée contre l'Autriche, et contre l'Espagne. Il fait entrer la France sur le théâtre de la guerre de 30 ans. De 1635 à 1648, ce sont combats sur combats, sièges sur sièges ; nous avons cinq armées sur pied. Les maréchaux de Châtillon et de Brézé, remportent la victoire d'Avein, prennent Dillemont, Diest, Ærschot, en 1635. Le cardinal de Lavalette fait lever aux Impériaux le siége de Mayence et gagne la victoire de Vandevrange, sur les bords de la Sarre, tandis qur le maréchal de La Force prend Saint-Mihel, en Lorraine. A la même époque, Créquy pénètre en Italie.

L'année suivante, Lavalette force Saverne ; Créquy est vainqueur à Buffalora. Le prince de Condé fait le siége de Dôle. Les Espagnols, qui veulent pénétrer au cœur de la France par la Picardie, sont rejetés au-dela du Rhin, tandis qu'une seconde armée est repoussée de la Gascogne par les soldats aux ordres de d'Épernon.

En 1637, succès maritimes de l'escadre du comte d'Harcourt; prises de Saint-Amour, de Lons-le-Saulnier par les troupes du duc de Longueville; conquêtes de Landrecies, La Capelle et Maubeuge par Lavalette, d'Ivoi et de Damvillers par Châtillon. Le duc d'Halluin prend à Leucate, aux Espagnols, quarante pièces de canon, et douze drapeaux.

En 1638, nous avons six armées sur différens points. Guébriant et Turenne rappellent à Rheinfeld la victoire échappée au duc de Saxe-Weimar. Le brigadier Fabert se distingue en Italie. Le roi repousse encore les Espagnols de la Picardie. L'archevêque de Bordeaux, Henri d'Escourbeau-Sourdis, Amiral de l'Océan, dissipe les escadres de l'Espagne, et nos matelots, guidés par Pont-Ourlai et par lui, commencent à rivaliser avec nos soldats. sous les ordres du duc de Rohan, alors comparé à Sertorius, s'illustrent dans la campagne de la Valteline.

En 1639, cinquième campagne contre l'Autriche et l'Espagne. A la bataille de Thionville, la France succombe un instant avec Feuquières, vaincu par Piccolomini ; mais Louis XIII entre à Hesdin par la brèche, et si Schomberg II est battu par les Espagnols à Salces, d'Harcourt est vainqueur à Carignan, tandis que les milices, conduites par Turenne, sont victorieuses au passage de la Sentana.

En 1640, nous avons sur pied cent régimens d'infanterie à deux et trois bataillons, et quatre cents cornettes ou compagnies de cavalerie, qui peuvent former vingt-cinq régimens.

D'Harcourt et Turenne font lever aux Espagnols le siège de Casal. Notre infanterie s'empare de Turin, elle est victorieuse à Montcallieri, et d'Harcourt, par ses exploits, fait dire à Jean de Verk, son ennemi : « J'aimerais mieux être comte d'Harcourt, qu'empereur. » De son côté, le comte rendait justice à ses troupes. « Je ne serais rien sans eux, » disait-il, en montrant ses soldats.

La même année, prise d'Arras, malgré l'inscription des Espagnols.

L'année suivante nous augmentons encore nos troupes. Elles sont victorieuses à Wolfenbuttel, sous le maréchal de Guébriant. D'un autre côté, en Lorraine, en Artois, en Roussillon, le drapeau français fait chaque jour une conquête.

En 1642, victoire remportée par Guébriant, à Kampen, sur Lamboi et Merci, les meilleurs généraux de l'empereur. Prise de Perpignan, par le roi en personne. Victoire de Lamothe-Houdancourt à Lérida. Echec du duc de Guiche à Honnecourt, promptement réparé. Prise de Portine par nos troupes.

Richelieu meurt au sein de la victoire. Il a fait dominer en Europe, la gloire militaire de la France. Le soldat français commence, comme l'a dit un grand historien, à remplacer sur les champs de bataille, le senor soldado espagnol. Mais la mort du grand ministre, celle du roi, une minorité, une régence, laissent l'ennemi respirer. Il se croit à son tour appelé à vaincre.

La bataille de Rocroi, où notre infanterie conquiert le premier rang, les détrompe en 1643. Le génie et l'activité du duc d'Enghien, plus tard le grand Condé, la résistance de la réserve, commandée par le brave Sirot, la fougue de la cavalerie, aux ordres de Gassion, assurent à la France une victoire décisive. Les lauriers de Rocroi ornent le berceau de l'enfant royal, appelé à devenir le grand roi.

Peu après, d'Enghien prend Thionville; Turenne chasse les Espagnols du territoire piémontais; Houdancourt est vainqueur en Catalogne. La flotte aux ordres de Brézé remporte, le 3 septembre, la victoire navale de Carthagène.

L'année suivante, mouvement rétrogade de notre armée d'Allemagne, privée de Guébriant et commandée par Rantzau, qui est battu à Tudelingen. Mais Turenne, avec une petite armée habillée à ses frais, traverse la Forêt-Noire; d'Enghien le rejoint : et le drapeau de la France reste encore maître du champ de bataille à Fribourg et Willingen.

D'un autre côte, le duc d'Orléans prend Gravelines, et si Houdancourt se laisse battre à Tarragone, si Turenne et Rosen sont repoussés à Mariendal en 1645, les troupes du roi remportent une éclatante victoire à Nortlingen, où Jean de Verk et Merci leur disputent avec acharnement la victoire.

La même année, nos soldats emportent les places de Lenk, Bourbourg, Cassel, Braire, Merville, Saint-Venant, Liller, La Mothe-aux-Bois, Armentières, Varneton, Comines, Marchiennes, Le Pont-à-Vendin, Lens, Archies, l'Écluse et Arlaux, dans la Flandre; elles gagnent la victoire de Florens, en Catalogne, et celle de Mora, en Piémont.

La France s'épuisait en hommes et en argent, mais elle ne se lassait pas de combattre et de vaincre. La politique de Mazarin enchaîna, durant l'année 1646, le génie de Turenne en Allemagne. La guerre traîna en longueur; cependant le duc d'Orléans prend Mardick. La flotte gagna, au prix de la mort de son amiral de Brézé, la victoire navale d'Orbitello, et le drapeau français entra dans Piombini.

L'Autriche ne pouvait dissimuler son abaissement. Plus fière, l'Espagne espérait toujours dans son ancien bonheur. La première ouvrit des conférences pour la paix à Osnabruck et à Munster. Turenne, avec nos alliés les Suédois, rendit fécondes ces conférences par la victoire de Summershausen, sur Melander et Montécuculli. La paix de Westphalie, par laquelle la France succéda en Europe à la prépondérance de la maison d'Autriche, ne fut cependant pas signée de suite. Il fallut encore qu'une de nos armées, commandée par le grand Condé, fut victorieuse à Lens, le 20 août 1648. L'infanterie, les Gardes-Françaises, les gendarmes et la garde du prince, eurent les honneurs de la journée.

L'Espagne continua de se tenir en armes. Bientôt la guerre civile de la Fronde troublant la France, rendit aux fils de Charles-Quint tout leur espoir.

Nous laissons de côté la bataille de Paris, pour ne signaler que les succès contre les étrangers. En

1649, d'Harcourt bat les Espagnols entre Douai et Saint-Amand. Turenne, un instant au service de l'ennemi, est vaincu par Duplessis-Praslin à Réthel. Mais il rentre bientôt au service du pays et du roi, tandis que Condé, emporté par l'orgueil, abandonne la ligne du devoir. Alors des deux rivaux, l'un, le prince, est d'abord vainqueur à Bleneau, l'autre, le vicomte, remporte les petites victoires de Gien et d'Étampes en 1652. Mademoiselle, en faisant tirer le canon de la Bastille sur les troupes du roi, sauve le premier à la bataille du faubourg Saint-Antoine; le second manœuvre habilement contre les ennemis dans la Flandre, en attendant des succès plus décisifs.

La guerre confuse de 1654, 1655, 56, et 57, ne présenta pas de très-grands évènemens. Elle ne laissa pas néanmoins que d'être difficile et meurtrière pour les français, combattant des français mêlés aux espagnols. Enfin, en 1658, Turenne vainquit Condé et ses auxiliaires, à la bataille des Dunes. L'Espagne, déçue dans sa dernière espérance, qui était de nous vaincre par la guerre civile, signa le traité des Pyrénées en 1659.

On venait d'offrir l'empire à Louis XIV, comme on l'avait offert à François Ier. Le jeune prince ne pouvait oublier les troupes qui avaient valu à son enfance tant de gloire, qui lui avaient gardé le trône, et qui avaient sauvé le pays.

Il en médita dès-lors la récompense, et c'est quand, dix ans après, il se lança lui-même dans l'arène des combats, qu'il décréta l'ouverture de l'asile glorieux, destiné aux vétérans des combats que nous avons passés en revue.

Maintenant que l'on connaît les guerres qui fournirent à l'Hôtel des Invalides sa première population, disons un mot sur la formation et la constitution des armées auxquelles cette population survécut.

Henri IV avait trouvé sous les drapeaux huit mille hommes environ, manquant de tout. A sa mort, il laissa les approvisionnemens suffisans pour à une armée de vingt-cinq mille fantassins et de quatre mille cavaliers. Cette armée était organisée; elle coûtait une dépense annuelle de 6,000,000.

L'infanterie, autrefois commandée par le grand-maître des arbalétriers, avait reçu de François Ier un colonel-général. Henri III érigea cette charge en charge de la couronne, et la donna au duc d'Épernon qui fut, pour ainsi dire, le premier ministre du personnel de la guerre.

Le colonel-général ne commandait que l'infanterie française. Les deux Schomberg avaient le titre de colonels-généraux des Reitres; d'Ornano était colonel de l'infanterie Corse. Les Gardes-Françaises avaient le même colonel-général que l'infanterie.

L'infanterie, se divisait en colonne; celles-ci formaient les bandes en compagnies. Les officiers n'étaient pas à la nomination du roi. On achetait les grades, et le seul titre exigible des prétendans, était l'argent. « Ces officiers, dit Xavier Audoin, à qui nous empruntons ces détails, acquéreurs de compagnies, en laissaient l'administration et la direction à des chefs subalternes pauvres et sans espoir d'avancement. »

Le service militaire était personnel, sans priviléges. On obligeait tout possesseur de terres fieffées, à servir à cheval. La réquisition était tantôt de deux, tantôt de trois, de quatre et de cinq mois.

On distinguait, dans la cavalerie, la garde suisse, forte de deux mille hommes ; la grosse cavalerie de la garde ou gendarmérie, divisée en vingt compagnies; la cavalerie légère ou chevaux-légers, et les cavaliers hongrois. La cavalerie formait environ le cinquième de la force militaire. Ceux des soldats de cette arme qui quittèrent l'usage de la carabine pour celui du mousquet, s'appelèrent mousquetaires. On appela les autres carabins ou carabiniers.

Tous les fantassins n'avaient pas d'armes à feu. Des compagnies entières portaient la pique.

On n'avait pas encore régularisé le service des vivres, ni celui des ambulances.

L'artillerie, bien qu'organisée, avait peu de réputation; on regardait les artilleurs comme des ouvriers. Leurs capitaines les traitaient à leur guise, et sans bases uniformes.

Desnoyers, surintendant des fortifications, commençait à organiser le génie militaire.

Les derniers connétables avaient été Lesdiguières et Montmorency. Pour les suppléer, et afin de diviser le commandement, on augmenta le nombre des maréchaux de France.

Par l'ordonnance de 1664, tous les commandans des corps de l'infanterie, prirent le nom de colonels. Il y eut alors autant de régimens que de colonels. Ceux-ci donnaient leur nom propre à leurs corps, et chaque capitaine à sa compagnie. On appelait mestres-de-camp, les colonels-généraux des corps de cavalerie et des troupes étrangères. Un maréchal-général de France, eut le commandement sur les autres maréchaux.

Nous verrons plus bas, les améliorations que le ministère et les travaux de Louvois introduisirent dans le service des armées.

Pour compléter ces données sur la première population des Invalides, il faut donner un aperçu des corps qui existaient lors de la paix des Pyrénées. Après cette paix, les armées prirent tout à coup un accroissement prodigieux. Louvois et Louis XIV, frappant du pied la terre de France, il en surgit de toutes parts de braves et nombreuses légions.

La garde du roi avait le pas sur les autres forces militaires. Voici qu'elle était sa composition :

La garde Écossaise, créée par Charles VII en 1445.

La première compagnie française des gardes-du-corps, en 1475.

La seconde compagnie française des gardes-du-corps, créée à la même époque.

La troisième compagnie française des Gardes-du-Corps, créée en 1514.

La compagnie des cent gardes suisses, créée en 1481.

La compagnie des Gardes de la Porte du roi, dont l'origine est très-ancienne.

La compagnie des Gardes de la Prévôté de l'Hôtel, créée sous Philippe-le-Hardi en 1271.

La compagnie des Gendarmes de la Garde du roi, créée par Henri IV en 1609, et dont Louis XIII se fit le capitaine.

La compagnie des Chevau-Légers de la garde du roi.

Les deux compagnies des Mousquetaises de la garde du roi, l'une créée par Louis XIII en 1622, l'autre donnée à Louis XIV par Mazarin.

Nous passons maintenant à l'infanterie, voici quelle était sa composition :

Les Gardes-Françaises, instituées sous Charles IX en 1663, sous le nom des Dix-Enseignes du roi.

Le régiment des Gardes-Suisses, institué en 1616, et qui fit son premier service le 12 mars de la même année, devant le logis du roi, à Tours.

Le premier régiment d'infanterie, dit de Picardie, formé en 1558.

Le régiment de Champagne, même date.

Le régiment de Navarre, même date.

Le régiment de Piémont, dont l'origine se perdait dans l'Histoire des bandes noires de Piémont, et qui fut mis en régiment sous ce nom, par Henri II.

Le régiment de Normandie, levé en Normandie dans l'année 1616, par le maréchal d'Ancre.

Le régiment de la marine, formé en 1617, des restes des compagnies franches de la marine, classé le sixième en 1655.

Le septième régiment créé Balagny en 1695, et qui changeait de nom suivant ses colonels.

Le régiment de Bourbonnais, formé par Henri III, sous le nom de Nérestang, avec les anciennes bandes du Montferrat.

Le régiment d'Auvergne, créé en 1606, sous le nom de Bourg, son premier colonel. Nommé d'Auvergne en 1635.

Le dixième régiment, créé Rozant, puis nommé du nom de ses colonels, régiment de Lesdiguières, de Saulx, de Tessé, de Tallard, de Monaco, de Belsunce, *etc.*

Le onzième régiment, créé en 1610 par Vaubecourt, appelé ensuite d'Espagny, Bandeville, Nettancourt, Mailly, de Beuil, Brosse, Boufflers, Remiancourt, Pons, Marsan, Bouzols, *etc.*

Le douzième régiment ou régiment du roi, créé en 1662. Il n'avait d'autre inspecteur que le roi, qui y entretenait cinq surnuméraires par compagnie.

Ces douze régimens formaient ce que l'on appelait les vieux corps de l'infanterie française; les six derniers étaient les petits-vieux. Le régiment d'Artois, qui était le dernier des six petits-vieux, avait cédé son titre en 1662, au regiment du roi.

Venaient ensuite :

Le treizième régiment d'infanterie, appelé Royal. Il fut créé en 1662, et reçut alors dans son sein, le régiment de l'altesse, qui appartenait à

Gaston d'Orléans, et qui forma l'un de ses bataillons.

Le régiment d'Hostel, formé en 1616, appelé ensuite de Plessis-Praslin, et plus tard régiment de Poitou.

Le régiment Lyonnais, formé en 1660, au nom de la province.

Le régiment Vaubecourt, créé Castel-Bayar, ensuite Crussol, Montansier, Gondrin, etc..

Le régiment de Tourraine, créé Duplessis-Joigny en 1625, puis Saint-Ossange, La Freselière, d'Amboise, Carcado, Chambellé, Montaigu. Il eut le nom de la province en 1657.

Le régiment de Némond, créé en 1604, appelé ensuite Duras, Rosan, d'Anjou et d'Aquitaine. Il reçut ce dernier nom fort tard, en 1753.

Le régiment de Lémond, créé en 1604. Il fut ensuite le régiment de Turenne, du Maine, d'Eu.

Le régiment de Phalsbourg, amené en France en 1596 par le prince de ce nom. Il s'appela ensuite Nettancourt, d'Humières, Charost, Saillans-d'Estaing, Noailles, Custine, Saint-Chamont.

Le régiment des gardes de l'évêque de Liège venu en France en 1640.

Le régiment du Perche, formé par Henri IV de, bandes du Perche en 1595. Il porte aussi le nom de ses colonels.

Le régiment de la Reine, formé en 1661 ; de six compagnies du régiment Limosin, et d'autant de celui de Mazarin, avec le fonds du régiment d'Uxelles. Ce dernier datait de 1635.

Le régiment créé Calvisson en 1622, nommé ensuite Montpezat, Bouligneux.

Le régiment Royal-Vaisseaux. Il fut créé sous le nom de Foix, en 1635. Il s'appela ensuite Candale, puis Vaisseaux-Mazarin, puis Vaisseaux-Provence. Louis XIV s'en fit colonel en 1667. C'était une partie de l'infanterie de marine de ce temps-là.

Le régiment d'Orléans, créé d'Anjou en 1645, pour Monsieur, frère unique de Louis XIV.

Le régiment de la reine-mère ou de la régente, créé en 1643, sous le nom d'Anne d'Autriche. C'est ce régiment qui, plus tard, se distingua tellement au siège de Maëstricht, que Louis XIV lui décerna le titre de régiment de la couronne.

Le régiment de Bretagne, créé Castelnau en 1644. Il fut ensuite appelé d'Hocquincourt. Il reçut le nom de la province en 1658.

Le régiment de Savoie, créé en 1643 par le prince Thomas de Savoie, donné à Louis XIV en 1659. On l'appela dans la suite Soissons, Perche, et sous Louis XV, gardes Lorraine.

Le régiment de Saint-Vallier, créé sous

Henri IV en 1608. Ce fut ensuite le régiment d'Artois.

Le régiment de Gassion, amené en France par Gassion en 1634, et d'origine suédoise. Il s'appela ensuite Sourches, Harcourt, d'Humières, Lachâtre, Saint-Sulpice, *etc.*

Le régiment de Vendôme, créé en 1651.

Le régiment de la Ferté-Senneterre, créé en 1651. Il s'appela ensuite de la Sarre.

Le régiment de la Fère, créé par le cardinal Mazarin en 1651.

Le régiment d'Alsace, créé en 1655.

Le Royal-Roussillon, créé Catalan-Mazarin en 1655.

Le régiment de Condé, créé en 1661 pour la maison de Bourbon-Condé.

Tels étaient, à peu près, les corps d'infanterie qui existaient avant la guerre de 1670. On voit que, sur le nombre de ceux que nous avons nommés, un très-petit nombre est antérieur à la période française de la guerre de 30 ans. C'est pour soutenir cette guerre ou pour la terminer, que la la plupart sont créés.

Les corps de cavalerie étaient encore moins considérables.

Nous nommerons d'abord la célèbre gendarmerie de France, qui marchait de suite après la maison du Roi, et dont la fondation remonte à l'origine de la monarchie.

Venaient ensuite :

1° Le colonel-général, formé en 1635, des premières compagnies détachées.

2° Le mestre-de-camp-général, formé aussi en 1656, de la compagnie d'ordonnance du mestre-de-camp-général.

3° Le commissaire-général, formé en 1654, du régiment de M. Desclainvillers, qui fut le premier commissaire-général.

4° Le royal, formé par le cardinal de Richelieu. Il prit le nom de royal en 1642.

5° Le régiment du roi, créé en 1655, et commandé par le duc de Vivonne.

6° Le royal-étranger, formé en 1635, pour être le premier régiment de la cavalerie allemande.

Il fallait mettre l'ordre dans cette armée, préparer et fixer ses cadres de manière à ce qu'ils pussent attendre les éventualités.

Il fallait rendre le sort du soldat indépendant de l'insouciance ou de l'intérêt des capitaines ; assurer leurs vivres en campagne, leurs logemens dans les marches et les garnisons. Il fallait surtout centraliser dans la main du roi, les forces militaires ; abolir les gouvernemens particuliers, assez importans pour inquiéter la couronne ; opposer les chefs les uns aux autres; créer une discipline pour eux, en même temps qu'une discipline pour les soldats.

François Ier, Henri II et son grand connétable Montmorency, Charles IX, Henri III, Henri IV et Sully, avec les ministres que nous avons nommés, Concini, Richelieu, Louis XIII, Mazarin lui-même, s'étaient occupés de ces différentes nécessités. Ils avaient préparé les travaux, rendu possible le succès.

Louvois parut, et le succès fut assuré.

François-Michel Letellier, marquis de Louvois, était fils de Michel Letellier, chancelier de France. Il naquit à Paris le 18 janvier 1641. Mazarin, en 1654, lui fit accorder par le roi, la survivance de son père, qui avait reçu en 1643, le secrétariat de la guerre. Il fut bientôt appelé à s'initier aux affaires, en suivant comme conseiller les séances du Parlement de Metz, et quelque temps plus tard, en suivant comme auditeur, le conseil même du roi.

Il ne répondit pas d'abord aux espérances de son père. A la vérité, il annonçait du talent; un rapport, qui lui fut demandé, eut des succès. Mais jeune, amoureux du plaisir, il négligeait le travail, le conseil, et jusqu'à son père. Michel Letellier, homme de conscience, songea à se chercher un autre successeur que son fils. Louvois l'apprit, et jura de se réhabiliter. Il tint parole, et en 1666, ni son père, ni Louis XIV, ne crurent pouvoir mieux choisir, pour porter le poids tout entier de la guerre, que celui qu'ils croyaient avoir, l'un et l'autre, rendu digne de ses fonctions.

Louvois avait alors vingt-sept ans, c'est-à-dire, à peu près le même âge que le roi. Il était depuis 1662, marié à Anne de Souvré, fille du marquis de Courtanvaux.

Il débuta dans la carrière des réformes et de l'organisation, par un voyage qu'il fit pour visiter les places fortes de l'intérieur et des frontières. Il rapporta de ce voyage, l'idée qui mit surtout le roi à la place des seigneurs, en changeant en garnisons royales, une foule de garnisons particulières.

Il s'appliqua, de concert avec le roi, auquel il eut, dit-on, l'art de persuader que toute la lumière venait du trône, à mettre à exécution toutes les réformes méditées sous les règnes précédens.

Mais le nerf de la guerre et de l'armée étant l'argent, ni Louvois, ni Louis XIV n'eussent réussi sans les soins de Colbert, qui mit alors de l'ordre dans les finances, qui rendit productif pour le trésor, le commerce et l'agriculture des particuliers.

Secondés par ce grand homme, et employant

des instrumens habiles, comme Chamlay, de Perranges, les Camus, distinguant et appréciant le génie des Vauban, des Demetz et d'autres grands organisateurs, ils eurent bientôt renouvelé la constitution de l'armée.

On ne peut ni ne doit l'oublier, avant Louis XIV et Louvois, la victoire manquait d'organisation.

Leur tâche était difficile. Il ne s'agissait plus de présider, comme du temps de Sully, à l'existence d'une petite armée de dix à vingt mille hommes.

Pour répondre aux éventualités de l'avenir la France devait avoir une force militaire de cent à cent cinquante mille soldats.

Cette force militaire pouvant même n'être plus suffisante, il fallait tout prévoir.

On prévit tout. En effet, quand Louis XIV, durant toute la guerre de 1688, eut quatre cent mille hommes sur pied, il n'y eut presque rien de changé à l'organisation esquissée par Louvois, et dont voici les principaux détails :

L'âge de la conscription était fixé à vingt-un ans. Les gouverneurs des provinces convoquaient le ban. Le recrutement se poursuivait avec une grande énergie.

La dernière convocation, faite d'après les anciens usages, fut celle de 1604. Elle n'obligeait que les possesseurs de fiefs, et les autorisait, comme autrefois, à servir à cheval. « Louis XIV, dit Audoin, croyait qu'un corps tout entier, composé de nobles et d'ennoblis, devait être invincible. » Turenne, à qui l'on donna le commandement de cette troupe, ne pensa pas comme le roi. Il supplia le ministre de l'affranchir de ce funeste secours, et ses succès ne devinrent assurés que quand on eut renvoyé dans leurs fiefs, tous ces nobles marquis, chevauchant, s'embarrassant et n'obéissant pas.

Jamais depuis on n'eut la pensée de renouveler un semblable appel. On fit plus, on exempta les nobles du service, eux qui seuls avaient jadis le privilège de servir. L'homme des champs, le laborieux ouvrier, le robuste travailleur, furent les seuls miliciens.

La révolution la plus remarquable dans les armées après celle-ci, ce fut l'introduction de l'uniforme (1). Jusque-là, la couleur des écharpes et des aiguillettes distinguaient seules les troupes, et même les nations. On attachait, il est vrai, à la perte de l'aiguillette, la plus haute importance.

Dans les premières années de l'institution des

(1) Concini, devenu maréchal d'Ancre, incapable de commander des troupes accoutumées à n'obéir qu'à Henri IV, donna à sa maison une organisation militaire. La livrée de ses domestiques fut le premier uniforme porté en France. Avant lui, les soldats n'étaient point distingués des citoyens par un costume particulier.

uniformes, on fut guidé dans le choix des couleurs, par quelques règles héraldiques. Le bleu fut affecté aux régimens royaux ; le rouge au régiment de la reine ; ceux des princes eurent la couleur grise ; ceux des colonels propriétaires furent très-bizarres.

Les titres des chefs de corps, et les divisions de leurs corps devinrent invariables. Les divisions furent les régimens, les escadrons ou les bataillons et les compagnies. On ne fit plus, autant que possible, des levées de corps, on fit des levées d'hommes. Chaque régiment avait pour noyau, une des plus anciennes compagnies, qui donnait à tous les nouveaux soldats des habitudes, des leçons, des exemples. En 1666, on leva deux cents compagnies, qui furent incorporées dans les cadres existans. On ne forma pas un corps nouveau.

La garde du roi devint une école d'apprentissage de commandement Les meilleurs soldats de toutes les troupes, passaient dans la garde, y devenaient officiers, et repassaient ensuite dans les troupes, dont ils étaient, pour l'ordinaire, les meilleurs chefs.

Les gouverneurs des places payaient autrefois, et fournissaient leur garnison. Des détachemens des troupes de ligne furent envoyés dans tous les gouvrenemens. Cette mesure centralisa pour la première fois, les pouvoirs militaires. C'en fut fait des prétentions des gouverneurs, et le pouvoir royal se trouva assuré

La garde du roi se divisait en garde du dedans et garde du dehors.

Dans la première, étaient compris les gardes-du corps, ceux de la manche, les cent-suisses, les gentilshommes à bec de corbin, les gardes de la porte et ceux du grand prévôt.

La garde du dehors se composait des chevau-légers, des mousquetaires, des gendarmes de la garde, du corps de la gendarmerie de France, des grenadiers royaux et des régimens des Gardes-Françaises et suisses.

Les gardes-du-corps formaient quatre compagnies, dont l'une s'appelait garde-écossaise. Les autres changeaient de nom avec leurs capitaines. Les gardes avaient pour armes l'épée et le mousquet ; faisaient le service à pied et à cheval, et avaient grade de lieutenans de cavalerie.

Les gardes de la manche étaient choisis parmi les plus anciens des gardes-du-corps, ayant privilège de se trouver aux côtés du roi, et de porter son corps en terre.

Les cent-suisses fournissaient les hommes qui couchaient la nuit près du roi. Ils servaient avec les gardes-du-corps.

La création des gentilshommes à bec de corbin, remontait à Louis XI. Ils servaient avec la hache d'armes à bec de faucon. Les gardes de la porte occupaient, le jour, les avenues de la résidence royale. Les gardes de la prévôté ou hoquetons, anciens hommes d'armes, faisaient la police du palais, et précédaient les cent-suisses devant le roi.

On distinguait, dans la gendarmerie, les gendarmes de la garde et ceux du corps de la gendarmerie de France. Ils tiraient leur origine des anciennes compagnies d'ordonnance. Les gendarmes de la garde, avaient eu le roi lui-même pour capitaine, sous Louis XIII. Ceux de la gendarmerie de France, formaient seize compagnies, moitié gendarmes, moitié chevau-légers. Quatre étaient au roi, douze à la reine et aux princes.

On avait supprimé au commencement du règne, les compagnies d'ordonnance des maréchaux de France.

Les chevau-légers formaient une compagnie ayant le roi pour capitaine. Ils étaient deux cents, accompagnés d'un grand nombre de surnuméraires.

Les mousquetaires de la garde formaient deux compagnies de deux cent cinquante maîtres chacune. Ils portaient le fusil et les pistolets, nonobstant leur nom. Une compagnie montait des chevaux blancs, l'autre des chevaux noirs ; de là, cette dénomination fameuse, de mousquetaires blancs et mousquetaires noirs. Ils servaient à pied et à cheval. On les retrouve partout dans l'Histoire militaire du temps, ne cédant le pas à aucun corps, les jours de bataille. Ils avaient la plus haute réputation.

Une autre compagnie à cheval, servait encore dans la garde du roi. L'officier qui l'avait formée s'appelait Riotord ; elle s'appela comme lui d'abord, puis changea son nom en celle de compagnie de grenadiers à cheval de la garde. Elle se recrutait parmi les plus braves grenadiers des régimens, servait à pied et à cheval en tête de la garde, et portait les premiers coups.

Les deux régimens des gardes-françaises et des gardes-suisses, formaient l'infanterie de la garde. Leurs officiers se divisaient en capitaines-maîtres et en cadets.

Les gardes-françaises avaient pour juge, un prévôt des bandes, qui étendait parfois son pouvoir sur toute l'infanterie, en souvenir de l'ancien colonel-général.

Galaty, en 1616, avait formé les gardes-suisses.

Chacun des deux régimens comptait douze cent quatre-vingts hommes. Le plus ancien régiment d'infanterie, en cas d'absence des gardes-françaises, les remplaçait.

L'armée fut divisée suivant un ordre de changement, qui eut pour bases des changemens adoptés dans l'armement.

Il y avait dans chaque régiment de cavalerie, une compagnie de carabins. On les réunit en un seul corps, devenu l'élite de l'armée, sous le nom de carabiniers.

Le maréchal de Boufflers forma, sous le nom de dragons, un corps qui put combattre à la fois, à pied et à cheval. Il l'arma de l'épée, du fusil et de la baïonnette ; cette dernière, à l'instar de Puységur, qui l'avait donnée en Flandre, à quelques corps, usage devenu bientôt général pour l'infanterie.

Louis XIV plaça les dragons dans la cavalerie, mais ils obéissaient aux généraux des deux armes.

Les hussards, formés à l'imitation de la cavalerie hongroise, sous Louis XIII, furent licenciés par Louvois, puis rétablis à sa mort.

Enfin, la gendarmerie conserva son nom et son organisation. Toute cette gendarmerie ou cavalerie, obéissait à un colonel-général.

Colbert favorisa de tous ses moyens administratifs, la remonte des cavaliers.

L'infanterie, divisée en régimens, reçut le fusil

en place du mousquet, puis la baïonnette au bout de ce fusil. Toutefois, au combat de Heinkerque, nous voyons encore plusieurs compagnies françaises armées de piques.

Les artillleurs, jusque-là composés de maîtres canonniers et bombardiers, qui servaient isolément, formèrent, par les soins de Louvois, dix compagnies, huit de canonniers, deux de bombardiers.

En 1673, les ouvriers occupés aux mines, furent organisés en compagnies de mineurs.

Mais jusque-là, il n'y avait, pour ainsi dire, pas de corps spécial d'artillerie :

Le premier régiment d'infanterie, ayant en 1670, reçu la garde des canons par décision royale, s'accoutuma à leur usage, et devint un régiment d'artillerie, dans lequel on incorpora les compagnies de bombardiers et de maîtres canonniers. En 1693, ces compagnies réunies de nouveau, formèrent, à leur tour, de véritables régimens d'artillerie. De Metz fut le Vauban de cette arme.

L'invention des mortiers et des mortiers à lancer la grenade, donna naissance aux grenadiers. On choisit quatre hommes dans le régiment du roi, pour user de cette invention périlleuse. Chaque régiment imita le régiment du roi, et eut ses quatre grenadiers, ses quatre héros. On réunit ces grenadier en compagnies, qui devinrent l'élite et le modèle de l'armée.

Les ingénieurs eurent la direction des travaux militaires, mais on employait indistinctement aux travaux communs, les soldats de l'infanterie. Pour les travaux spéciaux, on employait les sapeurs et les pionniers. Le génie devint, en quelque sorte, la divinité cachée des succès des armées, et de la sécurité du territoire (1).

Nous verrons plus tard quel immense accroissement fut donné aux cadres et au personnel de l'armée. Cet accroissement ne fut pas instantané. Il eut lieu progressivement, durant les guerres qui se succédèrent de 1671 jusqu'à 1715.

Nous allons analyser ces guerres, afin de continuer à faire connaître les services généraux des invalides.

Le roi, idole de la cour et du peuple, riche, bien servi, rêvait l'illustration des armes. Il faut reconnaître qu'il eut la patience d'attendre que tout fût prêt pour lui permettre d'atteindre le but élevé de son ambition. Il préluda, pour ainsi dire, longtemps à sa gloire.

C'est seulement quand le temps lui semble venu, que Louis XIV s'élance dans l'arène. Alors, il ne se

---

(1) Histoire du corps du génie par Alland.

contente plus de faire respecter ses ambassadeurs à Rome et à Londres, de saisir Marsal en pleine paix, d'envoyer Lafeuillade au secours de l'Autriche envahie par les Turcs, de faire prendre Djigéri par le duc de Beaufort, pour châtier les corsaires barbaresques, de donner la victoire à la maison de Bragance, en lui donnant Schomberg pour la défendre contre les héritiers de Philippe II, de secourir les Hollandais contre l'évêque de Munster et les Anglais; le descendant de Henri IV aspire à une gloire plus brillante. Il a hâte de mettre à l'œuvre cette magnifique armée que lui ont créée ses ministres. La mort de son beau-père Philippe IV, lui fournit l'occasion désirée. Il réclame, en vertu du droit de dévolution, la Flandre, le Brabant, la Franche-Comté, comme revenant à la reine, sa femme, dans l'héritage du défunt roi d'Espagne. Il en appelle aux armes, et ouvre la carrière des combats.

En 1667, ses belles troupes, les plus belles qu'on eût encore vues, envahissent la Flandre. Elles n'ont, pour ainsi dire, d'autre peine que celle de se présenter devant les forteresses pour en recevoir la reddition. En moins de deux mois, une foule de places reçurent ces garnisons. Nous citerons Armentières, Bergues, Charleroi, Saint-Vinox, Furnes, Ath, Douai, Tournai, le fort de Scarpe, Courtrai, Oudenardes, Lille, Alost. Une armée espagnole fut battue devant Lille, le 31 août.

L'année suivante, malgré la triple alliance suscitée par la Hollande, en moins de trois semaines, la conquête de la Franche-Comté suit et imite celle de la Flandre ; nos jeunes volontaires se distinguent surtout à la prise de Dôle.

Mais Louis XIV n'a pas encore appris à compter sur sa fortune. Il voit l'Europe s'ameuter contre lui, à la voix de la Hollande, qui redoute son voisinage et préfère celui de l'Espagne. Il propose la paix, qui est signée à Aix-la-Chapelle.

Les loisirs de cette paix, on les emploie par son ordre à préparer la guerre. Le prince ne peut pardonner à ces marchands hollandais, dont l'orgueil se vante de l'avoir seul arrêté. En 1672, de concert avec l'Angleterre, il leur déclare la guerre ; il sait bien que c'est la déclarer à l'Europe.

Mais nos constructeurs ont armé ou élevé dans les ports de France plus de cent vingt bâtimens de guerre. L'armée compte cent mille hommes exercés. Les meilleurs généraux les commandent, le meilleur esprit les anime. Toutes les mesures sont prises pour assurer leur subsistance.

Elles débutent par le passage du Rhin, puis inondant le pays, entrent victorieuses à Doesbourg, Zutphen, Nonembourg, Arnheim, Zwoll, Deventer, Nimègue, Cœverden, Bommel, Crèvecœur, Naerden, et dans quarante places moins importantes. Les provinces de Gueldres, d'Utrecht et d'Over-Issel, sont conquises en quelques mois. La Hollande demande la paix ; de mauvais conseils empêchent le roi de la lui accorder. Une ligue de l'empire et de l'Espagne, dans laquelle entrent une foule de princes, se forme contre lui. Il déclare qu'il y tiendra tête.

En effet, un corps d'armée conduit par Turenne, repousse du Rhin les austro-brandebourgeois. Louis XIV, lui-même, prend Maëstrich ; mais tandis que sur tous les points la guerre s'allume avec fureur, la France est abandonnée à ses propres forces par la défection de l'Angleterre et de quelques autres alliés moins considérables.

Le roi divise en quatre armées nos forces militaires. L'une, avec Turenne, maintiendra l'Allemagne du côté du Rhin ; une seconde, aux ordres de Condé, soutiendra le choc de la Hollande toute entière et de ses alliés ; une troisième, l'armée royale, fera pour la seconde fois la conquête de la Franche-Comté ; une quatrième, arrêtera les invasions espagnoles du côté des Pyrénées. La flotte, commandée par d'Estrées, et différentes escadres, se disputeront l'empire de la mer.

Tout réussit comme le roi l'a prescrit.

En 1674, deuxième conquête de la Franche-Comté. Besançon est foudroyé en neuf jours par le canon de Vauban; Dôle ne résiste que sept jours; Turenne passe le Rhin, bat les Autrichiens et les Lorrains à Sintzheim, brûle le Palaintat, remporte une seconde victoire près de Strasbourg, se cache un instant dans ses quartiers d'hiver, puis les quittant à l'improviste, rejette au-delà du fleuve l'armée allemande, trois fois plus forte que la sienne.

A Senef, avec quarante-cinq mille hommes, Condé triomphe de l'opiniâtreté savante du prince d'Orange, qui commande à quatre-vingt-dix mille soldats. En Roussillon, Schomberg repousse les Espagnols. Sur mer, Promp est repoussé des côtes de Bretagne, et nos marins vont renforcer l'insurrection de la Sicile contre l'Espagne.

En 1675, Turenne poursuit ses succès. Il remporte la victoire de Turkeim; on lui oppose Montecuculli; il meurt en croyant avoir enfin trouvé l'occasion de le vaincre au combat de Salhbach. Condé vient le remplacer; mais déjà les troupes aux ordres du marquis de Lorges ont montré à Montecuculli, au combat d'Altenheim, qu'elles n'avaient pas tout perdu en perdant Turenne.

Dans les Pays-Bas, le roi reprend Dinan; Créquy se laisse battre à Consarbruck et ne peut sauver Trèves. Cependant nos troupes accablées par le nombre, entassent les prodiges. Plus heureuse, l'armée de Catalogne, sous Schomberg, reprend quelques places.

Déjà les ennemis songent à la paix.

L'année suivante 1676, nos marins, sous les ordres de Duquesne, triomphent de la flotte de Hollande, conduite par le grand Ruyter. La prise de Liège, celle d'Aire, celle de Bouchain, la défense de Maëstricht, illustrent les armées de Flandre. La garnison de Philipsbourg se couvre de gloire en défendant une place qu'elle ne peut sauver. Vivonne, D'Eskées poursuivent leurs succès maritimes.

En 1677, prise de Valenciennes, reprise de Cambray, victoire de Cassel, défense de Charleroi ; belles manœuvres des troupes aux ordres du baron de Montclar et du maréchal de Créquy ; elles repoussent l'invasion du prince de Lorraine et du prince de Saxe : les unes font capituler ce dernier ; les autres battent le Lorrain à Cokesberg.

En 1678, nouveaux travaux, nouveaux succès ; siège et prise de Gand par le corps d'armée du maréchal d'Humières ; siège et prise d'Ypres par les troupes royales ; enlèvement de la ville et du château de Leuve par les dragons du colonel La Brestesche ; campagne de Créquy sur le Rhin, digne des campagnes de Turenne ; défaite du prince de Bade ; défaite du duc de Lorraine à Gogenback ; prise du fort de Kehl et de Lichtemberg.

L'évacuation de la Sicile par suite des fautes de Vivonne, ne ternit pas l'éclat de tant de gloire ; les Espagnols encore battus à Puycerda par le corps d'armée du maréchal de Navailles, ne songent plus qu'à traiter. La Hollande et l'Empire font comme l'Espagne et, grâce aux troupes nationales, grâce à l'activité de ceux qui les dirigent, la France triomphe d'une coalition qui, en d'autres temps, menaçait de l'anéantir. Les traités et la paix de Nimègue donnent à Louis XIV le droit de s'intituler le grand-roi.

Puis, comme si ce n'était pas assez de gloire, ces traités étant déjà signés, la folle opiniâtreté du prince d'Orange vient échouer contre la valeur française, à la bataille de Mons. L'électeur de Brandebonrg qui, lui aussi, a voulu braver le roi, est forcé, l'année suivante, de s'avouer vaincu. Les corps d'armée des marquis de Sourdis et de Créquy ont l'honneur de cette dernière campagne.

Mais les fumées de la gloire énivrent Louis XIV ; il a vaincu l'Europe dans la guerre ; il l'humilie, il la brave, il l'irrite pendant la paix. Bientôt les soldats du pays vont se trouver appelés à de nouvelles fatigues. De nouveaux combats vont préparer à l'Hôtel des Invalides, une population nouvelle et digne de celle qui s'abrite déjà sous ses voûtes bienfaisantes.

En pleine paix pendant l'année 1681, le roi s'empare de Strasbourg et fait servir son parlement à des conquêtes ; il met garnison à Casal ; envoie Duquesne détruire la flotte de Tripoli et bombarder Alger l'année suivante.

Alors pour un instant, nos marins sont les rois de la mer. Un orage de haine et de jalousie, monte lentement de tous les rivages ; de nouveaux succès contre l'Espagne pour la forcer à maintenir le traité de Nimègue, l'humiliation de Gênes la superbe, bombardée par le même Duquesne en 1684, ne sont pas des évènements faits pour dissiper cet orage. L'Europe projette à Augsbourg une nouvelle ligue contre la France.

Louis XIV pourrait encore braver une pareille ligue ; mais la France n'est pour ainsi dire plus à lui. Il a perdu son affection en révoquant l'édit de Nantes ; de bons généraux, des populations de commerçants et de producteurs l'ont quitté. Colbert est mort ; Louvois n'est plus l'homme des premiers temps, et, pour comble de malheur, la révolution d'Angleterre, en portant Guillaume d'Orange au trône de ce pays, unit étroitement les forces de la Hollande à celles d'Albion.

Louis XIV jette le gant à la coalition par une première série d'opérations militaires sur le Rhin, en 1688, opérations dont le résultat est la capitulation de plusieurs villes qui se rendent soit à Montclar, soit à Boufflers, soit au Dauphin.

En 1689, la flotte conduite par Château-Renaud qui revient de porter Jacques II en Irlande, triomphe de la flotte anglaise près de Brest ; le Palatinat est brûlé pour la seconde fois. D'Humières se laisse battre à Walcourt sur la Meuse. Le duc de Lorraine vainqueur des Turcs accourt se joindre aux ennemis du roi et prend Mayence. Les victoires de Tourville uni à Château-Renaud compensent ces échecs.

L'année suivante, dans la campagne de Flandre, nos soldats guidés par Luxembourg et Boufflers triomphent à Fleurus de l'armée alliée ennemie, que commande le prince de Valdeck. Tourville, dans un combat de dix heures, attaque et dissipe une flotte anglo-hollandaise de soixante vaisseaux.

Mais en Irlande, nos troupes unies à celles de Jacques II rencontrent Schomberg et d'autres officiers calvinistes que la révocation de l'édit de Nantes a chassés dans le camp ennemi ; elles sont vaincues à la Doyne.

Comme lors de la première coalition nos alliés nous quittent. C'est d'abord le duc de Savoie qui aspire à un trône ; on lui oppose Catinat. Celui-ci, secondé par des troupes qu'aucun travail ne rebute dans cet affreux pays des Alpes, remporte la victoire de Staffarde.

En 1691, la prise de Nice, du Fort Montalban, de Villefranche, de Carmagnola, de Montmélian par ce même Catinat ; les succès du marquis de Fucquières contre les Barbets, signalent l'armée du Piémont.

En Flandre, le roi prend Mons, malgré son terrible ennemi, l'opiniâtre Guillaume ; les troupes de Luxembourg battent à Leuze, le prince de Waldeck ; aux Pyrénées nous emportons la Seu d'Urgel ; sur mer d'Estrées bombarde Barcelonne et Alicante.

En Irlande seulement, nous sommes vaincus, mais avec gloire, et saint Ruth qui commande nos troupes à Kilconel, perd la vie en perdant la victoire.

L'année suivante, un ordre imprudent trop audacieusement exécuté, nous fait perdre l'empire de la mer. Dourville, avec des forces tout-à-fait inégales, est battu au combat de la Hogue, le 29 mai. Ce fut un malheur presque irréparable.

Le siège et la prise de Namur, la bataille de

Steinkerque, dans laquelle, bien que surprises, nos troupes remportèrent la victoire; les efforts inutiles de Catinat abandonné; les succès des corps d'armées du maréchal de Lorges à Sforzeim, du marquis de Fucquières sur le Bas-Rhin, du marquis d'Harcourt dans le comté de Chimey, la prise d'Heidelberg signalèrent les campagnes de 1792.

En 1793, quatre mille Anglais, sont faits prisonniers à Durnes; Louis XIV malade est forcé à renoncer au privilège d'animer les armées par sa présence royale. Luxembourg, attire Guillaume d'Orange à la bataille de Nerwinde et lui inflige une sanglante défaite; dans sa justice il attribue tout l'honneur de sa victoire aux troupes sous ses ordres. « Vos ennemis ont fait merveille, écrit-il au roi, et vos troupes encore mieux. » Les Gardes-Françaises, et le régiment de la Sarre, s'étaient surtout distingués.

1693 vit aussi la bravoure des troupes de Catinat enfin secouru, triompher à Marseilles d'ennemis dignes d'elles et commandés par le duc de Savoie et par le prince Eugène. Aux Pyrénées, Noailles continua de vaincre sur mer; Dourville prit, à Cadix, une revanche de la Hogue; les bretons repoussèrent de Saint-Malo la fameuse tentative des Anglais.

L'Espagne voulait faire la paix; les alliés l'en

empêchent ; Noailles et Dourville poursuivent donc leurs succès.

En 1794, après avoir empêché le prince d'Orange de pénétrer dans la Flandre française, Luxembourg meurt au faîte de la gloire.

Il avait changé l'aspect de la guerre. Au lieu des corps d'armées que faisaient mouvoir Turenne et Condé, il avait demandé au roi de véritables masses pour frapper de plus grands coups. l'Hôtel des Invalides avait été fondé à point pour un pareil système militaire. Les combats livrés par Luxembourg furent tous de véritables batailles; les armées ne s'approchaient plus, ne se quittaient plus qu'en passant sur des ponts de cadavres : au lieu des cents mille soldats que Louis XIV avait eus d'abord sous ses drapaux, on comptait parmi les masses enrôlées, jusqu'à quatre cent mille combattants. Du côté ennemi, l'Europe se donnait rendez-vous à nos frontières ; chaque fois les masses alliées surpassaient les nôtres en nombre, mais il était évident que la France devait succomber la première.

A partir de la mort de Luxembourg, la guerre traîne en langueur; Villerpi qui le remplace est à peine assez grand pour observer l'infatigable Guillaume d'Orange ; en Allemagne les deux partis sont las et restent inactifs; en Piémont Catinat, abandonné de nouveau, ne peut empêcher la prise de Casal; Vendôme seul, dans la Catalogne, prélude par des succès à Palamos.

Sur mer, nos corsaires remplacent nos flottes que le trésor ne peut plus alimenter. Jean-Bart gagne ses lettres de noblesse.

Il fallait en finir. La Savoie fait la première sa paix en août 1696, et y gagne un titre royal. L'Espagne, harcelée par Vendôme, se détermine à traiter. Les succès de la marine française sous Pointis, Nesmond et d'Hibercourt, influençant aussi la Hollande et l'Angleterre, la paix générale de Riswich est signée en août 1697, entre l'Espagne, l'Autriche, l'Angleterre et la Hollande, sur les bases des traités de Munster et de Nimègue.

Marie de Barbezieux, fils de Louvois, était alors secrétaire d'État chargé du département de la guerre, que le premier commis de son père avait refusé. « J'ai formé votre père, lui avait dit Louis XIV, je vous formerai aussi. »

Mais les circonstances étaient devenues trop graves.

La France s'était appauvrie et décimée, pour soutenir des luttes aussi gigantesques.

Les dépenses de la guerre pendant la dernière campagne, avaient été de 70,693,204 livres. Il avait fallu faire pour le soldat d'immenses sacrifices. La solde du fantassin était de cinq sols, celle du cavalier de sept.

Louis XIV n'avait pas dit son dernier mot à l'Europe ; malgré la diminution de ses ressources, il devait encore affronter une coalition plus terrible que les précédentes. Ses troupes, bien que réduites au pied de paix, lui coûtaient encore en 1700, — 44,876,864 livres ; leur solde était diminuée. Tous les services languissaient et se ressentaient de la vieillesse du roi, autant que de l'absence de bons ministres. La France avait évidemment besoin de la paix. L'ouverture de la succession d'Espagne à la mort de Charles II en 1701, lui apporta forcément la guerre.

Jamais nos soldats n'eurent plus à souffrir que durant les campagnes de cette guerre terrible, qui se prolongea de 1701 jusqu'à 1713. Il leur fallut, pendant douze années, subir toutes les privations, parfois même, celle de la gloire. Ils montrèrent néanmoins, que le roi n'avait pas vainement compté sur eux. Ils eurent finalement les honneurs de la lutte contre l'Europe ameutée pour la troisième fois, au nom de la liberté (1).

Durant ces douze années, il y eut une foule de

---

(1) Les puissances disaient que leurs armées étaient destinées à défendre la liberté de l'Europe.

combats livrés. Sans les raconter, nous en indiquerons les noms, pour donner une idée des services de nos soldats, et des dangers, des travaux auxquels survécurent les glorieux invalides de cette grande guerre de la succession.

En 1701, la lutte s'engage en Italie. Saint-Frémont se laisse battre à Créqui. Villeroi, qui remplace Catinat trahi, se laisse battre à Chiari, et perd le terrain envahi précédemment.

En 1792, le régiment d'Entraigues sauve l'honneur de nos armées à Crémone.

L'angleterre, la Hollande, l'Autriche mettent sur pied la plus formidable des armées, et équipent des flottes considérables. Vendôme est opposé au prince Eugène en Italie, Boufflers à Malborough dans la Flandre, Catinat aux impériaux sur le Rhin. Le premier remporte l'avantage de la digue du Zéro, le second est contraint, par l'insuffisance de ses forces, d'observer son ennemi. Villars, adjoint au troisième, conquiert, à la victoire de Friedlingen, son bâton de maréchal. Sur mer, Château-Renaud compromet son ancienne réputation, au combat malheureux de Vigo.

En 1703, la Savoie et le Portugal se joignent à la coalition. Le roi nouveau d'un royaume nouveau, le roi de Prusse, qui s'est couronné lui-même à Kœnigsberg, fait entrer dans la même coalition, un drapeau royal de plus.

Nous avons à signaler la laborieuse campagne de Villars en Allemagne ; les deux victoires de Hochstedt, remportées par ses troupes ; les marches, les contre-marches et les combats heureux de Villeroi et de Boufflers dans les pays bas ; la victoire de Vendôme à San-Sébastiano ; la bataille des lignes de Spire, gagnée par le vieux Tallard ; les combats contre les Camisards, révoltés dans les Cévennes ; les avantages maritimes remportés par MM. de Cabaret, de Cortlogon, de Saint-Pol, et par Duquesne sur différens points.

En 1704, Vendôme continue à vaincre en Italie, et Bervick soutient le choc de nos ennemis en Espagne. Mais, tandis que Villars fait une guerre obscure dans les Cévennes, Tallard et Marsin sont complètement vaincus par Malboroug, sur ce même champ de bataille de Hochstedt, qu'il a illustré.

En 1705, continuation des succès en Italie ; prise de Villefranche, de Verna, de Chivazzo ; victoire du pont de Cassano, due à l'infanterie seule ; succès du maréchal de Tessé en Espagne ; belles manœuvres de Villars sur le Rhin ; il force les lignes de Weissembourg.

En 1706 la fortune change de face. Villeroi qui remplace Villars, est complètement battu à Ramilies ; nous y perdons vingt mille soldats et un bagage considérable. Vendôme est appelé d'Italie pour réparer ce malheur. L'Italie reste ouverte aux ennemis, au moment où il vient de les accabler à Calcinato.

En Espagne, le compétiteur du petit-fils de Louis XIV, l'archiduc Charles, est proclamé roi à Madrid.

Sur le Rhin, Villars avec peu de forces, défend le passage à l'ennemi. En Italie, le duc d'Orléans et Lafeuillade, qui remplace Vendôme, sont battus par le prince Eugène à Turin, et rendent ainsi inutile un bel avantage, remporté par le corps d'armée du comte de Médavi-Grancey.

Louis XIV demande inutilement la paix. Les deux victoires de Ramilies et de Turin, exaltent l'orgueil de la coalition. C'est à peine si elle accorde la capitulation par suite de laquelle nous évacuons la Lombardie.

En 1707, succès de notre cause en Espagne. Le frère de Villars y remporte la victoire d'Almanza sur le lord Galloway. Le duc d'Orléans, le maréchal de Noailles et d'autres généraux de notre parti, prennent diverses places importantes.

Sur le Rhin, Villars force les formidables lignes de Stolhoffen, se porte jusqu'à Rastadt, et fait prisonnier le corps du général Janes.

En Flandre, rien de remarquable.

Mais l'année suivante, Vendôme se trouve sur ce point à la tête d'une armée de cent mille hommes. Contrarié par le duc de Bourgogne, commandant royal, il perd la bataille d'Oudenardes. On le remplace par Bervich ; celui-ci laisse les alliés reprendre Lille, que défend inutilement le maréchal de Boufflers.

Cette année là aussi, eut lieu la dernière entreprise de Louis XIV en faveur des Stuarts. Préparée à grands frais dans les ports de l'Océan, et conduite par le comte Forbin, elle fut inutile.

Le roi se crut obligé de faire de nouvelles démarches pour obtenir la paix à son royaume épuisé. On lui demanda de combattre son propre petit-fils en Espagne ; il refusa.

La fortune lui fut d'abord contraire. Les alliés prirent Tournay en 1709 ; Villars fut battu par Eugène et Malboroug à Malplaquet. Chamillard-Louvois, successeur de Barbezieux, déserta le ministère de la guerre. Cependant l'attitude de la France continua d'être menaçante. Le comte Dubourg et le maréchal d'Harcourt vainquirent les impériaux sur le Rhin ; lord Gallovay fut de nouveau battu en Espagne ; le comte de Dillon sauva la Franche-Comté.

En 1710, pendant que l'on traitait de la paix à

la Haye, nos armées succombèrent en Espagne. Philippe V d'Anjou, perdit en partie ses espérances par la défaite de Sarragosse. L'Europe crut avoir accablé Louis XIV.

Mais les troupes françaises firent des efforts inouïs. Elles rétablirent, avec Vendôme, les affaires de Philippe V, par la victoire de Villaviciosa ; elles chassèrent les alliés débarqués dans le Languedoc ; elles reconquirent la Catalogne ; elles maintinrent Malborough dans la Flandre ; et enfin, remportèrent en 1712, la victoire décisive de Denain.

Louis XIV et la France furent sauvés. La paix d'Utrecht, le traité de Radstadt, le traité de Bade, la conquête de Barcelonne, assurèrent pour quelque temps le repos du pays, et profitant de cet instant de calme, acheté par les fatigues et le dévouement de tant de soldats, le grand roi put descendre dans la tombe, aussi grand qu'à son retour après la paix de Nimègue.

Les invalides pleurèrent sa mort, bien qu'ils lui dussent toutes leurs blessures, toutes leurs infirmités ; mais ils comprenaient que ce monarque, c'était le pays. Ils n'oubliaient pas non plus, ce que les conseils du prince avaient décrété pour la récompense de leur dévouement.

Les invalides de 1715, provenaient non pas

seulement des corps que nous avons nommés, comme existant lors de la paix des Pyrénées.

Il faut joindre aux régimens d'infanterie que nous avons désignés, un très-grand nombre d'autres régimens.

Le trente-neuvième fut créé d'Enghien en 1667.

La même année, furent formés : 1° le régiment de Beauvoisis, dont M. de Sainte-Maure fut le premier colonel.

2° Le régiment de Rouergue, que M. de Montpéroux commanda tout d'abord.

En 1668, M. le comte de Roussillon leva le régiment de Bourgogne.

En 1669, on tira des compagnies franches de la marine, le Royal-Marine, dont M. le marquis de Lavardin fut le premier colonel-lieutenant.

En 1670, on forma pour servir sur mer, le régiment de l'amiral, qui prit ensuite celui de Vermandois. La même année, le comte Ferdinand de Furstemberg venant en France, donna au roi un régiment, qui devint ensuite celui de Sparre, de Greder, de Saxe, de Beintheim, d'Adhalt.

En 1671, M. de Malagotti leva le Royal-Italien. M. d'Erlach créa un régiment suisse de son nom, qui fut ensuite Manuel et Villars-Chaudieu.

En 1672, Stoppa fut le premier colonel d'un

autre régiment suisse, long-temps connu sous le nom de vieux Stoppa, de Brendlé, de Seedorf.

Ces régimens suisses ne furent pas les seuls. Citons encore :

Le régiment de Salis, créé en 1662, et commandé ensuite par Porlier, Reynold, Castella, Béthens, *etc.*

Le régiment Phyffer, créé la même année, et commandé ensuite par Hessy, Bourquy, Tschoudy.

Languedoc, formé aussi en 1672, avec un noyau tiré de Catalan-Mazarin, prenait rang après ces régimens.

Venaient à la suite :

Le régiment d'Huxelles. Il datait de 1673, et fut commandé par Duplessis-Bellière, Montsoreau, Vaudreuil, Sourches, Saint-Simon.

Le régiment de Greder père, plus tard Greder d'Affry (Suisse), il datait de 1673.

Le régiment de Médoc, créé Saint-Géniès en 1673, et commandé successivement par Lamotte, Navailles, Montaud, Hamilton, Jargey et Montandre qui lui donnèrent leurs noms.

Le régiment d'Albert, créé en 1673. Il fut ensuite Gandelus, Clairambault, Mirabeau, Gensac.

Le régiment de Castries, créé en 1674. Il fut ensuite Morangis, Louvigny, Grammont, Bacqueville, *etc.*

Le Royal-Comtois, créé Listenay en 1674.

Le régiment de Schomberg père et fils, créé à la même date, et ensuite Larrey, Blinville, Colbert, Maulevrier, *etc.*

Le régiment de Provence, levé au nom de cette province en 1674, par le comte de Grignan, qui y commandait.

Le régiment de Vivonne, formé en 1676. De Thyanges, de Mortemart, de Laval, le commandèrent après Vivonne.

Le régiment suisse de Stoup, amené en 1677.

Le régiment de Piettemont. Son premier colonel le forma en 1677, et se fit tuer quelques mois après, à la bataille de Cassel. De Famechon, d'Isenghien, de Mailly, lui succédèrent.

Le régiment de Nice. On le tira en 1678, des débris des régimens de Genevois et de Chablais, que le duc de Savoie avait prêtés à Louis XIV.

Le régiment allemand de Lonigsmark, formé en 1680, commandé ensuite par le comte de Furstemberg et le comte de la Mark.

Chaque année voyait la formation de nouveaux corps. 1684 vit lever :

Le régiment de Toulouse, plus tard de Penthièvre.

Le régiment de Guyenne, dont le premier colonel fut le comte de Blansac.

Le régiment de Lorraine, que le marquis d'Hocquincourt commanda tout d'abord.

Le régiment de Flandres, créé au nom de la province, et dont M. De Sens fut le premier colonel.

Le régiment de Berry, aussi formé au nom de la province, gouverné en premier lieu par M. le marquis de Goesbriant.

Le régiment de Béarn, commandé d'abord par M. de Montchevreuil.

Le régiment de Haynault, premier colonel M. de Vibraye.

Le régiment d'Angoumois, formé d'un bataillon de Champagne, premier colonel M. de Bellefond.

Le régiment de Périgord, premier colonel M. de Chamarande.

Il est remarquable que Flandres, Berry, Béarn et les suivants, datent tous du 50 août. La même année, on leva encore :

Saintonge, premier colonel, Lecamus.
Bigorre, id. de Pelot.
Forez, id. de Chemerault.
Cambrésis (1), id. de Châteaurenault.
Tournaisis, id. de Brouilly.
Foix, id. de Blainville.

(1) Il eut pour noyau un bataillon de Piémont.

Bresse,	premier colonel,	de Carcado.
Lamarche,	id.	le duc de Biron.
Quercy,	id.	d'Amanzé.
Nivernois,	id.	de Lusse.
(plus tard Lamarche).		
Brie,	id.	de Charrost.
Soissonnois,	id.	prince de Monaco.
Ile de France,	id.	le duc d'Antin.

La formation des régimens nouveaux, fut un instant arrêtée après l'enfantement prodigieux de 1684; elle reprit en 1689.

Cette année là, on forma le régiment suisse appelé d'abord Jeune-Salis, puis May, Buisson et le régiment suisse appelé de Courten.

En 1690, milord Moncashel amena son régiment irlandais, qui fut ensuite Lee père et fils; Daniel O'brien, comte de Clare amena le sien, qui fut ensuite Lee, Talbau, Morgan-O'brien; milord Dillon créa un troisième régiment irlandais, qui devint fort célèbre; enfin, M. Leissler donna au roi le Royal-Suédois, régiment en partie allemand.

En 1691, trois compagnies tirées du régiment de Sault, formèrent le régiment de Chartres, *etc.*

Nous voyons créer en 1692 le régiment de Barrois, qui s'illustre ensuite sous le nom de Conty. En 1697, le roi prend à son service les gardes de Jacques II ou régiment d'Orington. En

1698, on créa pour milord Fitz-James de Berwick, le Berwick-Irlandais. En 1706, le régiment d'Enghien. En 1709, le Royal-Bavière.

Après cette époque, il n'y eut plus de nouveau corps d'infanterie régulière de formé sous Louis XIV. Mais en 1688, on appela sous les armes vingt-cinq mille cinquante hommes de milices, qui furent partagés en trente régimens. Ces milices rivalisèrent avec les autres troupes, mais leur service étant essentiellement temporaire, on les congédia à la paix de Riswich. Pendant la dernière guerre de Louis XIV, on les rappela sous les drapeaux; mais alors, les milices ne furent point enrégimentées.

Pour ce qui concerne l'arme de la cavalerie, nous avons à ajouter aux régimens formés avant 1659, et qui fournirent aux Invalides une partie de leur population :

1. Les cuirassiers du roi, formés en 1664 et 1666.

2. Royal-Cravattes, créé Balthazar, pour M. le duc de Vivonne.

3. Royal-Roussillon, levé en 1667 par M. de Montelard.

4. Royal-Piémont, qui fut donné au roi par Madame Royale de Savoie en 1670.

5. Royal-Allemand, levé par M. de Konigsmark en 1661, royal en 1638.

6. Royal-Pologne, qui fut d'abord Sainte-Rue.

7. Dauphin-Etranger, levé en 1666.

8. Bourgogne, formé la même année, donné au duc de Bourgogne en 1686.

9. Aquitaine, créé en 1666 pour M. Baltoys de Choisy.

10. Berry, levé sous le nom de Roussillon en 1674.

11. Le régiment de carabiniers, formé des compagnies de carabiniers distribuées dans chaque régiment de cavalerie en 1693.

12. Le régiment d'Orléans, amené de Piémont en 1770, par le grand-prieur de Valencey.

13. Le régiment de Chartres, créé Seissac en 1672.

14. Le régiment de Condé, créé pour la maison de Condé en 1666.

15. Le régiment d'Enghien-Condé, même date.

16. Le régiment de Clermont, créé par M. de Beaupré en 1666.

17. Le régiment de Conty, créé d'Humières à la même époque.

18. Le régiment d'Hendicourt, levé en 1674, plus tard Toulouse et Penthièvre.

19. Le régiment de Coulanges, levé en 1666, plus tard Bordage et du Maine.

20. Le régiment de Tilladet, même date ; il fut ensuite Souvré, Béringhen, *etc.*

21. Le régiment de Montelarre, ensuite Narbonne, Dutronc et Villars, même date.

22. Le régiment de Lavalette, ensuite prince de Lorraine, même date.

23. Le régiment de Crignan, créé pour le chevalier de ce nom en 1672. Il fut ensuite Laflèche. de Luynes.

24. Le regiment de Saint-Aignan, qui fut ensuite Rohan, Saint-Simon, Sabran et surtout Taleyrand, 1672.

25. Le régiment de Foucaut, qui fut ensuite Quinson, Châlons, Gouffier, d'Egmont, Desmaretz, Gesvres, tout cela sous Louis XIV. Il fut formé en 1666.

26. Le régiment Du Guast, créé en 1672. Il fut ensuite Villequier, Momain, Bellacueil, Latour, sous Louis XIV.

27. Le régiment de Vallavoire, créé en 1672, ensuite Vivans, Hundicourt, Lorraine.

28. Le régiment de Duplessis-Bellière, créé en 1666, ensuite Larablière, Latournelle, Lafeuillade, Cayeux.

29. Le régiment de Thianges, ormé en 1666.

Il fut ensuite de Florensac, de Talmont de la Trémoïlle.

30. Le régiment du chevalier duc Piémontais, créé en 1674. Il fut ensuite Roquepine, Sully, Vaudrey, Châtellerault.

31. Le régiment de Saint-Silvestre, créé en 1674. Il fut ensuite Bercourt, Uzès, Marcillac, Laroche-Guyon.

32. Le régiment de Mélac, créé en 1674. Il fut ensuite Larrard, Saint-Germain-Beaupré, Brion.

33. Le régiment de Thuay, formé en 1666. Il fut ensuite Saint-Vallery, Saint-Lievier, Beintz, Marcillac, Montrevel.

34. Le régiment de Foix, créé en 1672, pour le duc de ce nom. Il fut plus tard Brion, d'Esclinvillers.

35. Le régiment de Tallard, créé en 1682. Il fut plus tard Duras, Villequier, Lamothe-Houdancourt.

36. Le régiment de Dilles, créé en 1672. Il fut ensuite Besons, Bavière, Saint-Pouanges.

37. Le régiment Liégeois, créé en 1672. Il fut ensuite Puységur, Tournefort, Livry.

38. Le régiment de Mélin. Il fut créé en 1666. De Gammaches, de la Ferronays, le commandèrent ensuite.

39. Le régiment de Vaubrun, créé en 1673. Il

fut ensuite de Montbac, de Vienne, de Germinon.

40. Le régiment de Montauban. Il date de 1666. Fut ensuite Berringhen, Livry, Clermont, Barthillac, Lénoncourt.

41. Le régiment de Lançon. Il fut créé en 1666. Il s'appela plus tard Saint-Simon, de Bordage, Bouzols et Brissac.

42. Le régiment d'Escouloubre, formé en 1674. Il fut ensuite Broglie, Charlus, Levy, La Vaupalière.

43. Le régiment de Givry, créé en 1674. Il fut ensuite Courtebonne, Barentin, Villepreux.

44. Le régiment de Streff, créé en 1673. Il fut ensuite Romainville, Wils père et fils, Marteville, Roye.

45. Le régiment de Noailles, créé pour le duc de Noailles en 1668.

46. Le régiment de Furstemberg. Le cardinal de ce nom, le donna au roi en 1689. Il fut ensuite Courcillon et Béthune.

47. Scheldon-Irlandais, créé en 1698.

48. Le régiment de Vaudémont. Il fut formé en 1707, de deux compagnies du roi d'Espagne, amenées en France par le prince de Vaudémont. Il fut plus tard Monchy.

Les dragons venaient à part. C'étaient :

1. Le colonel-général, formé en 1668, de la

moitié du régiment royal-dragons pour M. de Péguillin, duc de Lauzun.

2. Le mestre-de-camp-général, formé en 1674 pour M. de Tessé.

3. Le royal, formé en 1667. Il fournit le noyau du colonel-général.

4. Les dragons de la reine, formés en 1673.

5. Les dragons-Dauphin, formés en 1673.

6. Les dragons de Listenay, créés en 1673. Ils furent ensuite Grammont, Pessac, Listenay et Beauffremont.

7. Les dragons de Fimarçon, formés en 1673. Ils furent ensuite Barbezières, d'Estrades, de Belle-Isle, de Bombelles.

8. Les dragons de Saint-Sandoux, formés en 1674. Ils furent ensuite de Pinsonnel, de Gobert, d'Albert, de Bourneuf, d'Épinay.

9. Les dragons de Dufay, créés en 1674. Ils furent ensuite de la Lande, de Vérac, de Caylus, de Beaucours.

10. Les dragons de La Bretache, formés en 1674. Ensuite de Chevilly, de Caylus, de Lautrec.

11. Les dragons de Nicolaï, créés en 1674. Ensuite de Bursard, de Senneterre, de Belle-Abre.

12. Les dragons d'Audigeau, formés en 1676. Ils furent ensuite d'Asfeld, d'Autefort, de Saumery.

13. Les dragons de Condé, levés en 1676 par M. de Barbezières. Ils furent ensuite de Firmaçon, de Goesbriant, de Condé, *etc.*

14. Les dragons de Languedoc, formés en 1676. Premier mestre-de-camp, M. de Ganges.

Les soldats de l'artillerie et les officiers du même corps, n'ayant été, comme on l'a déjà marqué au premier volume, admis parmi les pensionnaires des Invalides, que sous l'administration du régent, nous n'avons point à nous occuper ici de ce corps spécial. Il en est de même du génie.

Quoiqu'il en soit, la nomenclature de ces régimens qui furent formés sous Louis XIV est éminemment significative.

Que seraient devenus, sans l'Hôtel des Invalides, les vétérans d'une armée aussi considérable.

Mais, à coup sûr, Louvois, l'organisateur de cette armée, ne conseilla pas à Louis XIV de leur bâtir un asyle, dans le but puéril de créer des embarras à son rival Colbert. La fondation de l'Hôtel royal, complétait son système militaire.

Ce grand homme mourut en 1691 ; on n'a jamais bien su, soit de quel poison, soit de quelle maladie ; on a été jusqu'à accuser Louis XIV.

Quoiqu'il en soit, on vit par sa mort ce que vaut un puissant génie.

Il voulut que son corps reposât parmi les vieux

héros retirés des guerres. Le roi approuva cette clause de son testament ; il fut déposé dans un des caveaux de l'église des soldats, en attendant que le dôme fût construit, mais sa famille, voyant le déchaînement qui se fit contre lui, connaissant la haine de madame de Maintenon pour sa mémoire, jugea bientôt que Louis XIV ne consentirait jamais à ce que la dépouille mortuaire du ministre disgracié et peut-être empoisonné, reçût les honneurs de l'église royale. Elle voulut lui éviter l'affront d'être refusée quand elle se présenterait aux portes du dôme, En 1699, elle demanda et obtint que le corps de Louvois serait transporté du caveau où il reposait, dans l'église des Capucins de la rue Saint-Honoré. La cérémonie de l'exhumation et du transport fut magnifique ; elle se fit au flambeau, dans la soirée du 22 juillet. Une cause accidentelle avait empêché qu'elle n'eût lieu le 16, anniversaire de la mort du ministre.

Louvois avait toujours été le véritable gouverneur des Invalides ; il venait, au moins une fois la semaine, visiter les constructions, surveiller le service ; il punissait les fautes ; se montrait sévère pour les fournisseurs, mais aussi sans pitié pour les réclamations mal fondées, témoin ce mot que lui reprocha devant l'Assemblée Nationale, M. de Clermont-Tonnerre.

Il avait contribué de ses deniers à la fondation; il voulut contribuer également, à l'embellissement de l'Hôtel. L'anecdote suivante est une tradition encore en vigueur aujourd'hui parmi les Invalides :

Il avait fait des épargnes considérables. Pour dérober la connaissance de ses richesses, il les entassait par pièces d'or dans des tonnes qu'il conservait dans une cave particulière. Il fut trahi. Le roi apprit que son ministre s'enrichissait à ses dépens et aux dépens de l'état. Il vint, un jour, rendre visite à Louvois, et lui demanda, comme par manière de curiosité, à voir ses appartemens.

Le ministre comprit; sire, dit-il à son maître, il faut prendre toutes les choses par le commencement; qu'il plaise d'abord à votre majesté de jetter un coup d'œil dans les caves de son fidèle sujet.

Le prince sourit, comprenant à son tour qu'il était deviné; j'accepte répondit-il, à une condition : c'est que je changerai quelques tonnes du meilleur vin de Coulanges qui seront aux caves des Tuileries contre quelques unes des vôtres.

Il n'y avait plus à reculer; précédant lui-même avec un flambeau ses valets armés de torches, Louvois guida Louis XIV et le conduisit droit à son trésor.

Je crois, dit-il, en découvrant une des tonnes d'or, que votre majesté préférera ce vin à tous les autres ; je le destinais aux caves des Invalides ; mais tout ce que je possède est à mon roi.

C'est bien, monsieur, nos braves Invalides ont besoin d'un vin généreux et qui les rajeunisse, je me ferais un reproche de les priver d'une aussi belle provision ; faites-là porter aux Invalides.

C'est avec l'or des tonnes de Louvois, ajoutent les vieux soldats, que l'on paya les peintures et les dorures du dôme.

Cette légence en vaut bien une autre.

Au moment où Louvois mourut, c'était André Blanchard, seigneur de Saint-Martin, ancien mestre-de-camp de la cavalerie, qui gouvernait l'Hôtel royal.

Il avait succédé, en 1678, à Lemasson-d'Ormoy qui avait conservé son gouvernement durant trois ans seulement.

Blanchard de Saint-Martin servait depuis 1635, c'est-à-dire depuis l'ouverture de la période française de la guerre de trente ans. En 1638 ou 1640, il obtint une compagnie de chevaux-légers dans un régiment de cavalerie qui avait pour mestre-de-camp lieutenant, M. de Clérembault ; il servit presque toujours en Flandre.

En 1656, le 2 février, le roi le nomma maréchal-de-camp ; quelques années plus tard Jean-François d'Anglure s'étant démis de ses fonctions de maréchal-des-logis de la cavalerie, Blanchard fut chargé de ses fonctions. Il s'en acquitta avec zèle jusqu'en 1678. Le 25 novembre de cette année, Louvois le choisit pour succéder à l'habile et ferme Lemasson-d'Ormoy qui venait de mourir. Il ne pouvait mieux le remplacer.

Blanchard de Saint-Martin sut tempérer les ordres souvent un peu rigoureux du ministre ; il fut le père des vieux soldats, défendit leurs privilèges et les fit augmenter. Ce fut lui qui présida en partie à l'organisation militaire de l'Hôtel. De Sennerie ancien capitaine au régiment royal de l'infanterie l'aida puissamment comme lieutenant du roi.

Blanchard de Saint-Martin mourut en 1696 ; le roi l'avait nommé il y avait peu de temps commandeur de Saint-Louis ; il était âgé de quatre-vingt-trois ans.

Ainsi à toutes les époques, une noble couronne de cheveux blancs a signalé aux respects de tous la tête des gouverneurs.

La discipline avait d'abord été difficile à maintenir parmi les vétérans des armées.

En 1675, Jacques Saulnier, dit la Tour-Saint-Laurent, vieux soldat qui avait conquis son surnom, en emportant la redoute de Saint-Laurent au siège de Dôle, se permit des excès, des insolences et des outrages envers le sergent-major de l'Hôtel, le brave Lescumoussiers; Louvois qui en fut instruit par d'Ormoy, proposa au roi d'intervenir lui-même pour faire un exemple. C'est à cette occasion, en effet, que le prince fixa, par ordre spécial, la composition et la tenue du conseil de guerre qui jugerait, non-seulement Jacques-Saulnier, mais tous les officiers, cavaliers, dragons et soldats qui commettrait quelques crimes ou violences, tant à l'Hôtel que dans les environs.

Jacques Saulnier fut condamné à mort; il avait blessé grièvement le major; mais en considération de son âge et de ses services, il reçut sa grâce.

La sévérité du conseil fut d'un bon exemple; nous ne voyons pas que Blanchard de Saint-Martin ait eu à réprimer les mêmes désordres que son prédécesseur. Il est vrai que Dormoy avait signé de sages réglemens, comme celui qui proposait un sergent par chaque chambre à la police, comme la punition infligée aux ivrognes (1).

Nous soupçonnons madame de Maintenon d'avoir

---

(1) La consommation du vin à l'Hôtel était alors annuellement de 1,150 muids.

conseillé la mesure de la quarantaine prise en 1677 et que nous avons expliquée au chapitre du service religieux.

L'excellent gouverneur Blanchard imagina d'appliquer à l'Hôtel, la risible punition du cheval de bois; elle était destinée à ceux des Invalides dans le lit des quels on trouverait quelqu'étranger, soit la nuit, soit le jour.

Quelques vétérans ont vu avant 1789 infliger la punition du cheval de bois; les Invalides s'assemblaient autour du patient; ils riaient à gorge déployée de ses talens pour l'équitation, surtout s'il avait comme le cheval, un ou deux membres de bois.

Cette punition n'avait rien de pénible ; elle était néanmoins redoutée par dessus toutes les autres.

Après la mort de Louvois, Louis XIV, bien que le fils cadet de son ministre, Louis-François de Barbezieux, eût reçu en survivance, par provisions du 5 décembre 1684, la charge de secrétaire-d'état, fit offrir le ministère de la guerre à Chamley, premier commis de Louvois. Chamley refusa par reconnaissance pour son maître et, sur ses instances, Barbezieux fut fait chancelier et garde-des-sceaux du roi par provisions du 16 août 1691, à l'âge de 23 ans. Il s'excusa sur sa jeunesse ; la mort imprévue de Louvois le frappait : « J'ai formé votre père, lui dit Louis XIV, je vous formerai bien aussi.

De Barbezieux était tout formé quoique jeune encore. Il était né le 25 juin 1668. Son père remarquant ses dispositions, lui avait fait donner sa survivance de préférence à son fils aîné, Michel marquis de Courtenvaux. Il se montra digne de ce choix; il supporta courageusement le poids d'une charge écrasante, et mourut prématurément le 5 janvier 1701.

Ce fut lui qui donna pour remplaçant au vénérable Blanchard de Saint-Martin, Derroches d'Orange, chevalier de l'ordre de Saint-Louis et maréchal-général-des-logis de la cavalerie légère ; c'était, comme ses provisions en font foi, un homme capable, probe, en état de suffire à toutes les éventualités, fort expérimenté dans les choses de la guerre, actif et d'une fermeté éprouvée.

Desroches-d'Orange servait depuis plus de quarante ans dans les armées du roi; il s'était élevé, comme Saint-Martin, de grades en grades. Le ministre vint lui-même à l'Hôtel recevoir son serment le 22 mars, en présence de tous les fonctionnaires, et le fit reconnaître par les officiers et les soldats.

Desroches poursuivit avec activité l'œuvre de la fondation, secondé par son lieutenant de roi,

Alexandre de Boyveau, ancien capitaine au régiment de Bourgogne.

Cependant il fut un jour surpris par Louis XIV, dont l'activité, même sur la fin de sa vie, ne le cédait à celle de personne.

Ce prince aimait à voir par lui même; il suivait surtout assidûment le progrès des constructions qu'il avait commandées.

En 1699, après avoir dîné à Meudon il se rendit aux Invalides, n'ayant pour toute suite que Mansard dont il s'était fait accompagner, afin de recevoir de lui les explications nécessaires. On s'attendait si peu à la visite du roi, que lorsqu'il arriva, il n'y avait à l'Hôtel, ni gouverneur, ni lieutenant de roi, ni major, ni aucun officier public. Mansard introduisit lui-même le monarque, lui montra où en était le dôme, souleva les toiles qui cachaient les peintures en voie d'exécution. Personne ne reconnut le grand roi. On s'écartait bien, pensant que c'était quelque personnage de la cour, mais il n'entrait dans l'idée de personne que ce vieillard si vert, si observateur, qui accompagnait le célèbre architecte pût être le roi.

Ce fut seulement quand on vit accourir vers l'Hôtel un détachement de gardes-du-corps, et quand on vit celui qui les commandait s'approcher respectueusement de l'inconnu et le conduire à son carosse qu'on pensa à Louis XIV; mais il n'était plus temps de lui rendre les honneurs; son carrosse, l'entraînait du côté de Versailles avec une rapidité toute royale.

Desroches d'Orange se crut perdu. Le lendemain, à la pointe du jour il était à Versailles; introduit au lever du roi, il veut présenter ses excuses et celles de son état major; le roi le rassure et, pour le consoler, lui promet de venir bientôt visiter ses vétérans, non plus incognito, mais avec ses enfans et la cour.

Il tint parole, quelques semaines plus tard, en revenant de Versailles aux Tuileries, il voulut faire voir lui-même l'Hôtel à madame de Maintenon et aux princesses. Les vieux soldats étaient assemblés; ils ne permirent pas aux gardes-du-corps de franchir la porte de l'Hôtel, et les forcèrent à leur confier les soins de la personne royale.

Le roi et la cour visitèrent tout l'intérieur dans les plus grands détails; les princesses se montrèrent pleines d'aménité, s'informèrent de la qualité des alimens et de la condition des soldats. Un de ces derniers, plus hardi que ses compagnons, leur offrit un morceau de pain sur un plat entouré de fleurs; elles goûtèrent ce pain, lui trouvèrent un goût désagréable; le roi se tournant aussitôt vers M. Camus de Beaulieu, alors directeur intendant, lui ordonna sévèrement d'avoir à veiller à ce que ses vétérans fussent mieux nourris.

On eut peine à calmer les acclamations des soldats qui reconduisirent le prince en le bénissant, et le remirent aux gardes-du-corps.

Desroches d'Orange exerça sa charge jusqu'en 1705, époque à laquelle il mourut âgé de 79 ans.

Il avait eu l'occasion d'appeler l'attention des conseils du roi sur la situation de l'Hôtel, vis-à-vis des magistrats de la ville de Paris. Les privilèges de la maison royale faisaient murmurer ; il est probable d'ailleurs, que plusieurs intéressés se couvraient de ces privilèges pour faire tort aux droits de la cité. Mais néanmoins il devenait nécessaire d'en appeler de nouveau à la protection royale. Elle ne fit pas défaut. Le conseil d'état du roi rendit le 8 mars 1704, un arrêté fort explicite.

Sur ce qui a été représenté au roi étant en son conseil, que, par son édit du mois d'avril 1674, portant établissement de l'Hôtel Royal des Invalides, et par un autre édit du moins de mars 1676 ; sa majesté aurait déclaré le dit Hôtel exempt de tous subsides, impositions et droits d'entrée, tant en la ville de Paris qu'ailleurs, par eau et par terre, des ports, ponts, octrois, péages de la ville, barrages et passages mis et à mettre et de toutes autres choses généralement quelconques dont il pourrait être tenu, tant pour les vivres et provisions, même pour le vin, jusqu'à la concurrence de six cents muids pour chacun an, que des bois à brûler et à bâtir, charbon, foin, cendres et autres denrées et commodités nécessaires et utiles qui seraient portées et conduites dans le dit Hôtel Royal, pour la nourriture entretènement, secours et assistance des officiers et soldats invalides, officiers et domestiques logés dans le dit Hôtel, denrées consommées en icelui, sur le certificat que le directeur et administrateur général en donnerait; et nonobstant qu'il fût porté par les déclarations de sa majesté et arrêts de son conseil que les dits droits seraient payés par les privilèges exempts et non exempts, à quoi sa majesté aurait dérogé, comme aussi sa majesté aurait déchargé par les dits édits, le dit Hôtel, ensemble toutes les maisons qui pourraient être ci-après bâties, proche et sur le fonds du dit Hôtel pour la commodité des jardiniers qui cultiveraient et feraient valoir les terres qui lui appartiennent, de tous les droits de guet et garde, fortifications, boues, pavés, chandelles, canal, fermetures de ville et faubourgs, et généralement de toutes contributions publiques et particulières, telles qu'elles puissent être, quoique non exprimées esdits ; par tous les dits droits, privilèges, exemptions jouir par le dit Hôtel Royal, entièrement et sans réserve, avec défenses très expresses à tous fermiers, receveurs, commis de prendre ou exiger aucune chose à peine de restitution.

Nonobstant des privilèges si bien établis par lesdits édits, les officiers de la ville de Paris auraient, en différents temps, fait diverses tentatives, et entr'autres vers la fin de l'année 1686, ils auraient obtenu une sentence du prévôt des marchands et échevins de ladite ville, portant condamnation contre des marchands et voituriers qui avaient fait une voiture par eau à Paris, de deux cents muids de vin pour ledit Hôtel, de payer certains droits d'officiers, sous prétexte que dans la lettre de voiture, ledit vin, devait être déchargé dans la halle au vin de Paris. Mais sa majesté, par arrêt de son conseil d'état du 13 janvier 1687, aurait déchargé lesdits marchands et voituriers du payement des droits portés par ladite sentence, et ce, pour la quantité de vin qu'ils justifieraient être effectivement entré dans ledit Hôtel.

En 1694, les jurés auneurs et visiteurs de toile ayant voulu obliger la veuve Thomas Duclos, chargée de partie de la fourniture du linge dudit Hôtel, à payer sept deniers par aune de toiles de ladite fourniture, elle aurait obtenu du lieutenant-général de la police, deux sentences des 10 juillet et 17 août audit an 1694 qui l'auraient déchargée de ladite prétention avec dépens contre lesdits jurés auneurs, qui s'étant portés appelans desdites sentences au parlement, il y est intervenu arrêt le 30 août 1697, par lequel, avant faire droit, il est ordonné que les parties se retireraient par devers sa majesté pour savoir sa volonté, touchant l'exécution desdits édits des mois d'avril 1674 et mars 1676, si les toiles destinées pour l'usage et service de l'Hôtel sont exemptes du droit desdits jurés auneurs.

« Et comme il est sans contredit que ledit Hôtel doit être exempt desdits droits aussi bien que de ceux prétendus par les jurés contrôleurs de la marchandise du foin, les rouleurs, les déchargeurs et jaugeurs de vin, les aides à mouleur de bois, les chargeurs de bois, les porteurs de blé, les porteurs de charbon, les metteurs à port, les officiers-gardes de nuit et tous autres officiers de ville qui cependant font des procès aux marchands et aux entrepreneurs des fournitures qui se font pour ledit Hôtel et se consomment en icelui, *etc.*, *etc.*

« Il est donc nécessaire que sa majesté ait la bonté d'expliquer sur cela ses intentions, *etc.*, *etc.*

« Tout considéré, sa majesté a maintenu et gardé, maintient et garde ledit Hôtel royal des Invalides dans tous les droits, privilèges et exemptions généralement, qui lui ont été accordés par lesdits édits des mois d'avril 1674 et mars 1676; et en conséquence a défendu et défend très expressément à tous les officiers de la ville de Paris, sans aucune exception, d'exiger aucuns droits de quelque nature et sous quelque prétexte que ce puisse être, pour raison des marchandises, denrées et autres choses généralement quelconques qui seront destinées pour le service et la consommation dudit Hôtel des Invalides, *etc., etc.*

Cet arrêt si explicite, confié à l'exécution et à la surveillance des autorités compétentes n'y fit cependant pas cesser tous les conflits. Ils furent seulement diminués.

De Chamillard était alors ministre de la guerre; il avait succédé au marquis de Barbezieux le 8 janvier 1701. Né en janvier 1652, conseiller au parlement à l'âge de 24 ans, maître des requêtes en 1686, intendant de la généralité de Rouen en 1689, intendant des finances l'année suivante, contrôleur des finances en 1699, ministre secrétaire-d'état au mois de novembre 1700, M. de Chamillard ne manquait certainement pas d'expérience et de connaissance des affaires; mais la situation était plus écrasante encore que celle du ministère précédent. On se trouvait en pleine guerre de la succession d'Espagne ; la France manquait d'argent et d'hommes ; il fallait suppléer à tout.

Écrasé par les nécessités, M. de Chamillard se retira en 1709 ; son fils Chamillard de Cany devait lui succéder ayant sa survivance depuis 1707. Il préféra se réfugier dans l'armée où il commanda avec bravoure et distinction le régiment de la marine.

C'est M. de Chamillard qui fit nommer Alexandre de Boyveau, déjà lieutenant de roi, gouverneur des Invalides à la mort de Desroches d'Orange.

C'était un acte de justice. Il ne manquait certes pas alors de vétérans plus illustres qu'Alexandre de Boyveau. Chaque combat en produisait.

Mais de Boyveau, simple capitaine au régiment de Bourgogne, s'était distingué sous les yeux mêmes du roi, au siège de Mons en 1691. Emporté par l'ardeur de son courage, il avait été criblé de blessures ; l'une d'elles nécessita l'amputation du bras droit.

Quand il fut guéri, le roi le nomma, en 1692, à la mort de Sennerie, lieutenant de roi aux Invalides. Il remplit ces fonctions pendant treize ans, avec un zèle qui ne se démentit point un seul instant. Pourvu d'une assez grande fortune, quoique chevalier de Saint-Lazare, il avait en beaucoup d'occasions employé ses deniers au service de l'Hôtel, et mérité le titre de commandeur de Saint-Louis.

Tel fut l'homme qui, malgré son simple titre de capitaine, remplaça le maréchal-général des logis de la cavalerie légère. Il reçut en même temps le titre de maréchal de camp, et un peu plus tard fut fait grand'croix de Saint-Louis.

On lui donna pour remplaçant, comme lieutenant de roi, de la Javie, ancien mestre-de-camp de dragons, et lieutenant-colonel du beau régiment de Listenois.

De la Javie, simple mousquetaire en 1670, fut ensuite cornette au régiment des Cravattes en 1674. Il servit aux sièges de Dinant, d'Huy et de Limbourg en 1675, d'Aire en 1676, de Valenciennes et de Cambrai en 1677, de Gand et d'Ipres à la bataille de Saint-Denis près Mons en 1678.

Réformé en 1679, avec tous les cornettes ses collègues, il leva une compagnie de dragons, et entra au régiment de Ranchen. Il se trouva avec lui au camp de la Sarre, au siège et à la prise de Philipsbourg, à la prise de Manheim, de Frankendal, à l'armée d'Allemagne, sous Duras et d'Huxelles. Il fut nommé major du susdit régiment en

1691. Il fut alors employé contre les Vaudois. De nombreuses blessures le forcèrent ensuite à quitter un instant le service actif.

Il rentra dans les armées en qualité de mestre-de-camp du régiment d'Hautefort, dont le titulaire était en mission ; puis, bientôt après, reçut la lieutenance-colonelle des dragons de Listenay fils en 1699. Il la garda jusqu'à son entrée aux Invalides.

MM. de Boyveau et de la Javie, continuèrent de soutenir avec énergie les privilèges de l'Hôtel, que les officiers de la ville de Paris, nonobstant les arrêts dont nous avons parlé plus haut, continuèrent à attaquer. C'est eux qui obtinrent la création de la place de chirurgien-major à poste fixe. Ils eurent aussi à poursuivre ou à faire poursuivre le recouvrement des sommes nécessaires à l'alimentation de la maison. On leur doit enfin le règlement de 1710.

Si nous en croyons le règlement et ses considérans, les mœurs des invalides étaient alors déplorables. M. D'Argenson, lieutenant de police, et plusieurs autres personnes de Paris, se plaignaient fréquemment des désordres et mauvaise vie qu'ils fesaient dans la ville. Ils s'arrêtaient sur le Pont-Neuf et autres places publiques, pour jouer. Ils s'accostaient des filles de joie. Ils exploitaient la curiosité des étrangers, visiteurs de l'Hôtel. Ils y donnaient un asile, quelquefois inviolable, aux gens poursuivis par la justice.

De Boyveau et de la Javie, firent cesser ces désordres, surtout en encourageant les invalides au travail.

Daniel-François Voisin, était ministre de la guerre depuis la mort de Chamillard.

François Voisin, avait d'abord été conseiller au Parlement de Paris en 1674, puis maître des requêtes en 1683, puis intendant en Hainault en 1688, puis conseiller d'État de semestre en 1694, et enfin directeur des affaires de la maison royale de Saint-Cyr. L'influence de Madame de Maintenon l'avait élevé au rang de secrétaire d'État. Lors de la démission de Chamillard, elle le porta au rang de chancelier et garde-des-sceaux de France. Il donna sa démission de la charge de secrétaire d'État de la guerre le 15 septembre 1715, c'est-à-dire quinze jours après la mort de Louis XIV.

La disparition de ce prince fut un très-grand évènement pour les Invalides. Eux seuls, peut-être, le regrettèrent réellement.

Les portiers de l'Hôtel étant habillés à la livrée du roi, prirent et gardèrent le deuil. Ils l'avaient déjà pris et gardé à la mort de Marie-Thérèse, le 30 juillet 1683. Les archives ont consigné cette prise de deuil : « Il a été délibéré : Attendu que les quatre portiers de l'Hôtel, portant les livrées du roi, doivent être habillés de deuil à cause de la mort du roi, qu'il leur sera payé à chacun cinq livres, pour avoir des crêpes, des gants noirs et un ruban bleu à mettre sur l'épaule. »

Ainsi les petites choses sont toujours mêlées aux grandes.

Nous avons dit ailleurs que Louis XIV n'oublia pas les Invalides dans les prescriptions qu'il fit à ses successeurs.

Les dernières décorations du dôme s'achevaient alors.

Mansard, l'ami du prince, dont il avait presque l'âge, l'avait précédé dans la tombe le 11 mai 1708. Cet architecte célèbre était né en 1645, d'un père qui était premier peintre du cabinet du roi; il eut la fortune de plaire au monarque et d'avoir à diriger les plus grandes constructions du plus grand règne de la monarchie. A l'époque où il présenta le plan du dôme des Invalides, le fameux architecte Anglais Wrenn élevait, à Londres, la basilique de Saint-Paul; on dit que Mansard voulut rivaliser avec lui. Il fit un chef-d'œuvre qui ne le cède, dit Milizia (1), aux dômes de Saint-Pierre de Rome et de Sainte-Sophie de Constanti-

---

(1) Mémorie de gli architetti antichi et moderne.

nople, que par la grandeur des dimensions. Borné par les constructions de Libéral-Bruant, il ne put malheureusement pas développer toute l'étendue de son génie.

Louis XIV récompensa le constructeur de Versailles et du dôme des Invalides par le cordon de Saint-Michel; quand plus tard en 1699 la mort de Colbert de Villacerf, laissa vacante la place de surintendant des bâtimens arts et manufactures, il voulut que cette place fût donnée à Mansard. L'architecte se montra digne de la faveur du prince; il fit rétablir la pension de l'académie de peinture diminuée par suite des dépenses de la guerre. On lui a reproché de s'être enrichi, et de s'être laissé voler par ses maîtresses, et d'avoir, pour ainsi dire, usurpé à force de flatteries l'amitié de son maître. Nous nous bornerons à faire remarquer que l'envie s'attache surtout au génie et que Mansard fut pleuré de tous les artistes. Coysevox qui l'avait puissamment aidé dans la décoration des Invalides, voulut faire son tombeau.

Une chose des plus remarquables, c'est que le jour même de la mort du fondateur de l'Hôtel, le 1er septembre 1715, mourut aussi celui qui avec Mansard avait le plus contribué à l'embellissement du même Hôtel. Nous voulons parler du grand auteur de la statue équestre de Louis XIV, de François Girardon, sculpteur du roi, recteur et chancellier de l'académie de sculpture et de peinture. C'est ce grand artiste, rival du Puget et le meilleur élève de Lebrun, qui fit les modèles d'après lesquels fut achevée la décoration sculpturale de l'édifice. Né à Troyes, en 1630, destiné d'abord à la procédure, puis placé chez un menuisier ciseleur, Girardon ayant sculpté, sans maître, une statue de la vierge, fut présenté au chancelier Séguier, qui, après l'avoir fait étudier chez François Augnier, l'envoya à Rome se perfectionner. A son retour Girardon reçut les conseils de Lebrun ; c'est ce dernier qui lui fit obtenir les grands travaux qui l'ont rendu si illustre. A sa mort Girardon le remplaça comme inspecteur général des sculptures. Dans cette position, il offensa, dit-on, le Puget et l'aurait contraint de se réfugier à Marseille.

C'était aussi, mais à plus juste titre que Girardon, un élève de Lebrun, ce Charles de Lafosse qui a peint la dernière voûte du dôme.

Charles de Lafosse était de Paris comme Mansard. Son père, riche joailler, cultiva ses dispositions pour la peinture et le plaça, en 1655, à l'âge de quinze ans, dans l'école de Lebrun ; celui-ci lui fit obtenir une pension du roi, au moyen de laquelle il put aller étudier à Rome et a Venise.

De retour en France, il peignit magnifiquement la chapelle des Gonfalons à Lyon, quelques tableaux pour Trianon et Marly, la chapelle du mariage à Saint-Eustache, et le dôme de l'Assomption.

Appelé en Angleterre, il refusa les offres de Charles II et préféra écouter les invitations de Mansard son ami. Il se logea chez lui, et fit sous ses yeux toutes les esquisses des peintures dont l'architecte voulait décorer l'Hôtel.

Mais Mansard mourut; de Lafosse fut obligé de se retirer chez un autre de ses amis, riche et savant amateur qui avait nom Crozat; on ne lui commanda que les peintures du dôme et des quatre pendentifs. Le reste fut partagé entre les deux Boullogne et Jouvenet. Ces peintures furent son morceau capital, bien qu'il ait peint encore la voûte du chœur de la chapelle de Versailles, et les plafonds des salles du trône et de Diane.

De Lafosse ne survécut pas même d'une année à Louis XIV. Nul peintre n'a su, comme lui, dit Périés, rendre ces torrents de lumière dorée qui éclairent les cieux, cette transparence des êtres célestes dont son pinceau aimait à reproduire les images. Il joignait aux qualités de l'artiste toutes les qualités de l'honnête homme; rien n'égalait son désintéressement.

Nous devons encore ici une mention à d'autres

peintres ou sculpteurs, aux Boullogne, aux Jouvenet, aux Coypel, aux Coustou, aux Coysevox, aux Magnier, aux Martin, aux Van-Clève.

Bon-Boullogne ou Boullogne, est plus célèbre que les deux autres peintres de ce nom, Louis Boullogne, son père, mort en 1674, et Louis Boullogne, son frère. Il naquit en 1649, fut élève de son père et protégé de Colbert. Son tableau d'Hercule contre les Centaures le fit connaître. Mansard lui donna, en 1702, à peindre à fresque la chapelle de Saint-Jérôme. Persoon ayant échoué dans celle de Saint-Ambroise, il reçut mission de réparer ses fautes. Mais son talent le plus haut, consistait dans l'exécution des pastiches. Les connaisseurs les plus fins, se trompaient à l'égard de ses tableaux, imités des grands maîtres. Il ne survécut que huit mois à Louis XIV. C'est à lui qu'on attribue ce dicton, souvent répété sans succès dans les ateliers : « Les paresseux sont des hommes morts. » Son frère, Louis Boullogne, a laissé aux Invalides et à Versailles, des morceaux distingués. Il vécut jusqu'en 1733.

Jean Jouvenet, était le petit-fils de Noël Jouvenet, premier maître du Poussin. Il naquit à Rouen en 1647. Son professeur fut son oncle Laurent. La guérison du paralytique, Esther devant Assuérus, et d'autres tableaux célèbres, lui acquirent, jeune encore, une grande réputation. C'est Louis XIV lui-même, qui après avoir vu les tableaux qu'il avait faits pour Saint-Martin-des-Champs, voulut qu'il fût chargé d'une partie des peintures des Invalides.

Jouvenet était le type de l'artiste de race : spirituel, enjoué, plein de hardiesse, il devait tout à la nature. Il ne vit jamais les Musées d'Italie. Lui aussi mourut, pour ainsi dire, avec l'homme de son siècle, le 5 avril 1717, laissant pour élèves ses neveux François Jouvenet et Restout, et pour chefs-d'œuvres, la Résurrection de Lazare et la Descente de Croix.

Noël Coypel avait soixante-dix-sept ans, quand il peignit, en 1705, deux grandes compositions, que l'on a long-temps admirées au-dessus de l'Hôtel des Invalides. Elles représentaient l'Assomption de la Vierge. C'est le premier de la dynastie artistique des Coypel. Il était né à Paris en 1628, d'une famille de Cherbourg. Son maître fut un décorateur obscur, nommé Gaillerie. Il travailla avec lui aux décorations de l'opéra d'Orphée, se fit connaître et admettre à l'Académie par son tableau de la Mort d'Abel. En 1672, le roi le logea au Louvre, puis le nomma directeur de l'Académie de Rome. Ses travaux des Invalides hâtèrent sa mort qui arriva en 1707.

Antoine Coysevox, était originaire d'Espagne, mais il naquit en France, à Lyon en 1640. Il se fit connaître en décorant le palais du duc de Furstemberg, à Saverne en Alsace. Ensuite, il exécuta la statue pédestre de Louis XIV, pour l'Hôtel-de-Ville de Paris, et sa statue équestre pour les états de Bretagne. C'est lui qui, à force de patience et d'études, a laissé ces chefs-d'œuvre, connus sous le nom de chevaux de Marly. Les anges dont il décora les chapelles des Invalides, ne sont pas à la hauteur de ces chefs-d'œuvre. Il mourut à Paris le 10 février 1720.

Les deux Coustou, Nicolas et Guillaume, furent ses disciples. Ils étaient tous les deux de Lyon, où le premier naquit en 1658, et le second, qui est le plus célèbre, en 1678. Leurs bas-reliefs sont encore les plus beaux ornemens de sculpture que possède le dôme. Ils firent ensemble le fameux passage du Rhin. Mais à Guillaume seul on devait le magnifique bas-relief qui décorait la porte royale aux Invalides. Il fit aussi les figures de Mars et de Minerve. On ne doit pas le confondre avec son fils, qui s'appela Guillaume comme lui. Il mourut en 1746.

Nous avons nommé ailleurs les Magnier, les Van-Clève, les Bondy, les Sébastien-Slods, les Anselme Flamend, les Tubi, les Poulletier, les Lapierre, les Legros, les Hardy, les Prou, les Pourterelle. Esquisser la biographie de tous ces hommes distingués, nous entraînerait trop loin de notre sujet. Ils appartenaient tous à cette génération d'artistes, que la protection puissante du grand roi entraîna sur le chemin de la gloire, et qui disparut avec lui.

Nous ne ferons aussi que citer Cailleteau, qui fut, depuis 1699, le fidèle adjoint de Mansard, pour les Invalides seulement. Levé lui succéda en 1702, comme contrôleur des bâtimens de l'Hôtel.

La solde de cet homme modeste, qui s'effaça derrière les génies dont nous avons parlé, et qui leur rendit de bien utiles services, paraîtra bien faible aux artistes d'aujourd'hui. Le roi lui accordait mille livres annuelles, pour veiller, comme le marqua son brevet, à la conservation, à l'entretien des bâtimens de l'Hôtel Royal, pour faire les dessins et devis des ouvrages à y ajouter.

CHAPITRE II.

LES INVALIDES SOUS LE GOUVERNEMENT DU RÉGENT ET DE LOUIS XV. — 1715 A 1774.

Sommaire. — Services rendus à l'armée par le régent. — Artilleurs admis à l'Hôtel. — Intendants-Directeurs ; rumeurs élevées contre eux. — Hommages rendus à la fondation de Louis XIV, par ses ennemis. — L'hospice de Greenwich. — Visite du tzar Pierre. — Emprunt à la *Pétréide* de Thomas. — Privilèges des Invalides violés à la première visite de Louis XV à l'Hôtel. — Les secrétaires de la guerre. — Les gouverneurs et les lieutenans de roi sous Louis XV. — Ecole des trompettes établie à l'Hôtel. — MM. d'Angervillers et de Saint-André. — Construction des bâtimens neufs. — Important ministère et réformes du duc de Choiseul. — Le baron d'Espagnac. — Parmentier. — Combats et guerres de l'époque auxquels ont pris part les Invalides de Louis XV. — Nouveaux régimens d'où ces Invalides sont sortis. — Visites princières.

Malgré toute l'activité de son règne, malgré les prodiges des derniers temps, Louis XIV laissait inachevée l'institution des Invalides. Matériellement et moralement cette institution était à compléter. Mais ainsi que nous l'avons dit ailleurs, la main du maître avait si bien assis les bases, tracé les plans, qu'il était impossible à ses successeurs de s'égarer; ils devaient s'illustrer en perfectionnant.

Ainsi jamais l'armée n'oubliera que c'est au gouvernement qui succéda immédiatement à celui du grand roi, au gouvernement du régent Philippe d'Orléans, qu'elle dut de voir ouvrir les portes de l'Hôtel à ce corps si savant, si remarquable de l'artillerie, jusqu'alors oublié dans ses modestes services.

L'ordonnance en faveur de l'artillerie est du 19 février 1716.

Un des premiers soins du même gouvernement de la régence, fut de confirmer tous les édits précédens relatifs aux privilèges et à l'entretien des Invalides, et de réformer quelques réglemens fondamentaux pour l'intérieur.

Il n'y avait cependant pas de secrétaire d'état de la guerre; cette charge avait été supprimée par édit du mois de janvier 1716. Le conseil de la guerre s'occupa des questions militaires à partir de septembre 1715. Louis Phelippeaux, marquis de la Vrillère, eut d'abord la signature des commissions. Elle passa ensuite au maréchal de Villars président, assisté d'un conseiller, et à J. J. Fleurian marquis d'Arménonville.

La situation de l'Hôtel se ressentait de la situation générale du pays, durant les dernières années. Il avait fallu faire des économies, des réductions. Les pensionnaires souffraient. Ils accusaient surtout leurs intendans non seulement de ne point veiller à leur bien être, mais encore de s'enrichir à leurs dépens.

On avait cru prévenir toute plainte, en nommant à la place d'intendant directeur en 1709 M. de Versoris, maître des comptes, connu pour son intégrité, et que sa fortune mettait d'ailleurs à l'abri du soupçon. Il remplaça M. Charpentier d'Audron, qui lui-même avait succédé à Camus de Beaulieu.

Mais, soit que la charge de directeur fût rendue trop difficile par la situation générale, soit que M. de Versoris eût sous lui, des employés infidèles, les murmures éclatèrent avec violence aussitôt après la mort du roi, son protecteur. Déjà on avait réussi par des plaintes à faire casser des marchés passés par de Lacour trésorier de l'Hôtel; on espérait perdre M. de Versoris.

Deux officiers de l'Hôtel se firent les échos des rumeurs qui circulaient parmi les invalides. Ces officiers, les sieurs Desgonnets et Castets, firent imprimer et distribuer un libelle où M. de Versoris était sérieusement accusé.

Le directeur demanda lui-même une enquête; le conseil de la guerre présidé par Villard, poursuivit cette enquête avec activité; elle tourna à la confusion des accusateurs; ils furent contraints à faire amende honorable à l'accusé et durent quitter l'Hôtel après avoir subi un an de prison. Quoi qu'il en soit, l'administration de l'Hôtel fut alors surveillée de plus près. On poursuivit aussi avec activité la rentrée des fameuses pensions des oblats. Le 22 novembre 1717, M° Oudard François Bridon conseiller royal, substitut du procureur général de sa majesté, fut chargé d'activer ces poursuites. Il le fit avec zèle. Nulle clameur ne l'arrêta, et les abbayes des pays nouvellement agrégés au royaume essayèrent vainement de se soustraire à l'obligation générale.

Déjà l'Hôtel avait reçu des hommages nombreux et qui attestaient sa popularité. Beaucoup de grands personnages militaires auraient fort désiré lui laisser quelque marque de leur respect; mais l'édit de fondation défendait d'accepter aucune espèce de legs fait aux Invalides. On pensait les avoir suffisamment dotés; en aucune circonstance le conseil ne se départit des prescriptions du fondateur, si ce n'est lorsque le legs fut purement honorifique.

L'Hôtel Royal des Invalides avait surtout reçu

du vivant de Louis XIV, un hommage digne des grandes pensées qui avaient présidé à sa fondation.

Guillaume d'Orange, stathouder de Hollande. devenu roi d'Angleterre en 1688, eut une passion atroce, a dit un historien. Cette passion, c'était la haine de la France et celle de Louis XIV. Comme on l'a dit aussi, cette même passion c'était son plus grand mérite aux yeux des anglais. Elle ne l'empêcha pas de songer, d'après l'exemple de son mortel ennemi, à doter l'Angleterre d'un Hôtel des Invalides. Il abandonna aux vétérans de la marine anglaise, son château de Greenwich. La reine Anne, fit ensuite approprier à une destination analogue la maison de Chelsea, et Louis XIV eut l'honneur, non-seulement d'avoir donné un asile aux soldats qui avaient bien combattu pour lui, mais encore de nourrir, pour ainsi dire, ceux qui avaient bien combattu contre lui.

Un grand homme, qui fondait alors la grandeur, sinon la prospérité d'une nation nouvelle, devait bientôt, comme Guillaume d'Orange, s'incliner devant les créations du dix-septième siècle français.

Chacun connaît les étonnans voyages de ce tzar Pierre Ier, qu'un français, d'origine genevoise, François Lefort, initia à la civilisation. Pierre Ier vint à Paris en 1717. L'histoire et tous les mémoires du temps, ont conservé le souvenir de sa visite. L'Hôtel des Invalides attira surtout son attention. Il le parcourut dans tous les sens, s'informa de tous les détails, se mêla aux soldats, et, en vrai moscovite de son époque, but à leur santé, dans un pot d'étain.

Le résultat de cette visite ne se montra que plus tard, sous un autre règne, celui de Catherine, qui fonda les Invalides de la Newa. Mais l'apparition du tzar Pierre, au milieu des véterans de quarante ans de guerre, est un de ces faits qui ne pouvaient manquer de trouver place dans ces annales. Un écrivain, auquel on s'accorde à reprocher un goût trop prononcé pour l'emphase et l'exagération. Thomas, dans sa *Pétréide*, a esquissé avec un certain bonheur poétique, quelques traits saillans de cette étonnante entrevue du fondateur de l'empire de Romanow et du défenseur du trône de Louis XIV. Bien qu'il ait fait intervenir dans cette entrevue François Lefort, mort en 1699, et manqué ainsi à la vérité historique, nous ne pouvons nous refuser à transcrire les vers de Thomas (1).

(1) Ce furent MM. de Boyveau, de la Javie et de Versoris qui reçurent le tzar. M. Pelletier père, consigna sa visite aux archives, dont il était alors le garde secrétaire. Morand, qui succéda à son fils en 1742, la trouva mentionnée, et la transmit à l'un des historiens des Invalides.

Vers les bords où la Seine, abandonnant Paris
Semble de ces beaux lieux où son onde serpente,
S'éloigner à regret et ralentir sa pente,
D'un immense palais, le front majestueux,
Arrondi dans la nue, en dôme somptueux,
S'élève et peuple au loin la rive solitaire.
Pierrre y porte ses pas. La pompe militaire,
Des tonnerres d'airain, des gardes, des soldats,
Tout présente à ses yeux, l'image des combats.
Mais cet éclat guerrier orne un séjour tranquille.
« Tu vois de la valeur, tu vois l'auguste asile
« Lui dit *Lefort* : jadis pour soutenir ses jours,
« Réduit à mendier d'avilissans secours,
« Dans un pays ingrat, sauvé par son courage,
« Le guerrier n'avait pas, au déclin de son âge,
« Un asyle pour vivre, un tombeau pour mourir.
« L'état qu'il a vengé daigne enfin le nourrir.
« Louis, à tous les rois, y donne un grand exemple. »
« — Entrons, » — dit le héros...

                   Tous étaient dans le temple.
C'était l'heure où l'autel fumait d'un pur encens.
Il entre ; et de respect tout a frappé ses sens :
Ces murs religieux, leur vénérable enceinte,
Ces vieux soldats épars sous cette voûte sainte,
Les uns levant au ciel leurs fronts cicatrisés,
D'autres flétris par l'âge et de sang épuisés,

Sur leurs genoux tremblans pliant un corps débile ;
Ceux-ci courbant un front saintememt immobile,
Tandis qu'avec respect, sur le marbre inclinés,
Et plus près de l'autel, quelques-uns prosternés,
Touchaient l'humble pavé de leur tête guerrière,
Et leurs cheveux blanchis roulaient dans la poussière.
Le tzar, avec respect, les contempla long-temps.
« Que j'aime à voir, dit-il, ces braves combattans !
« Ces bras victorieux, glacés par les années,
« Quarante ans de l'Europe ont fait les destinées.
« Restes encore fameux de tant de bataillons,
« De la foudre, sur vous, j'aperçois les sillons.
« Que vous me semblez grands ! Le sceau de la victoire,
« Sur vos ruines même, imprime encor la gloire ;
« Je lis tous vos exploits sur vos fronts révérés ;
« Temples de la valeur, vos débris sont sacrés. »
Le prêtre cependant, aux pieds du sanctuaire,
A des pieux soldats, consacre la prière.
Ces illustres blessés, ces vieillards chancelans,
Hors des parvis sacrés, s'avancent à pas lents.
Bientôt ils vont s'asseoir dans une enceinte immense
Où, d'un repas guerrier la frugale abondance,
Aux dépens de l'État, satisfait leur besoin.
Pierre de leur repas veut être le témoin ;
Avec eux, dans la foule, il aime à se confondre,
Les suit, les interroge ; et fiers de lui répondre,
De conter leurs exploits, ces antiques soldats

Semblent se rajeunir au récit des combats.
Son belliqueux accent émeut leur fier courage :
« Compagnons, leur dit-il, je viens vous rendre hommage.
« Oh parlez ! qui de vous, au milieu des hasards,
« A de ce grand Condé suivi les étendarts !
« Je brûle de vous voir... »

      Cent guerriers se levèrent,
D'une commune voix, cent guerriers s'écrièrent :
Nous voici !

    Distingué par des accents plus fiers,
L'un d'eux portait le poids de quatre-vingts hivers,
Et relevait encor sa tête avec noblesse.
« De ce héros, dit-il, moi, j'ai vu la jeunesse ;
« Je combattais sous lui dans les champs de Rocroi ;
« Son regard, dans la foule, est descendu sur moi.
« J'ai compté soixante ans depuis cette victoire ;
« J'ai vu Nordlingue et Lens, théâtres de sa gloire.
« A Fribourg, je l'ai vu, qui, le fer à la main,
« Chez nos vieux ennemis se frayait un chemin.
« Son front dans le carnage était calme et terrible.
« Ah ! sous son ombre encor, je serais invincible. »
« — Oui, j'en crois ton courage et ta noble vigueur.
« Vous avez donc servi sous ce noble vainqueur,
« Mes amis ? de ce nom, souffrez que je vous nomme ;
« Vous avez vu de près, entendu ce grand homme !
« Ah ! je connais des rois, qui, fiers d'un tel honneur,

« Paieraient de tout leur sang ce suprême bonheur.
« Et vous, à mes regards, daignez aussi paraître ;
« Pour mieux vous honorer, je voudrais vous connaître,
« Soldats du grand Turenne, êtes-vous dans ces lieux ? »
Trois cents guerriers, debout, parurent à ses yeux.
Tels que ces troncs vieillis, ces vénérables chênes
Que consacraient à Mars, les légions romaines ;
Dont les rameaux chargés des dépouilles des rois,
Redisaient aux guerriers les antiques exploits.
« — Tu chéris les héros, lui dit l'un d'eux ; écoute :
« Mourant, inanimé, dans une longue route,
« Je succombais. La nuit, dans un obscur sentier,
« Turenne m'aperçoit, descend de son coursier,
« M'y place de sa main, et seul dans la campagne,
« A pied, jusques au camp, m'escorte et m'accompagne. »
— Un autre, en approchant : « Vois ce bras mutilé ;
« Turenne me plaignit et je fus consolé. »
— Un autre s'écria : « J'ai vu tomber Turenne ;
« Ah ! j'atteste du ciel la grandeur souveraine,
« J'aurais voulu mourir. — Arrêtes, penses-tu
« Qu'il me faille un serment pour croire à ta vertu ?
« Et moi, si cette main un jour doit être armée,
« Et moi, puissé-je atteindre à votre renommée ;
« Car je suis un guerrier, un soldat comme vous. »
D'un regard attentif ils le contemplaient tous,
Et son front désarmé leur parut redoutable.
Tout-à-coup le monarque approchant de leur table,

Du vin qui de leurs corps réchauffait la langueur,
Dans un grossier cristal épanche la liqueur ;
Et la coupe à la main, debout, la tête nue,
« Mes braves compagnons, dit-il, je vous salue. »
Il boit en même temps.

    Les soldats attendris,
A ce noble étranger répondent par leurs cris.
Tous ignoraient son nom, son pays, sa naissance ;
Mais de son fier génie, ils sentaient la puissance.
Leur troupe avec honneur accompagne ses pas,
Son rang est inconnu ; sa grandeur ne l'est pas.

La visite du tzar Pierre mit à la mode pour ainsi dire, les visites princières aux Invalides. Le 19 juin 1718, on les fit voir, comme s'exprime un auteur de mémoires, au jeune roi Louis XV, qui vint entendre le salut, le dimanche dans l'octave de la Fête-Dieu.

Dans une de ses visites à l'Hôtel, Louis XIV congédiant ses gardes, avait dit qu'il était en sûreté au milieu de ses vieux serviteurs. Chose, au moins étrange, sinon contraire aux privilèges de la maison, les vieux serviteurs de Louis XIV furent écartés de la personne du jeune roi Louis XV. Voici comment s'exprime le procès-verbal de cette singulière apparition royale.

« On envoya pour garnir l'église, quatre brigadiers et vingt-quatre gardes-du-corps qui furent distribués comme il suit :

« Un brigadier et six gardes français restèrent pour les carosses.

« Un autre brigadier français fut posté devant la porte de l'église avec deux gardes et eut attention à ce que le roi ne fût embarrassé, ni à la porte, ni à l'église.

« Un brigadier écossais fut mis dans le dedans de la balustrade avec un garde, qui eut soin, après que le roi fut passé, de ne laisser entrer que des personnes connues, *point d'Invalides, ni de livrée* dans le sanctuaire. On posta aussi un garde à la porte de la sacristie.

« Deux gardes furent postés, un de chaque côté, à deux portes grillées, vis-à-vis, en deça de l'Hôtel, par l'une desquelles sa majesté entra sous le dôme, et après que les prêtres furent passés, les deux gardes, l'un à droite, l'autre à gauche, empêchèrent que personne ne passât par cette même porte là. On plaça quatre gardes, deux de chaque côté, à quatre piliers différents, dont deux se trouvèrent un peu au-dessus du prie-Dieu : cette garniture suffit.

« Le quatrième brigadier fut posé avec deux gardes à la porte de l'église, du côté de la plaine de

Grenelle ; cette porte fut ouverte pendant le salut.

« Les six gardes qui n'étaient pas placés furent mis à six chapelles différentes qui sont dans le même dôme où sa majesté entendit le salut.

« A la sortie de l'église, le roi étant monté dans les galeries de l'Hôtel, un brigadier et six gardes l'accompagnèrent sans leurs armes.

« Sitôt que le roi fut sorti, les quatre brigadiers et vingt-quatre gardes revinrent au Louvre dans le même ordre qu'ils étaient partis. »

Les Invalides murmurèrent hautement des procédés suivis à leur égard par la police du château.

Une gratification accordée à propos aux sergens, caporaux, anspessades et soldats des compagnies, calma cette effervescence.

Quelque temps après, comme nous l'avons dit ailleurs, les sergents aux gardes françaises obtinrent d'être reçus à l'Hôtel en qualité de lieutenants.

Un peu plus tard les Invalides furent dotés de leur belle promenade de l'esplanade.

Le 26 mars 1720, comme s'expriment les registres du conseil d'état, le roi se fit représenter, dans ledit conseil, le plan général du nouveau quartier de Saint-Germain-des-Prés et des environs de son Hôtel royal des Invalides. Ce plan avait été levé par le sieur de La Cotte, premier architecte de sa majesté. Le roi reconnut en l'examinant que les allées d'arbres qui devaient former la nouvelle enceinte de sa bonne ville de Paris, seraient un des principaux ornements de l'Hôtel, et l'accompagnement heureux des anciennes allées et contr'allées de l'avenue dudit Hôtel jusqu'à la rivière. Il approuva en conséquence, de l'avis de M. le duc d'Orléans, régent, le plan de son premier architecte; l'esplanade fut alors achevé. On fit défense de bâtir sur le terrain qu'on y consacra et à douze pieds de distance, aux environs. De justes indemnités furent distribuées aux propriétaires qui y avaient quelqu'héritage.

Ce fut l'année suivante que M. Hiérome Bardon reçut, le premier, la charge d'apothicaire-major des officiers, soldats, cavaliers et dragons Invalides.

Cette année là aussi, mourut M. de La Javye qui avait si fidèlement aidé M. de Boyveau dans les fonctions difficiles du gouvernement avec des ministres aussi despotes que ceux du régent.

M. Leblanc, alors secrétaire-d'état de la guerre, nomma, pour le remplacer comme lieutenant de roi, Eugène de Beaujeu, maréchal-de-camp des armées royales qui mérita d'arriver, en 1728, à la mort de M. de Boyveau, au poste de gouverneur, dont on lui avait donné la survivance.

M. de Beaujeu servait depuis 1676 et avait été blessé au siège de Valenciennes en 1677, lorsqu'il leva une compagnie de cavalerie dans le régiment du Plessis, par commission du 20 août 1688. Il la commanda à l'armée d'Allemagne en 1689 et 1690.

Major de ce régiment par brevet du 25 avril 1691, il servit à l'armée d'Italie, cette année, à l'armée de la Moselle en 1692, sur les côtes de la Bretagne en 1693 et 1694, au pays d'Aunis par lettres du 22 mai 1695, à l'armée de la Moselle en 1696 et 1697. Son régiment ayant été réformé par ordre du 8 mai 1698 et rétabli par ordonnance du 10 février 1701, M. de Beaujeu en fut remis major, comme s'exprime la chronologie militaire, par ordre du premier mars suivant. Il servit avec ce régiment, alors Mérinville, en Allemagne en 1702 et se distingua à la bataille de Frédelingen au mois d'octobre. Il était au siège de Kelh, au combat de Munderkingen, et à la bataille d'Hochstedt en 1703.

Il obtint, le 14 mars 1704, une commission pour tenir rang de mestre-de-camp de cavalerie, et en juin suivant une commission de mestre-de-camp réformé à la suite du régiment royal de cavalerie, en se démettant de la majorité de son régiment, et servit à l'armée de Bavière, sous le maréchal de

Marchin, en qualité de maréchal-général-des-logis de la cavalerie, et se distingua particulièrement à la bataille d'Hochstedt. Il remplit les mêmes fonctions à l'armée de la Moselle, sous le maréchal de Villars en 1705, à l'armée du Rhin sous le même général. Il se trouva avec lui à la prise de Drusenheim, de Lauterbourg et de l'Ile du Marquisat en 1706. Il obtint le 4 juillet un régiment de cavalerie qui porta son nom. Mais il n'en continua pas moins les fonctions de maréchal-général-des-logis de la cavalerie, à l'armée du Rhin, sous le maréchal de Villars. Il eut alors part à toutes les expéditions en Franconie et en Souabe. Il remplit les mêmes fonctions en 1708 avec Berwick, et à l'armée de Flandre jusqu'en 1712. Le roi l'avait breveté du titre de brigadier en 1709. Il se trouva, cette année là, à la bataille de Malplaquet, à la défaite des ennemis dans un fourrage en 1710, à l'attaque d'Arleur en 1711, à celle de Denain, aux sièges de Douai, du Quesnoy et de Bouchain en 1712.

Toujours maréchal-des-logis de la cavalerie à l'armée du Rhin en 1713, il servit au siège de Landau. C'est à ce siège qu'il eut le talon emporté par un boulet. Le roi le nomma commandeur de Saint-Louis le 30 juillet 1715.

Dans son gouvernement des Invalides, Eugène

de Beaujeu se montra digne du choix du ministre.

Leblanc se connaissait en hommes et avait pu l'apprécier, alors que lui-même était intendant de Flandres. C'est le cas de rappeler, avec plusieurs auteurs militaires, les précieuses qualités de ce ministre qui ne cessa de faire du bien aux armées, et qui fut un instant emprisonné à la bastille en 1726, puis qui en sortit pour reprendre son portefeuille et mourir à la peine en 1728.

Le sieur chevalier de Ganges succéda à Eugène de Beaujeu, comme lieutenant de roi; il reçut la charge de gouverneur à sa mort qui arriva en 1750.

Il ne faut pas confondre ce sieur Chevalier de Ganges, lieutenant-colonel des dragons de Beaufremont, avec le trop célèbre Chevalier du même nom qui alla se faire tuer à Malte, après avoir assassiné avec son frère l'abbé, la belle marquise de Ganges, sujet de tant de romanesques histoires. La date seule de l'arrêt, 1688, rendu contre l'assassin de la belle provençale, exclue toute méprise à ce sujet.

Le sieur Chevalier de Ganges, garda huit ans ses fonctions de gouverneur. M. Bauyn d'Angervillers qui attacha son nom à une infinité de mesures relatives aux Invalides, était alors ministre de la guerre. Il régla par ordonnance les différentes classes des militaires qui devaient être reçus à l'Hôtel. Il renouvela le contrat de Louvois avec les prêtres de la congrégation de Saint-Lazare ; il conseilla au roi, et fit adopter par lui, la création d'une école de trompettes, au sein des vétérans des armées. Cette école consistait en un maître de trompette et un aide chargés d'instruire vingt cavaliers. Ces derniers devaient être pris dans les vingt régimens de cavalerie de *la tête*, et dans les autres successivement, à mesure que les vingt premiers cavaliers sortiraient de l'école. Ils ne devaient pas avoir au-delà de dix-huit ans, et devaient être pourvus par leurs capitaines d'une trompette à sourdine. Le 7 juin 1731, le règlement de cette école fut signé.

M. d'Angervillers attacha aussi son nom à un contrat qui fut passé le 24 juillet 1732, entre les représentans de l'Hôtel et un sieur Carré-Delorme directeur des fermes du roi. Ce contrat avait pour but d'échanger une place ou pièce de terre sise au bout de la rue Saint-Dominique vis-à-vis l'Hôtel, et contenant deux mille quatre-vingt neuf toises de superficie et appartenant au sieur Delorme, contre une autre pièce de terre, appartenant à l'Hôtel et située rue de Varenne. M. de la Cotte dessinateur de l'esplanade et des entourages, demandait le premier terrain. M. d'Angervillers resserra aussi les liens qui unissaient les compagnies détachées aux Invalides de Paris. Il les plaça expressément sous l'autorité du gouverneur.

A la mort de M. de Ganges, M. de Saint-André maréchal-de-camp des armées et déjà lieutenant du roi, le remplaça à la tête de l'Hôtel, le 11 janvier 1738 et reçut pour lieutenant M. de la Courneufve. Comme il y a eu plusieurs maréchaux-de-camp du nom de Saint-André, nous dirons qu'il ne faut pas confondre Joseph Marnay de la Bastie, chevalier de Saint-André, gouverneur des Invalides, avec ses contemporains Joseph et Nicolas Prunier de Saint-André maréchaux-de-camp, comme lui, ni avec Etienne Espost de Saint-André qui eut le même grade.

Volontaire en 1685, sous-lieutenant en 1686 et lieutenant en 1688 dans le régiment de Picardie, la Bastie Saint-André s'ennuya bientôt de l'infanterie et, par commission du 20 août 1688, leva une compagnie dans le regiment de cavalerie de Quadt. Il se distingua à la tête de cette compagnie, à la bataille de Fleurus, au glorieux combat de Leuse, au siège de Namur, à la bataille de Steinkerque, à celle de Nerwinde où il fut blessé, au combat de Dongres, au siège de Bruxelles.

Son régiment ayant été réformé en 1698, il suivit d'abord, comme capitaine réformé, le régiment Dauphin de cavalerie, puis il reçut une compagnie dans le régiment de Bissy même arme; il commandait cette compagnie à la bataille de Luzzara où il fut blessé en 1702 et mérita le brevet de major.

Il se distingua dans ce grade au passage dans le Trentin, aux combats de Castelnovo, de Bormia, de San-Vittoria et de San-Benedetto en 1702, aux sièges de Verceil et d'Ivrée en 1704.

Fait maréchal-général des logis de la cavalerie de l'armée d'Italie en 1705, il servit au siège de Verue, à la bataille de Cassano, au siège de Chivas; reçut le brevet de mestre de camp le 18 mars 1706, puis le gouvernement de Dye après la paix en 1715.

Nommé brigadier, il fit avec Berwick les campagnes de 1719 et 1720. Ce fut lui qui apporta au régent la nouvelle de la prise d'Urgel.

Le roi le nomma inspecteur-général de la cavalerie et des dragons en 1729, puis lieutenant de roi, aux Invalides, en 1730.

Mais la guerre ayant pris de l'activité, il reçut encore une fois l'ordre de rejoindre l'armée du Rhin comme maréchal-général des logis de la cavalerie. Il se distingua au siège de Kelh, et en 1734 reçut à la fois le titre de maréchal-de-camp et une place de commandeur dans l'ordre de Saint-Louis.

Il continua d'ailleurs à inspecter la cavalerie jusqu'en septembre 1736. A cette époque, il se consacra tout entier aux Invalides, et mourut à leur tête, à l'âge de soixante-onze ans, le 1er octobre 1742.

Son lieutenant de la Courneufve, le remplaça sous le second ministère de Letonnelier de Breteuil, successeur de d'Angervillers, en 1740.

C'est lui qui reçut, en 1745, le dauphin, père de Louis XVI. « Ce prince, dit l'abbé Pérau, vint visiter l'Hôtel des Invalides, le 31 juillet 1745. Il parut d'abord que l'on avait oublié les privilèges de la maison. La police royale avait fait, dès le matin, placer des suisses du régiment des gardes près l'Hôtel, dans une petite rue appelée alors ruelle de Sainte-Valère; mais, sur les représentations qui furent faites par le gouverneur, cette garde fut *contremandée*, et elle décampa à une heure et demie. Le prince arriva à quatre heures et demie par l'avenue qui est en face du grand portail du dôme. Deux cents hommes rangés sur deux lignes, bordaient l'extérieur du fossé de la cour du dôme. La compagnie de fusillers de l'Hôtel formait la haie. Le dauphin fut reçu par l'état-major, et précédé du prévôt des Invalides, sans gardes, accompagné d'un détachement des vieux militaires, il visita toute la maison dans le plus grand détail. »

M. de la Courneufve, avant d'être gouverneur, avait exercé, concurremment avec sa charge de lieutenant de roi des Invalides, celle de lieutenant de roi de la citadelle d'Amiens. Il avait été en outre mestre-de-camp de cavalerie, et lieutenant-colonel du Royal-Dragons. Il eut part à tout ce qui se fit pour l'Hôtel, sous le ministère remarquable de Voyer-d'Argenson, successeur de M. de Breteuil, qui voulait, dit-on, décentraliser les Invalides.

Voyer-d'Argenson, loin d'imiter celui qu'il remplaçait, ne songea qu'à assurer le sort des Invalides. La situation des officiers attira tout d'abord son attention. Confondus, pour ainsi dire, à l'Hôtel, avec ceux qu'ils avaient commandés sous le feu de l'ennemi, les officiers ne demandaient qu'à la dernière extrémité, d'être accueillis parmi les invalides. Il s'en suivait que l'armée commençait à dédaigner l'asyle ouvert à ses vétérans. L'absence de chefs compromettait la discipline.

Le ministre fit comprendre au roi ces motifs et d'autres non moins importans. C'est alors que la construction des bâtimens neufs, spécialement affectés aux officiers, fut décrétée. On la poursuivit avec activité. Commencés en 1748, les bâtimens avaient déjà reçu, en 1750, leur population spéciale et de sages prescriptions y réglaient le service. Le comte d'Argenson s'occupa beaucoup aussi des compagnies détachées. Jusqu'alors une compagnie franche fesait la garde au château de la Bastille ; il donna cette garde en 1749, à une compagnie de bas officiers tirés de l'Hôtel. Il veilla enfin à ce que rien ne fût distrait de la succession des vétérans décédés. Si cette succession dépassait douze livres, on devait rechercher les héritiers ; au-dessous de cette somme, elle était dévolue aux pauvres.

On ne peut faire qu'un seul reproche au comte d'Argenson, c'est que, dans les réglemens intérieurs qu'il multiplia pour les invalides, il se souvint un peu trop qu'il avait exercé la charge de lieutenant-général de la police.

Tout le monde sait d'ailleurs que c'est lui qui conçut cette idée sublime, d'établir près de l'asyle ouvert aux vétérans, la grande école militaire destinée à l'éducation des jeunes officiers. L'école de Vincennes déjà existante, n'était qu'une ébauche.

Les soins dont Voyer-d'Argenson fut alors accablé, nécessitèrent l'adjonction du marquis de Paulmy au ministère de la guerre.

De la Courneufve qui avait secondé avec zèle le

vertueux fondateur du bâtiment neuf, mourut en 1753. Il ne fut pas remplacé par son lieutenant de roi, de la Mark, ancien gouverneur, comme lui, de la citadelle d'Amiens, ce fut le comte de la Serre qui reçut le commandement de l'Hôtel.

François d'Azemar-Pannat, comte de la Serre, était un héros de Fontenoy. Il avait commencé à servir comme volontaire en 1708. Nommé sous-lieutenant au régiment du roi, il se conduisit bravement à la bataille de Denain, aux sièges du Quesnoy, de Douay et de Bouchain. De 1712 à 1747, il servit comme lieutenant et se trouva aux sièges de Fribourg et de Landau, reçut en 1717 le grade d'aide-major de son régiment, avec rang de capitaine et donna tant de preuves de bonnes qualités administratives qu'il fut nommé, le 6 octobre 1733, aide-major général de l'infanterie de l'armée d'Italie. Il se trouva, comme tel, partout ou cette armée se distingua, à la prise de Milan, aux deux batailles de Parme et de Guastalla, et obtint en 1736 une commission pour tenir le rang de colonel.

Il fit la fameuse campagne de Bohême, avec Belle-Isle et Chevert; il fut et à la prise et à la défense de Prague, où Chevert n'eut point de meilleur soutien, parmi tant de beaux courages. Il fut encore à Dettingen, puis comme brigadier aux sièges de Menin, d'Ipres et de Furnes et comme lieutenant-colonel du régiment du roi, au combat d'Auguenum.

Arrivé au rendez-vous de Metz il se distingua surtout à Fontenoy; il chargea l'un des premiers sur le fameux corps Anglais et fut plusieurs fois blessé. Demandé par le maréchal de Saxe et nommé commandeur de Saint-Louis, il se trouva aux deux victoires de Raucoux et de Lawfeld; à la suite de celle-ci le roi lui remit lui-même les insignes de la grand'croix de l'ordre.

Il fut bientôt après promu au grade de maréchal-de-camp, et eut le commandement de Namur et celui de Dunkerque.

C'est dans ce dernier commandement que M. d'Argenson et le marquis de Paulmy vinrent le prendre pour le mettre à la tête des Invalides. Sa réception par les vétérans fut une véritable fête. C'était le compagnon du maréchal de Saxe; il avait pris part à toutes les affaires militaires de sa génération.

Gouverneur des Invalides, il reçut la charge d'inspecter la cavalerie en 1757. Le bruit s'étant répandu d'une descente des Anglais, la même année, le roi le désigna pour aller prendre le commandement des milices et des corps destinés à couvrir Rochefort, la Rochelle et les Iles. Enfin, le maréchal de Contades ayant été promu à la dignité de maréchal de France, il le remplaça comme inspecteur général de l'infanterie. Il mourut à l'Hôtel en 1766.

Un des premiers soins du comte de la Serre, fut de faire cesser les graves désordres qui se commettaient dans les alentours déserts de l'Hôtel. Il obtint la permission de faire bâtir un corps-de-garde extérieur; il fit élever la solde des officiers invalides; forma pour la garde de l'arsenal une nouvelle compagnie de bas officiers et tira par là, de l'île Sainte-Marguerite, la compagnie appelée Dupuy, qui y mourait de faim et d'ennui.

Il eut d'abord à suivre les ordres du duc maréchal de Belle-Isle, successeur de M. de Paulmy. Mais M. de Belle-Isle, délégua bientôt, comme directeur spécial des affaires qui regardaient l'Hôtel, Boyer de Crémille, grand'croix de Saint-Louis, lieutenant-général, inspecteur de toutes armes, gouverneur de l'Artois.

C'était l'époque où vivait Joseph Granet, avocat au parlement. Joseph Granet avait été chargé de recouvrer, sur tous les points du territoire, les fonds des pensions des oblats. Il s'acquitta de ses fonctions avec un zèle soutenu. Ce qu'il vit des invalides, ses relations avec eux, son séjour à l'Hôtel, lui donnèrent l'idée d'écrire leur histoire;

mais le temps lui manquant, il se contenta d'esquisser une courte description des bâtimens et de la faire précéder de quelques considérations historiques. (1)

C'est ce Jean-Joseph Granet qui fit déclarer que l'abbaye de Saint-Denis était, comme les autres abbayes du royaume, sujette à l'impôt des oblats, elle et toutes ses dépendances. Le clergé des couvents murmura beaucoup. On parla d'excommunication ; l'arrêté fut néanmoins maintenu. Granet eut pour successeur un autre avocat distingué nommé d'Outremont.

Il serait d'ailleurs oiseux de mentionner toutes les mesures que le ministère du duc de Belle-Isle prit à l'égard des invalides ; nous mentionnerons seulement la création des compagnies d'invalides artilleurs destinés à la garde des côtes, l'assimilation des milices gardes-côtes aux troupes de terre, quant à l'Hôtel, l'autorisation qui fut donnée au conseil de faire un emprunt de quatre cent mille livres à rentes viagères en 1760, et surtout l'arrêté qui condamna, pour ainsi dire, les invalides à concéder une part des deniers de l'extraordinaire des guerres, à l'administration de l'école militaire nouvellement établie.

1) Elle fut publiée chez Guillaume Despretz en 1746 et accompagnée de planches gravées par Cochus.

Nous arrivons ainsi au ministère du duc de Choiseul, successeur du maréchal de Belle-Isle en 1761. Nous ne répéterons pas ce que nous avons dit ailleurs des réformes que M. de Choiseul fit dans l'Hôtel et dans les compagnies détachées. Elles créèrent un précédent fâcheux dont s'empara plus tard le comte de Saint-Germain.

Aucun ministre ne s'est autant occupé des Invalides que le duc de Choiseul; mais il n'eut pas, à ce qu'il semble, de plan arrêté. Il reconnut des abus, essaya de les faire cesser, et tomba dans un excès contraire. Voyant alors sa faute, il revint sur ses premières mesures. Il en résulta dans la législation des Invalides une sorte d'anarchie qui menaça, d'une manière redoutable, la situation de l'Hôtel.

On ne peut cependant refuser au duc de Choiseul d'avoir introduit dans le service quelques perfectionnements. Ainsi, les compagnies détachées, isolées dans leurs garnisons, étaient à la merci de leurs capitaines. Elles souffraient; nul protecteur, si ce n'est le gouverneur, lequel était loin d'elles, ne veillait à leur bien être. M. de Choiseul donna au lieutenant de roi, la charge de les inspecter spécialement.

C'est lui aussi qui permit l'introduction, parmi les Invalides, des soldats protestants exclus par l'usage, plutôt que par des ordonnances spéciales. Il fit encore quelques réductions utiles; ordonna des constructions avantageuses, et, grâce à lui, on entra dans un système d'économie qui porta ses fruits.

Mais il faut le répéter, son premier commis, dépositaire de ses pensées et de celles du duc de Belle-Isle, le sieur de La Ponce, fut nommé par lui directeur de l'Hôtel; M. de La Ponce devait être l'exécuteur des innovations et réformes de M. de Saint-Germain.

Ce dernier trouva comme gouverneur de l'Hôtel, le baron d'Espagnac, qui avait fait avant la mort du comte de La Serre les fonctions de lieutenant de roi et qui avait été ensuite adjoint au même comte.

Le baron d'Espagnac était, lui aussi, un soldat de Fontenoy, un compagnon du maréchal de Saxe.

Il naquit en 1713 à Brives-la-Gaillarde; à l'âge de 18 ans, en 1732, il était lieutenant au régiment d'Aquitaine. Il fut fait en 1737 capitaine au régiment d'Anjou. Il se trouva à la prise de Prague, et reçut la charge d'aide-major-général de l'armée de Bavière en 1742, puis de celle de Flandre en 1744. Le maréchal de Saxe reconnut et apprécia ses talents militaires; il l'employa, non-seulement comme aide-major de l'armée, mais comme colonel de l'un des régiments de grenadiers créés en 1745. Ce fut lui que le héros chargea de porter au roi la nouvelle de la victoire de Raucoux dans laquelle il s'était particulièrement distingué. Le prince le nomma brigadier, puis en 1761 lui fit donner le brevet de maréchal-de-camp.

Le baron d'Espagnac joignait aux qualités du général, quelques-unes de celles qui font l'écrivain. Dans les loisirs de sa charge à l'Hôtel, il composa une histoire raisonnée du maréchal, son ami, son protecteur; il esquissa les plans de ses batailles. Déjà l'on connaissait de lui un essai remarquable sur la science de la guerre. Il publia encore le *Journal historique des campagnes* de 1743, 45, 46, 47 et 48. On le regarda enfin comme l'auteur du fameux exposé des manœuvres de l'armée de Flandre pour l'investissement de Maëstricht.

Il mourut en 1783, après avoir résisté au comte de Saint-Germain. Il ne vit pas l'orage révolutionnaire, plus heureux que son fils, l'abbé Sahuguet d'Espagnac, fournisseur des armées, auteur de l'histoire de Catinat et l'une des victimes de 1793.

Le baron d'Espagnac méritait à tous les égards

d'être inscrit solennellement parmi les hommes qui ont illustré les Invalides. On ne peut lire sans émotion sur le premier pilastre, à gauche, dans l'église des soldats cette épitaphe composée par ses enfans, accueillie par l'administration :

>Le baron d'Espagnac de Sahuguet
>Darmazet,
>Lieutenant-général, etc. ; etc.
>*Il fut le compagnon d'armes, l'ami*
>Et l'historien du maréchal
>*Maurice de Saxe.*

On aurait pu ajouter et l'ennemi du comte de Saint-Germain.

Sous ce gouverneur, et encore avant la fin du règne de Louis XV, l'Hôtel reçut quelques visites royales.

Ainsi, en 1768, le 2 décembre, imitant Pierre-le-Grand, qui avait voulu voir les compagnons de Turenne, le roi de Dannemark voulut se mêler aux vétérans de Raucoux et de Lawfeld.

Ce prince voyageur, à coup sûr le plus savant roi de son temps, était Christian VII, successeur de Frédéric V, et beau frère de Georges III d'Angleterre. Son médecin, le fameux *Struensée* l'accompagnait, il avait avec lui une députation de l'Académie qui lui rendit les mêmes honneurs qui lui avaient été rendus à Cambridge, où on le reçut docteur. Christian VII alors, plein d'esprit et de vivacité, était loin de s'attendre à tous les malheurs qui devaient l'accabler sur la fin de son règne. Il mourut en 1808, à l'incendie de Copenhague, due à l'inimitié des Anglais.

Bientôt après, c'est-à-dire en janvier 1771, un autre prince destiné aussi à de grandes infortunes, vint encore visiter l'Hôtel. C'était le prince héréditaire de Suède qu'accompagnait son frère. Le prince héréditaire de Suède se faisait alors appeler comte de Haga. Il devait plus tard vaincre les Suisses sous le nom de Gustave III et tomber sous le poignard de J. Ankarstroëm. Une circonstance des plus remarquables, c'est que pendant qu'il visitait les Invalides, son père, Adolphe Frédéric se mourait. Il reçut quelque temps après, à Paris, la nouvelle de son décès, et fut proclamé, bien qu'absent. Gustave III eut, comme Christian VII, les honneurs royaux et les honneurs littéraires et vit ses œuvres, non connues comme œuvres royales, couronnées par l'académie qu'il avait fondée sur l'Académie Française.

Il rapporta d'ailleurs de sa visite aux Invalides, différentes idées qu'il mit à exécution, et si les armées Suédo-Norwégiennes ont aujourd'hui un lieu de retraite destiné à leurs vétérans, l'honneur principal doit en revenir à Gustave III.

M. de Monteynard était alors ministre de la guerre comme successeur de M. de Choiseul. Ce ministre se montra, comme on le sait, meilleur courtisan que bon administrateur. C'est lui néanmoins, qui eut l'honneur de signer le brevet de Parmentier, comme apothicaire-major des Invalides. Il est vrai que les sœurs de charité ayant réclamé contre la création de la fonction même d'apothicaire-major, la place fut supprimée en juillet 1774. Mais Parmentier n'en resta pas moins chef du service des pharmacies à l'Hôtel.

Ce célèbre bienfaiteur de l'humanité, en faveur duquel l'Assemblée Nationale fit, plus tard, une exception, était précédemment à l'Hôtel simple apothicaire gagnant maîtrise.

C'est aussi M. de Monteynard qui fit décider qu'on déposerait aux Invalides les archives de l'ordre de Saint-Louis. M. d'Angervillers, en 1728, avait élaboré à cet égard, un projet qui était demeuré sans exécution. La décision de M. de Monteynard resta aussi privée d'effet. Mais, en 1779, Louis XVI ayant reconstitué l'ordre de Saint-Louis, le prince de Montbarey fit affecter au dépôt des archives de Saint-Louis, une partie de la grande chambre à la suite du conseil.

Enfin, c'est à M. de Monteynard que l'Hôtel dut les tables de marbre des réfectoires des soldats.

Ici s'arrêtent les annales de l'Hôtel, durant le règne qui nous occupe. Nous devons dire seulement qu'une seconde description des Invalides par l'abbé Pérau fut publiée en 1766. Elle est en partie empruntée à Granet.

Il nous reste aussi à nous occuper des services des vétérans eux-mêmes.

Fidèles à notre plan, nous allons donc rappeler d'une manière sommaire, les combats qui, durant le règne du Louis XV, fournirent aux Invalides, leur population. L'armée faisait preuve du même courage; elle se dévouait, elle était toujours grande. Mais la fortune ne suivait plus toujours ses drapeaux, et les conseils de ses chefs étaient quelquefois frappés de vertiges.

La guerre que suscita l'ambition d'Alberoni qui voulait relever l'Espagne au premier rang des puissances et qui nécessita la quadruple alliance ne fut pas pour ainsi dire une guerre. La prise de Fontarabie, de Saint-Sébastien et d'Urgel par l'armée du maréchal de Berwick, voilà ses faits principaux. Commencée en 1718, elle avait cessé en 1720.

Treize années de paix succedèrent sous la honteuse administration du trop fameux cardinal

Dubois, et sous l'administration plus respectable du vertueux cardinal Fleury.

Cette paix fut rompue en 1733, au grand regret de ce dernier. L'honneur du roi lui commandait d'obtenir une réparation de l'insulte faite au pays dans la personne de Stanislas de Pologne son protégé, et dans celle de ce courageux Plelo, ambassadeur de France, qui, avec 1,500 hommes, sut faire respecter à 50,000 Russes assiégeant Dantzig, le nom et le caractère français. Ne pouvant se venger des Russes à cause de leur éloignement, Louis XV uni à l'Espagne et à la Savoie, attaqua l'empereur Charles VI, allié de la Czarine-Anne Iwanouna. Berwick conduisit une armée en Allemagne, Villars à l'âge de 81 ans dirigea une armée combinée en Italie.

Le passage du Rhin, la prise de Kehl signalèrent la première en 1733; la prise de Pavie, de Milan et de quelques autres places firent honneur à la seconde.

L'année suivante, le passage de la Moselle à Trarbach par le corps d'armée du duc de Belle-Isle; le siège et la prise de Philipsbourg par Berwik qui y trouva la mort, et d'Asfeld son successeur, furent de magnifiques, mais sanglans faits d'armes. Le prince Eugène essaya vainement de secourir la dernière place.

La même année mourut de vieillesse Villars, qui regrettait de n'être pas mort comme Berwich ; nos troupes aidèrent à la conquête du royaume de Naples en quarante jours, par don Carlos. Elles firent ensuite merveille à la sanglante et opiniâtre bataille de Parme, gagnée par le maréchal de Coigny, successeur de Villars. Cette victoire fit oublier l'échec du duc de Broglie à la Secchia. Cet échec ne tarda pas d'ailleurs à être complètement effacé par la victoire de Guastalla, victoire disputée avec efforts et qui laissa 9,000 impériaux sur le champ de bataille. La paix de Vienne, qui fonda le trône des deux Siciles, termina la guerre de la succession de Pologne.

Mais à peine le traité de Vienne était signé, que la mort de l'empereur Charles VI, en octobre 1740, allumait une autre guerre de succession, guerre bien plus terrible et connue sous le nom de guerre de la succession d'Autriche.

La bataille de Molwitz où le jeune Frédéric II de Prusse jeta les bases de sa haute réputation militaire, et dans laquelle il battit le général autrichien Neuperg, fut comme le signal d'un embrâsement général. La France se déclara pour l'électeur de Bavière, compétiteur de Marie-Thérèse et s'allia à la Prusse. Le comte de Belle-Isle commanda nos troupes. Elles eurent tout l'honneur de la prise de Prague, et le régiment de Beauce, ayant pour lieutenant-colonel, le fameux Chevert, se distingua entre tous. L'électeur de Bavière fut couronné roi de Bohême dans Prague.

Mais peu de temps après, le comte de Ségur, avec un corps français, fut forcé de capituler dans Lintz; il est vrai qu'un autre corps, avec le comte de Saxe, s'empara d'Egra.

C'étaient les préludes de la grande mêlée. Tout-à-coup, Fréderic de Prusse, par le traité de Breslaw se déclare neutre dans la guerre qu'il a commencée. Tout le fort de la bataille retombe sur la France.

En 1742, la magnifique défense de Prague illustre encore ses drapeaux ; le comte de Belle-Isle fait une retraite que l'on a comparée à celle des dix mille, et Chevert ne sort de Prague qu'avec les honneurs militaires.

L'année 1743 vit les Anglais, après plusieurs siècles de trêve, encore une fois en présence. M. de Noailles, par la faute du marquis de Grammont, laissa échapper le roi Georges à Dettingen et perdit un avantage certain. Sur mer, notre amiral de Court, balança l'habileté de Matheus commandant la flotte anglaise.

Ces actes d'habileté furent suivis de la déclaration de guerre des puissances en 1744. La France opposa quatre armées à ses ennemis, deux en

Flandre, aux ordres des maréchaux de Noailles et de Saxe, une sur le Rhin, commandée par de Coigny et la dernière, vers les Alpes, sous la direction du prince de Conti qui fit bientôt avec l'infant dom-Philippe, la conquête du comté de Nice.

Les troupes de Flandre prirent Menin, Ipres et le fort de Kenoque malgré les Anglais. Sur le Rhin elles repoussèrent les soldats de l'Autriche au meurtrier combat des lignes de Weissembourg; mais la Lorraine fut envahie, et Louis XV crut devoir se rendre en personne à Metz pour y protéger, de là, ses provinces attaquées. Il y apprit la sanglante et magnifique affaire des barricades sur les frontières du Piémont, affaire où le courage français triompha de l'impossible, où Chevert, Givry, Salis, et le régiment de Poitou combattirent avec une audace sans pareille.

Le combat de Saverne, gagné par le maréchal d'Harcourt, la prise de Fribourg, par le maréchal de Coigny, la victoire de Coni firent encore en 1744 le plus grand honneur à nos troupes.

L'année suivante, le 6 mai, Marie-Thérèse ayant repoussé toutes les avances, la deuxième campagne de Flandres fut ouverte par le roi en personne qui arriva le 8 à l'armée. Le 10, se livra la bataille de Fontenoy. Nous avions en face de nous des Anglais, des Hollandais et des Autrichiens.

On sait comment ils furent vaincus. Les gardes-françaises, le régiment d'Aubeterre, et surtout la maison du roi, les cuirassiers, le régiment de Penthièvre se couvrirent de gloire.

La victoire de Fontenoy fut une des dernières qui illustrèrent nos drapeaux; après la prise de Tournay, de Gand, de Bruges, d'Ostende; après la deuxième campagne de Flandre, la prise de Bruxelles, d'Anvers, de Mons, la noble victoire de Raucour en 1746, après les échecs infligés aux impériaux par Belle-Isle en Provence, après les Autrichiens chassés de devant Gênes, le bonheur français expire dans une dernière victoire à Laufeld, victoire que remporte le maréchal de Saxe en 1747, et qui est suivie de la prise de Berg-op-Zoom. Le combat d'Exiler annonça la fin de nos succès; ils se terminèrent en effet à la paix d'Aix-la-Chapelle en 1748. Sur mer les amiraux Anglais Ansor et Haucke avaient annéanti la puissance de la France et Labourdonnaie seul, soutenait l'honneur de notre pavillon.

Six ans de paix succédèrent à la guerre d'Autriche. L'Angleterre enivrée par les victoires de Haucke et d'Anson ayant hâte d'arriver à la domination des mers, rompirent la trêve, en 1756.

Les chances ne lui furent pas d'abord favorables; le maréchal d'Estrée gagna sur le duc de

Cumberland, en Hanovre, la victoire d'Hastembeck, et le duc de Richelieu profitant de ce succès, accula bientôt après les Anglais à Closter-Severn, et les contraignit à signer la honteuse capitulation de ce nom.

Mais du côté de l'Angleterre était, cette fois, le héros de la Prusse, Fréderic II. Il battit nos troupes mal commandées par Soubise, à Gotha, et gagna la victoire singulière de Rosbach. L'année suivante, 1758, combat malheureux de Creveld contre les Hanovriens, racheté par les succès de Sunderhausen et de Lutzelberg; désastres sur mer; victoire de Berghen effacée par la défaite de Minden en 1759; courage inutile de l'amiral Laclue et des matelots du comte de Shabran; défaite navale de l'inhabile comte de Conflans, revers dans l'Amérique septentrionale et dans les Indes; tous les malheurs enfin à la fois. C'est une courtisanne qui fait et défait les généraux français; les armées sont découragées; le peuple n'a aucune confiance dans ceux qui le gouvernent; le roi vieillit au sein de coupables plaisirs; la gloire de la France agonise.

De Broglie et d'Assas la firent éclater de nouveau à Clostercamp en 1760. Les Bourbons resserrent entr'eux le pacte de famille; mais les armées françaises n'ont plus la victoire pour compagne. Soubise est encore vaincu à Willinghausen. Les Anglais promènent en triomphe leur pavillon sur les mers, qui toutes leur obéissent. C'est à peine si le brillant succès du prince de Condé au combat de Johanisberg, nous permet de terminer la guerre sans trop de honte, par le traité de Paris en 1763.

Ce n'était pas le courage ni le dévouement, qui avaient manqué aux armées durant cette guerre. Les ennemis de la France le reconnurent. Le défaut de direction et de confiance avait tout paralysé.

A la suite du traité de Paris, Louis XV ne vit plus troubler par la guerre sa honteuse vieillesse. L'occupation du comtat Venaissin, l'adjonction de la Corse à la France, n'exigèrent aucun grand sacrifice.

Les différens ministères avaient créé des régimens nouveaux, qui versèrent dans l'Hôtel Royal une population nouvelle.

CHAPITRE II.

LES INVALIDES SOUS LE RÈGNE DE LOUIS XVI.
1774 à 1792.

Sommaire. — État-major de l'Hôtel à l'avènement de Louis XVI au trône. Le comte de Saint-Germain, ministre de la guerre. — Il ne faut pas le confondre avec l'aventurier du même nom. — Sa biographie. — Rigueur de ses réformes à l'Hôtel. — Scandales qu'elles produisent. — Comment M. d'Espagnac les élude en partie. — M. de Pons. — Dépôt à l'Hôtel des plans en relief. — Visites de Joseph II, roi de Danemarck et de son frère. — Particularités. — Le prince de Montbarey. — Description de l'Hôtel acheté par le conseil d'administration. — Le marquis de Ségur. — Gouvernement du comte de Guibert. — Son successeur, le marquis de Sombreuil. — Journées du 13 et du 14 juillet. — Les invalides mêlés aux orages révolutionnaires. — Réforme de l'Hôtel par l'Assemblée Nationale. Elle n'est pas exécutée. Ce qu'y gagnent les Invalides.

Le règne de Louis XVI trouva, comme nous l'avons dit, à la tête de l'Hôtel, l'ami, le compagnon et l'historien du maréchal de Saxe, le baron d'Espagnac. Il était secondé dans ses fonctions par le baron Daston, ancien lieutenant-colonel du régiment Royal, puis brigadier. MM. de Saint-Étienne, de la Coudre, majors; Barré, chargé du détail des compagnies détachées, de Rappé, aide-major. MM. de Sandral, de Montplaisir, de Châteauvillard et d'autres employés, le soutenaient aussi avec activité. M. de Monteynard cessa en 1774 même, d'être ministre de la guerre. A sa retraite, le duc d'Aiguillon signa pendant quelques mois, puis le maréchal de Muy fut chargé de l'intérim, et enfin, en 1775, le fameux comte de Saint-Germain prit la direction des affaires.

On a mille fois tracé le portrait de ce ministre. On l'a élevé jusqu'aux nues, on l'a rabaissé jusqu'à terre. Nous avons rapporté ailleurs, l'opinion du cardinal Maury sur ses réformes, un mot de biographie ne sera pas déplacé ici.

Hâtons-nous de dire qu'il ne faut pas confondre le comte Claude-Louis de Saint-Germain, ministre de la guerre, avec l'aventurier du même nom. Il était né le 15 avril 1707, au château de Vertamboz, près de Lons-le-Saulnier. On le destinait à l'enseignement. Il quitta bientôt cette carrière, et entra comme sous-lieutenant dans le régiment de milice, que commandait son père. Il reçut bientôt après une lieutenance de dragons. Il voulut ensuite aller étudier la guerre en Allemagne, servit contre les Turcs, et fut fait gouverneur du neveu de l'électeur palatin. A la mort de Charles VI, il entra au service de l'électeur de Bavière, qui le fit colonel, puis feld-maréchal-lieutenant. Ce prince étant mort, il fut rappelé en France par le maréchal de Saxe, avec le titre de maréchal-de-camp. Il se distingua en Flandre. Les soldats avaient en lui une confiance extrême. Nommé lieutenant-général en 1748, puis gouverneur de la basse Alsace, il prédit les fautes de Soubise à Rosbach, et sauva les débris de notre armée vaincue. Il fit des prodiges à Crevelt et à Minden. Disgrâcié par le roi qu'il avait offensé, il crut tout le monde ligué contre lui. Oublié dans le récit de la bataille de Corback en 1760, il en appela à un conseil de guerre contre le duc de Broglie, son ennemi, puis quitta la France.

Refugié en Danemark, Frédéric V le plaça à la tête de l'armée danoise, et par son attitude il sauva le pays qu'il était chargé de défendre.

A la mort de Frédéric en 1764, il regagna la Franche-Comté, sa province, et fut rappelé ensuite en Danemark, dont le supplice de Struensée le chassa. Il se retira dans un petit domaine, à Lauserbach en Alsace. Là, il perdit sa fortune, placée chez un banquier. Les officiers allemands au service de France apprirent cette catastrophe et se coalisèrent pour faire une pension à l'ancien feld-maréchal. Cet acte louable fit rougir les ministres du roi ; ils blâmèrent les officiers allemands, mais ils pensionnèrent eux-mêmes le général réduit à la misère.

Pour montrer sa reconnaissance, Saint-Germain publia des mémoires sur le moyen de perfectionner le système militaire du pays. Le maréchal de Muy les fit mettre dans ses cartons, et Saint-Germain fut encore une fois oublié. Ces mémoires furent retrouvés en 1774, et lus par le célèbre et vertueux Turgot. Plein d'enthousiasme à cette lecture, Turgot propose aussitôt leur auteur pour secrétaire d'État de la guerre. Le roi accepte. On expédie un courrier, qui trouve le comte labourant sa terre de Lauterbach.

On attendait merveilles de lui. C'étaient, à son entrée au ministère, des applaudissemens unanimes. Le roi partageait l'enthousiasme. Saint-Germain compta sur la faveur. Il proposa et poursuivit ses plans, sans s'inquiéter des clameurs qui ne tardèrent pas à s'élever. Maltraité par la cour autrefois, il ne s'en souvint pas, et, comme l'a dit un historien, eut le tort de faire porter ses réformes sur l'armée.

Après avoir semblé d'abord prendre beaucoup d'intérêt aux vétérans des guerres, après leur avoir même donné des preuves de cet intérêt en perfectionnant leur habillement, le comte de Saint-Germain ne vit tout à coup que des abus dans l'administration qui présidait à leur glorieux asyle.

Nous ne reviendrons pas sur ce que nous avons dit ailleurs des réformes qu'il ordonna. Les dépenses de l'Hôtel excédaient considérablement les revenus qui lui étaient affectés; c'est là un fait incontestable. La grande question sous Louis XVI, c'était la question d'argent; on peut donc pardonner jusqu'à un certain point, au comte d'avoir fait de la dette à payer aux serviteurs de l'État une question d'argent.

Mais évidemment le nombre de quinze cents places, auquel il fixa la population invalide de tous grades, était tout à fait en disproportion avec l'armée; évidemment aussi l'invalidité qui, selon lui, devait être une absolue incapacité, n'était pas dans la pensée du fondateur, et c'était ravaler la fondation bourbonnienne, que d'en faire un hospice des incurables.

C'était au moins d'une rigueur excessive de défendre à tous les fonctionnaires de l'Hôtel, sauf aux officiers du grand état-major, de loger leurs femmes avec eux; c'était aussi bien rigoureux pour des vétérans fatigués, de les soumettre à une multitude d'appels, de se montrer implacable au sujet de ceux qui retranchaient quelque subsistance de leur repas, pour en faire part à une famille dans la détresse.

Mais il était bien de mettre en adjudication toutes les fournitures et de les annoncer dans les papiers publics.

On ne saurait dépeindre la stupeur avec laquelle fut entendue l'ordonnance rendue le 17 juin 1776. La lecture en était prescrite par le texte même. Les invalides s'écrièrent unanimement que l'âge de fer allait commencer pour eux.

Quand on en vint au titre 6, qui ordonnait qu'un rôle fût dressé de ceux qui étaient destinés à rester à l'Hôtel, et de ceux qui devaient, soit passer dans les compagnies détachées ou jouir de leurs pensions dérisoires dans les provinces, la discipline ne fut plus assez puissante pour maintenir le silence; on entendit des gémissemens. M. d'Espagnac ne put cacher quelques larmes; il sut pourtant se maîtriser et dire aux vétérans que tout cela était pour leur bien, qu'il fallait accepter les bienfaits du roi, et que ceux-là seuls quitteraient l'Hôtel, qui n'avaient aucune infirmité.

Mais le 25 juin, M. d'Espagnac reçut une nouvelle ordonnance. Comme on connaissait ses dispositions, cette ordonnance était adressée plus spécialement à de la Ponce, directeur intendant et, comme il a été dit déjà, ancien premier commis de la guerre. Il ne faut pas, disait le comte de Saint-Germain, perdre un seul moment. L'intention du roi est que d'ici à quatre jours, l'ordonnance du 17 juin soit exécutée. D'ici là vous dresserez trois états, celui des invalides qui n'ont point à être déplacés, celui des hommes qui passeront dans les compagnies détachées, celui des vétérans qui recevront une pension. Il serait fait quatre divisions des exclus, deux de ces divisions quitteront l'Hôtel le 29 au matin, une le 30 et la quatrième le lundi 1er juillet, au matin.

Toutes ces mesures étaient réellement odieuses. Il n'en fallut pas moins obéir. Mais la décision royale, malgré la rapidité de l'exécution, ne pouvait être tenue secrète. Elle se répandit dans Paris. Le samedi 29 une foule immense assiégeait les abords de l'Hôtel, pour assister au départ des vétérans. Les uns leurs offraient de l'argent, les autres des fruits et des vivres, quelques uns allèrent jusqu'à s'offrir d'en prendre chez eux.

Le cortège qui défila lentement consistait en un grand nombre de voitures, sur lesquelles les braves destinés à passer par les routes du roi, avaient entassé leur chétif mobilier rassemblé à la hâte. Leurs femmes poussaient des cris lamentables. Les valets congédiés avec trois mois de solde, embrassaient en pleurant ceux qu'ils avaient longtemps servis. Quelques soldats, fils ou petit-fils d'invalides, accompagnaient leurs parens; ils demandaient tout haut si c'était ainsi que le roi prétendait payer les services de trois générations.

Le lendemain dimanche la même scène se renouvela; la foule était encore plus grande. Les conducteurs des voitures, sans y prendre garde, en firent passer un certain nombre par la place des Victoires pour gagner les routes du nord.

Aussitôt que les invalides aperçurent la statue du grand roi, ils se firent arrêter sous prétexte de lui rendre hommage. Alors eut lieu cette scène, dont le cardinal Maury, défendant l'Hôtel, tira un si grand parti à la tribune de l'Assemblée Nationale. Les vieux soldats se jettèrent la plupart à genoux, prenant le ciel à témoin qu'ils avaient perdu leur père, et que le génie protecteur de Louis XIV ne veillait plus sur eux.

On fit ce qu'on put pour étouffer le bruit du scandale qui avait été donné; mais le mal était fait. Il ne faut pas chercher ailleurs la cause de la désaffection de l'armée pour le gouvernement de Louis XVI. On avait, il est vrai, ménagé les invalides provenant de la maison du roi et des princes. Ce n'était qu'une faute de plus.

M. d'Espagnac avait vainement combattu. On a dit, que pour sa gloire, il eût dû se démettre de ses fonctions; mais, vieux soldat lui-même, il regardait comme sacré un ordre de ses chefs, un ordre du roi, et le reproche n'est pas fondé.

Il obtint tout d'abord une modification; c'est que moyennant l'abandon de leur solde, tous les invalides non gradés, de Paris ou des environs, auraient droit, en cas de maladie, aux infirmeries de l'Hôtel. Peu de temps après, le 7 juillet, il appuya vivement la réclamation des officiers qui arguaient de la modicité de leur solde, pour avoir le même droit, qui leur fut accordé.

Enfin, de jour en jour, il fut dérogé à la sévérité de l'ordonnance. Tout en maintenant l'économie, afin d'échapper au reproche d'excès ou d'abus, M. d'Espagnac obtint chaque jour une petite modification en faveur des soldats. Enfin, le 16 novembre, ayant représenté que le cas arrivait, où des invalides venaient tomber, malades ou blessés aux environs de l'Hôtel, il obtint que tout bas officier ou soldat, âgé de soixante-quinze ans, et qui se présenterait à la grille, ou prouvant qu'il est incapable de gagner sa vie, serait reçu dans les cadres de la maison. Dès-lors, les prescriptions du comte de Saint-Germain furent éludées. Une partie de la population exclue, rentra à petit bruit.

Cependant, un grand vide s'était fait. Le maréchal de Muy avait annoncé verbalement au conseil en 1772, que l'intention du roi était de déposer à l'Hôtel les plans en relief des différentes places du royaume et des villes de guerre conquises, lesquels étaient placés au Louvre depuis un temps immémorial.

Comme le dépôt appartenait au roi, le roi voulut payer son directeur, ses gardiens, et les commis géographes chargés de l'augmenter.

C'est le 20 mars 1777, que l'on transporta ces plans du Louvre aux Invalides.

Quelque temps après, le 20 avril 1777, l'empereur Joseph II, frère de l'infortunée Marie-Antoinette, vint visiter la Maison Royale.

Déjà le 11 février 1775, le frère de Joseph II, l'archiduc Maximilien, avait voulu rendre ses hommages aux héros de Fontenoy.

Joseph II, quand il vint à l'Hôtel, n'était encore qu'empereur nominal. Chacun sait en effet, que sa mère, la grande Marie-Thérèse, ne mourut que le 29 novembre 1780. Il voyageait sous le nom de comte de Falkenstein, et affectait de vouloir être traité en simple particulier.

Le comte de Falkenstein, à l'imitation de Pierre-le-Grand, voulut tout voir par lui-même. Il s'entretint avec les soldats, et en demanda qui eussent fait la célèbre campagne de Bavière. On lui en présenta un certain nombre. Il vida sa bourse entre leurs mains ; puis, se tournant vers le comte d'Espagnac : « Ces français là, lui dit-il, ont donné à ma mère bien des ennuis; s'ils eussent été plus heureux, je ne sais ce que je serais; je ne puis trop leur savoir gré de ne pas nous avoir vaincus. »

Quinze jours plus tard, comme il n'avait point épuisé sa curiosité dans une première visite, le comte de Falkenstein revint frapper à la porte du baron d'Espagnac. Celui-ci lui expliqua cette fois les plans des places fortes, et lui donna des détails sur nos conquêtes.

Toute la cour voulut alors connaître *de visu*, les réformes qui avaient été faites par le comte de Saint-Germain dans l'asile du courage militaire. Il y eut une procession presque continuelle de Versailles et des Tuileries à l'Hôtel. Le 25 septembre, les dames de France, tantes de Louis XVI, vinrent à leur tour. Avec la bonté qui les caractérisait, elles distribuèrent des secours, et se firent bénir par les vieux soldats.

Le comte de Saint-Germain quitta cette année là le ministère. Son adjoint, le prince de Montbarey, le remplaça.

C'est ce dernier qui voulut que dans les infirmeries, les officiers fussent séparés des soldats, et qui leur assigna deux salles particulières. Ce fut lui aussi, qui fit acheter pour l'Hôtel, les planches de cuivre qui accompagnaient la description de l'Hôtel. Le libraire Desprez, quittant le commerce à cette époque, vendit les gravures et cent cinquante exemplaires de l'ouvrage pour la somme de 10,000 livres.

M. de Montbarey poursuivit d'ailleurs le plan de son prédécesseur, en ce qui regardait les abus. Il s'éleva contre celui des logemens accordés aux étrangers, créa un contrôleur aux entrées de l'infirmerie.

Il eut pour successeur, en 1780, le marquis de Ségur.

Ce ministre sentit le besoin de se rendre compte de la législation tumultueuse qui régissait les Invalides. Déjà les archivistes s'étaient occupés de rassembler tous les documens législatifs concernant l'Hôtel. Hecquet, archiviste en survivance de son oncle Lefèbvre, et titulaire depuis le 17 juin 1776, mit la dernière main à la collection ; et, en 1784, le ministre fit publier les deux volumes connus sous le nom de *Recueil des édits, déclarations et ordonnances, arrêts et règlemens concernant l'Hôtel Royal des Invalides*. On composait un troisième volume quand la révolution éclata et dispersa les archives.

Comme nous l'avons dit, le baron d'Espagnac,

qui soutint le choc du comte de Saint-Germain, mourut en 1785.

Charles-Benoît, comte de Guibert, fut alors le onzième gouverneur des Invalides.

Voici quelle était la composition de l'Hôtel, lors de son avènement :

Le lieutenant de roi était supprimé par l'ordonnance de 1776.

Le directeur était toujours M. de la Ponce ;

Le major : M. de Gilibert ;

Les aides-majors : MM. Doney ; — de la Pommeray ; — de la Jannière ; — Sandral de Beauregard ; — de la Bouchetière ; — de Montfort ;

Le trésorier : M. de Fréminville ;

L'archiviste : M. Hecquet ;

Le médecin : M. Munier ;

Le chirurgien-major : M. Sabatier ;

Le chef des pharmacies : M. Parmentier.

La révolution de 1789 trouva tout ce personnel à son poste, sauf le comte de Guibert, mort le 8 décembre 1786, sauf aussi M. de la Ponce, mort en 1785, et remplacé par un commissaire des guerres nommé Motel ; sauf enfin, l'aide-major de la Bouchetière, mort la même année, et remplacé par M. de la Cour de la Bigne.

Bien qu'il n'ait fait que passer à la tête des Invalides, dont il eut le titre d'inspecteur-général, le comte de Guibert mérite une mention particulière.

Il naquit en 1715, à Montauban, fit ses études militaires aux cadets-gentilshommes de Metz, et parvint de grades en grades en 1742, à la charge de major dans le régiment d'Auvergne, où il connut d'Assas. Il fit avec ce régiment les campagnes d'Italie, la guerre de Corse, les campagnes de Bohême et de Flandre. Il se distingua particulièrement, disent ses biographes, à la bataille de Dettingen, au siège d'Holst. A la bataille de Raucour, il eut un mouvement magnifique. La colonne de gauche, commandée pour l'attaque du village, pliant, les grenadiers de Guibert vont faire comme elle... — « Regardez, leur crie le comte, regardez à droite, sera-t-il dit que Navarre arrive avant nous. » Aussitôt les grenadiers se portent à l'attaque et reviennent vainqueurs.

En 1757 il occupa de hautes fonctions dans l'état-major des armées. Le duc de Broglie qui l'estimait entre tous, ne voulut point d'autre major-général.

Une circonstance malheureuse devait lui produire une grande célébrité. Il fut fait prisonnier à la bataille de Rosbach, et resta dix-huit mois en

Prusse. Il mit à profit sa captivité, suivit et étudia les manœuvres des officiers de Frédéric. A son retour en France, il était rompu à la tactique prussienne; il en communiqua de larges notions à ses compagnons d'armes, et forma son fils, Jacques-Antoine-Hyppolite, auteur de l'*Essai général de tactique*.

Pendant son ministère, le duc de Choiseul le chargea de la confection des ordonnances du service des places et de campagne. Il s'occupa de cette tâche, qui lui mérita une haute réputation parmi nos législateurs militaires, dans une terre qu'il possédait aux environs de Montauban. Là, nouveau Cincinnatus, il se délassait par les soins de l'agriculture. La faveur du comte de Ségur vint, pour ainsi dire, l'arracher à sa charrue. Nul ne pouvait remplacer mieux que lui le comte d'Espagnac; mais, l'air de la ville, et les peines que se donna le nouveau gouverneur, hâtèrent sa fin ; il mourut le 8 décembre 1786. Le roi permit qu'il fût enterré dans l'église des soldats. Troublé pendant l'époque révolutionnaire, son tombeau fut rétabli en 1805, par l'ordre de Napoléon.

Sur le piédestal est gravée cette inscription (1):

---

(1) Il est placé au premier pilastre à droite.

A LA MÉMOIRE
DE CHARLES-BENOIT COMTE DE GUIBERT,
LIEUTENANT-GÉNÉRAL DES ARMÉES
DU ROI, GRAND'CROIX DE L'ORDRE DE
SAINT-LOUIS, GOUVERNEUR ET
INSPECTEUR-GÉNÉRAL DES INVALIDES,
DÉCÉDÉ EN CET HÔTEL LE 8 DÉCEMBRE 1786.
CE MONUMENT SIMPLE ET PIEUX
A ÉTÉ CONSACRÉ PAR SA VEUVE ET PAR SES ENFANS
AVEC LA PERMISSION DU ROI
ET SOUS LE MINISTÈRE DE M. LE MARÉCHAL
DE SÉGUR. COMPAGNONS D'ARMES.
PRIEZ DIEU POUR LUI!!!

Le comte de Guibert fut remplacé par un homme dont le dévouement de sa fille devait rendre le nom impérissable ; nous voulons parler de Charles Vireau marquis de Sombreuil.

Le marquis de Sombreuil était né à Ensisheim en Alsace en 1724. Il entra en 1735, au régiment qui fut depuis le régiment de l'Isle-de-France, devint aide-major en 1744, capitaine en 1745. Il fit toutes les campagnes de son temps, et mérita en 1753, le titre de chevalier de Saint-Louis. A la création du régiment de cavalerie corse en 1757, le roi voulut qu'il reçût dans ce corps, la lieutenance-colonelle. Lors de sa réforme, il reçut la lieutenance-colonelle des chasseurs à la suite du régiment des hussards de Berchény. Mestre-de-camp à la suite de ce régiment en 1761, il fut nommé mestre-de-camp-commandant en 1762, puis brigadier, puis maréchal-de-camp et commandeur dans l'ordre de Saint-Louis.

Ce fut donc Sombreuil, que les États-Généraux de 1789 trouvèrent à la tête des Invalides. Mais depuis le maréchal de Ségur, d'autres ministres, qui n'avaient fait que passer aux affaires, s'étaient occupés de l'Hôtel sans y laisser rien d'important. Tels étaient le baron de Breteuil, le comte de Brienne et le maréchal de Puységur.

Il ne nous appartient pas de raconter les évènemens qui précédèrent et qui accompagnèrent la tenue des États-Généraux. Si l'on en croit tous les historiens de la révolution qu'ils mirent au jour, ce fut aux Invalides que le peuple vint, comme dans un arsenal propice, chercher des armes pour lutter contre les troupes du roi.

L'Hôtel renfermait alors, dit-on, un dépôt de vingt-cinq mille fusils. Mais en quel temps ce dépôt avait-il été confié aux vétérans ; à qui destinait-on ces armes ? c'est ce que les archives n'ont, à ce qu'il semble, jamais constaté.

Le 12 juillet au soir, si l'on en croit des témoins oculaires encore existans, un immense rassemblement commença à se former sur l'esplanade; on parlait déjà d'y forcer les portes de l'Hôtel. Cependant ce rassemblement se dispersa, sans avoir rien fait autre chose, que d'insulter quelques gardes-du corps qui étaient venus visiter d'anciens camarades.

Le lendemain, prévenu par des avis, mais sans moyens de défense, le général Sombreuil doubla les postes, fit charger les canons, et la compagnie d'artillerie eut ordre de se tenir, mèche allumée et prête à tout évènement.

Le rassemblement de la veille ne tarda pas à se reformer, puis, tout-à coup, vers midi, par un soleil ardent, des files immenses de peuple débouchèrent par les rues du faubourg Saint-Germain. En un instant, les fossés qui séparent l'Hôtel de l'esplanade, furent comblés sur quelques points. Les invalides tirèrent quelques coups de feu pour effrayer les assaillans.

Alors, disent les mêmes témoins oculaires, on aurait donné l'ordre aux vétérans, de faire tonner la mitraille sur cette foule en désordre, qui les menaçait. Ils refusèrent, et foulèrent aux pieds leurs mèches. Aussitôt, les chefs du rassemblement se précipitèrent. Les uns pénétrèrent par les fossés; les autres forcèrent la grille; l'avant-cour fut inondée. Désespéré, l'état-major n'essaya plus de s'opposer au torrent. De faux invalides qui avaient revêtu l'habit de vétérans, guidaient d'ailleurs les envahisseurs. Ils parcoururent, en menaçant, les corridors, forcèrent plusieurs portes, enlevèrent toutes les armes qu'ils purent rencontrer.

Le lendemain, 14 juillet, avec ces mêmes armes enlevées à l'Hôtel National, le peuple se précipita vers la Bastille. Une compagnie d'invalides fusiliers, défendait cette forteresse. Ils étaient au nombre de quatre-vingts, et soutenus par trente-deux suisses.

Cette faible garnison avait juré de ne se défendre que si elle était attaquée..

Elle fut assaillie vers onze heures et demie, à la suite de la retraite du député du district, auquel elle avait fait ce serment. L'attaque, un instant suspendue, fut reprise à la suite des coups de feu tirés sur la députation de la ville. Alors, les Gardes-Françaises amenant du canon, vinrent se joindre au peuple, et commencèrent un siègle en règle.

Privé de tout secours, le gouverneur de Launay va faire sauter la place qu'il est chargé de défendre ; sa garnison l'en empêche, et fait des signaux pour annoncer qu'elle se rend.

Aussitôt, la foule se précipite par le second pont que l'on abaisse. Elle ne pense en aucune manière à respecter l'espèce de capitulation que l'on a échangée par paroles : elle menace ; elle frappe. Les soldats suisses parviennent à se sauver ; mais on entoure, on repousse les soldats invalides. Ils vont être massacrés. Les Gardes-Françaises les prennent sous leur protection, les défendent au péril de leur vie, et réussissent enfin à empêcher un massacre.

Ainsi se trouvèrent mêlés aux orages politiques, les pensionnaires privilégiés de la royauté. Nous avons dit ailleurs, comment l'Assemblée Nationale ne tarda pas à s'occuper d'eux. Au comité militaire, chargé spécialement des choses de l'armée, on adjoignit bientôt des commissaires qui reçurent l'ordre d'examiner la situation de la maison, contre laquelle les plus fâcheuses dispositions se manifestèrent bientôt.

Mais, c'était contre la maison seule que ces mauvaises dispositions se montrèrent. En même temps, l'on entourait les invalides d'honneurs et de respect ; on augmentait leur solde ; on faisait payer, avant tout, la pension de leurs officiers. Les privilèges et la dotation de l'Hôtel étant abolis, on subvenait aux besoins des pensionnaires par des fonds spéciaux.

Nous avons raconté dans le précédent volume, les incidens législatifs les plus importans du changement de l'Hôtel Royal en Hôtel National. On n'a pas oublié, sans doute, le rôle que jouèrent les différens partis dans ce grand changement, qui ne se fit pas sans orages.

Les invalides étaient divisés en deux camps, et marchaient sous deux bannières. Sur l'une étaient inscrits ces mots : *Pension et liberté absolue;* sur l'autre : *Conservation de l'asyle du vieux soldat.* Les officiers en majorité, soutenaient cette dernière devise, et comme nous l'avons dit, le capitaine Lejeune se distinguait à leur tête. Ce fut lui qui rédigea cette pétition touchante, que nous avons transcrite; ce fut lui qui fut chargé d'activer le zèle de Maury, de Clermont-Tonnerre, de tous les orateurs royalistes. Il ne faut pas s'y tromper, le triomphe de son parti fut le triomphe de la cause royaliste. La loi de 1791 prononçant la conservation de l'Hôtel, lui donna raison. La démocratie fut forcée de regarder comme utile, une des fondations au moins de la royauté. Mais, représentée par le comité militaire, dans lequel trônait d'ailleurs Wimpfen, l'ancien ami de Saint-Germain, elle prit toutes ses mesures pour qu'il ne restât rien à l'Hôtel, qui rappelât le régime dont on voulait la ruine complèter.

Ainsi qu'on l'a vu, l'état-major fut supprimé;

le principe de l'élection des chef fut appliqué. On posa, plus que jamais, comme base de la condition du vieux soldat, le choix absolu entre la pension et l'Hôtel. Un instant même, afin d'en éloigner la population militaire ancienne, on accorda une gratification de 100 livres, à tous ceux des invalides qui consentiraient à se retirer dans leurs familles. Le retrait de la gratification fut l'objet d'une pétition, que le parti opposant présenta à l'Assemblée Nationale. Bientôt l'anarchie la plus complète régna parmi les vieux soldats. Chaque jour, pour ainsi dire, vit une scène pénible. Nous en voyons en 1793, quelques-uns dénoncer leur commandant, au sujet de circonstances relatives à la journée du 19. Déjà précédemment, ils avaient dénoncé l'ordre donné le 28 mai, de laisser entrer dans l'Hôtel les troupes de la garde du roi et de la garde nationale, qui s'y présenteraient pendant la nuit. Ils voyaient dans cet ordre une conspiration contre la liberté.

Ils hâtèrent ainsi la mise à exécution de la loi qui réformait leur administration. Le seul avantage qu'ils en retirèrent, ce fut une liberté absolue ; plus d'appel, plus de précautions contre ceux qui voulaient emporter leurs vivres chez eux. Liberté, liberté complète. Ils purent à toute heure, se rendre dans les clubs ouverts de toutes parts.

On les accueillait avec enthousiasme ; les places d'honneur étaient pour eux. Ils jouaient un rôle dans un drame immense.

CHAPITRE IV.

L'HÔTEL NATIONAL ET L'HÔTEL IMPÉRIAL DES INVALIDES. — 1792 A 1815.

Sommaire.—Caractères de l'histoire de l'Hôtel sous le régime national et sous le régime impérial. — Adresse des invalides aux armées de la République. Son effet. — Garde des Tuileries donnée aux Invalides. — Ils acceptent la Constitution. — Anarchie à l'Hôtel. — Rapport de Dumas aux Jacobins sur cet état anarchique. — Les invalides commencent à jouer un rôle dans les fêtes publiques. — Fautes de quelques soldats et officiers. — Brice de Montigny, nommé commandant de l'Hôtel. Ses services. — Son successeur Berruyer. Ses services. — L'ordre rétabli à l'Hôtel. — Fête du 1er vendémiaire an VI. — Invalides proclamés. — Les invalides partisans de Bonaparte. — Fête du 14 juillet 1800 au temple de Mars. — Invalides proclamés. — Discours du premier consul. — Discours du général Oudinot à Milan. — Transport du corps de Turenne. — Fête du 1er vendémiaire an IX. — Discours de Carnot et de Lucien Bonaparte. — Napoléon empereur. — Il vient s'essayer aux Invalides à jouer un personnage officiel. — Distribution des croix de la Légion-d'Honneur. — *Te Deum*, chanté pour célébrer l'avènement au trône impérial. — Visite du pape Pie VII. — Le maréchal Serrurier, gouverneur de l'Hôtel. Ses services. — Campagne de Prusse. — Cérémonie de la remise aux Invalides de l'épée du grand Frédéric. — Hymne. — Discours de M. de Fontanes. — Gloire croissante de l'Hôtel. — Prédilection de l'empereur pour les Invalides. — Sa visite en 1808. —Visites royales. — Événements funestes. — Remise du cœur du duc de Montebello. — Remise au cœur de Baraguay-d'Hilliers et de quelques autres généraux. — Dernière visite officielle de l'empereur aux Invalides, à son retour de la Russie. — Catastrophe de 1814. — Trophées brûlés, afin qu'ils ne tombent pas au pouvoir de l'ennemi.

L'histoire de l'Hôtel sous le régime révolutionnaire, est à la fois très courte et très grande.

Elle se ressent du caractère général de l'époque.

Pendant cette période, les Invalides deviennent une sorte de pouvoir ou de dignité publics. Les fêtes du Directoire et du Consulat les élèvent au premier rôle. Le régime impérial les conserve à la hauteur où le consulat les a placés.

Nous ne prétendons pas dire cependant que les Invalides prirent une part active à toutes les choses de la révolution. C'est une tradition à l'Hôtel que les regrets qui y furent excités par la mort de l'infortuné Louis XVI et de la reine Marie-Antoinette. Quelques-uns osèrent défendre, vers le même temps, leurs anciens chefs trainés, comme Sombreuil, dans les prisons.

Mais l'orage révolutionnaire grondait; l'atmosphère politique était comme embrasé. Les esprits les plus froids devenaient exaltés.

Dans leur entrainement, les Invalides gardèrent toujours une sorte de calme qui fut digne de leur passé.

La guerre ayant éclaté, guerre terrible avec tous les rois, les Invalides contribuèrent de la manière la plus puissante aux enrôlements par leurs récits. Ils rappelaient les succès de Fontenoy, de Lawfeld; ils excitaient la jeunesse à effacer la honte de Rosbach et de la guerre de sept ans, dans laquelle ils avaient été vaincus pour avoir été mal commandés.

Les premiers lauriers que cueillirent nos armées, leur donnèrent l'occasion solennelle de manifester leurs sentiments. S'associant sans envie et avec un orgueil tout Français aux victoires remportées par ceux qui leur succédaient dans la carrière, ils présentèrent par une députation élue, à la barre de l'Assemblée nationale, une adresse à l'armée française. Les législateurs accueillirent brillamment leurs délégués. Ils décrétèrent l'impression de l'adresse présentée.

Elle était remarquable à plus d'un titre.

« Camarades et amis, du sein de la plus paisible et de la plus honorable retraite, nous avons toujours appris avec plaisir, les actes d'héroïsme qui ont distingué la plûpart de nos braves successeurs à la défense de la patrie. Nous vous félicitons tous de votre dévouement à la cause publique, *etc.*

« Puissions nous être assez heureux, pour vous convaincre, par l'expérience que nous en avons acquise dans de longues années de service, que la subordination d'une armée est sa principale force : Que sans elle, il n'existe point d'armée proprement dite, mais seulement des rassemblemens de factieux qui se détruiraient eux-mêmes en détail, *etc.* »

Cette adresse se terminait ainsi :

« Saxe et Lowendall ne sont plus, mais vous êtes commandés par des généraux, qui comme eux sont de vrais héros. A coup-sûr, ils ne respirent que la gloire et l'honneur : marchez sous leurs ordres avec fermeté ; vous ne pourrez manquer de cueillir la palme ; vous vous couvrirez de lauriers. »

A peine sa lecture était-elle achevée, que le député Ramel s'écria que cette adresse était le langage de la vérité et du cœur ; il en demanda l'impression, l'envoi à l'armée et mention au procès-verbal.

On vota unanimement dans ce sens.

Communiquée aux armées, l'exhortation des invalides fit une impression profonde : partout, en tête des corps, les représentans du peuple ou les généraux la lurent avec solennité. Il n'était pas besoin d'appuyer sur les mots de dévouement et de patriotisme ; mais les encouragemens à l'ordre, à la discipline, à l'obéissance avaient plus de portée. Ils étaient presqu'une leçon, que l'âge des invalides et leur expérience les autorisaient à faire aux jeunes recrues de la jeune république.

La leçon profita. Différens corps remercièrent les invalides par des réponses dans lesquelles ils promettaient de continuer à faire en tout leur devoir et de redoubler de zèle.

L'année suivante, alors que chaque jour une multitude de citoyens venaient offrir à la Convention Nationale, une partie de leurs fortunes, les invalides ne voulurent pas demeurer en arrière. Après s'être cotisés, ils vinrent offrir à l'Assemblée Nationale, un don patriotique composé de leurs épargnes. Remerciés par un décret, ils demandèrent à servir plus activement et comme servaient les compagnies détachées, devenues, ainsi qu'on l'a vu, les vétérans nationaux. On ordonna que la garde des Tuileries, que le roi avait quittés pour le temple, leur serait confiée.

Peu de temps après, ils se réunirent à tous les anciens militaires habitant Paris. Dans cette réunion aussi pittoresque que tumultueux, à laquelle les orateurs ne manquèrent pas, la constitution nouvelle de la république fut examinée. L'Assemblée fut unanime; elle accepta cette constitution et nomma séance tenante des députés, pour annoncer que les invalides et les anciens de l'armée avaient accepté la constitution.

Les députés furent accueillis avec plus de faveur que jamais. Ils eurent non seulement les honneurs de la séance, mais les complimens les plus flatteurs de la part de beaucoup de membres. A leur sortie, le peuple se pressa autour d'eux et les reconduisit en triomphe à l'Hôtel.

Les affaires de la maison d'abord confiées au ministère de l'intérieur, étaient alors du domaine de la commission des secours publics. Mais, le croira-t-on, c'était plutôt dans la salle de la société des Jacobins, que partout ailleurs, que ces affaires se traitaient.

Selon cette société, la réforme de l'Hôtel n'avait pas été complète, surtout sous le rapport de l'égalité. Il ne suffisait pas qu'on eût distribué le même pain aux soldats et aux officiers; ils avaient tous également servi la patrie. L'égalité la plus complète devait donc régner dans leur rémunération.

En conséquence, on arrêta aux Jacobins une pétition tendante à ce que l'égalité de traitemens fût établie parmi les invalides. Mais cette communauté de traitement ne pouvait pas être admise; seulement la pétition eut un résultat analogue à celui qui était demandé. Un décret fut rendu au commencement de 1794, et égalisa les rations à fournir en nature aux différentes classes d'invalides.

La situation anarchique de l'Hôtel continuait. Il y avait une dissidence prononcée entre ce que l'on appelait les vieux et les jeunes invalides. Dumas fut chargé d'aller rétablir la concorde dans la grande famille qui devait servir de modèle à toute l'armée. Le délégué réussit dans sa mission ; c'est du mois ce qui est consigné dans le rapport qu'il fit aux Jacobins. Il raconta quelle était la situation des partis à l'Hôtel, et exposa la manière dont il avait rétabli l'ordre.

Ce rapport de Dumas contenait des choses extraordinaires et qu'on a peine à croire.

Dumas dit avoir vu l'esclavage peint sur la figure des malades, des blessés, des infirmes qui ne savaient pas s'ils vivaient encore sous l'ancien régime. Sur vingt malades de quatre-vingt à quatre-vingt dix ans, pas un ne connaissait le nom de citoyen.

Les vêtemens n'étaient pas fournis à ces malheureux.

Les vieillards se trouvaient forcés de rester couchés parce qu'ils n'avaient pas de culotte, et qu'on ne leur avait donné qu'un lambeau de toile insuffisant pour cacher la pudeur.

On avait tout fait, ajoutait-il, pour empêcher toutes les réformes prescrites par les représentans du peuple.

Dumas n'avait d'ailleurs, prétendait-il, vu aux Invalides qu'une administration composée d'intrigans, exerçant un pouvoir arbitraire et despotique. Il s'était aperçu *lui et ses collègues*, *que l'on intriguait jusque sous leurs yeux*.

A dater du 1er prairial prochain, pour mettre un terme à tant d'abus, l'ancienne administration, aurait en conséquence à vider les Invalides.

Dumas termina en disant qu'à côté des mauvais citoyens, il avait rencontré d'excellens patriotes et qu'il fallait compter sur la régénération de l'Hôtel National.

Quand il eut cessé de parler, Renaudin demanda formellement le renvoi de l'administration à l'accusateur public.

« Ils sont d'autant plus coupables, s'écria-t-il que chaque jour, nous leur avons envoyé deux cents exemplaires de feuilles patriotiques, pour faire l'éducation civique des invalides ».

Le renvoi fut décrété par les Jacobins. Peu de temps après Sombreuil remis en prison fut exécuté.

Cette même année, le 30 vendémiaire, les invalides commencèrent à jouer le principal rôle dans les fêtes publiques. C'est Chénier qui élabora le programme de la fête des victoires.

Un rocher gigantesque fut dressé dans le Champ-de-Mars ; les blessés des armées et les invalides se rassemblèrent autour de ce rocher qui représentait la Patrie. Les députés de la Convention les complimentèrent ; on chanta des hymnes patriotiques et le peuple les reconduisit avec acclamations dans leur demeure où ils fraternisèrent avec lui.

Peu de temps après, à la fête de la Reconnaissance et de la Victoire qui fut décrétée le 20 floréal an IV, les pensionnaires de la république parurent de nouveau. La commune leur distribua des palmes ; la même cérémonie dut se renouveler par toute la France, à l'égard des militaires blessés.

A la fête du 10 prairial de la même année, quatorze corps d'invalides représentèrent les blessés des quatorze armées que la république avait alors sous les armes. Ils présentèrent aux gouvernans qui les couronnèrent, leurs drapeaux arrachés à l'ennemi.

Un jour le patriotisme des vieux braves les entraîna trop loin ; c'était en l'an V ; il n'était question que de tentatives rétrogrades. On pourchassait tous ceux que l'on pouvait soupçonner de royalisme. Un jeune homme à collet noir, comme on appelait alors la jeunesse dorée, osa pénétrer dans l'Hôtel. On s'écria qu'il y venait faire une propagande coupable. On l'entoura, il fut horriblement maltraité. On blâma violemment dans le public la conduite des invalides, qui furent d'ailleurs dénoncés aux législateurs.

Une autre fois, l'année suivante, un lieutenant des invalides nommé Gilbert, jugeant que les temps de patriotisme étaient passés, trouvant que les paiemens ne se faisaient plus régulièrement, que l'on négligeait l'Hôtel, et qu'en agissant ainsi, on méprisait l'armée, fit paraître un pamphlet intitulé *Pétition des Invalides*. Aréna et Jourdan qui avaient mainte fois défendu la cause des invalides, dénoncérent ce pamphlet comme insultant au corps législatif, et comme contenant des plaintes capables d'égarer l'armée. Ils en lurent quelques passages; et l'officier invalide fut décrété d'accusation. Mis en jugement il répondit avec fierté, comme Manlius, il montra ses blessures, il raconta ce qu'il avait fait pour la république. Mais les expressions de son pamphlet étaient trop fortes, il fut condamné et ne sortit de prison qu'à l'avènement du premier consul. Adrien Brice de Montigny, était alors commandant de l'Hôtel. Il avait été nommé en 1796. Avant de parler de cet homme remarquable, qui gouverna les invalides jusqu'en 1803, nous devons nommer comme ayant passé au ministère de la guerre et s'étant par conséquent occupés des invalides, au moins indirectement et malgré les commissaires civils, de Broglie et Latour-Dupin en 89, Duportail l'année suivante, Narbonne et Valdec-Delessart en 1791, Servan, Dumouriez, Lajard, d'Abancourt, Monge, Lebrun en 1792, Beurnonville, Lebrun, Bouchotte et

Beauharnais en 1793, Pille en 1794, Aubert-Dubayet en 1795. Ce fut Petiet qui nomma Brice de Montigny.

Louis-Adrien Brice-Montigny, né à Paris en 1738, commença par servir comme soldat en 1757, au régiment de Royal-Suédois. Caporal en 1759, sergent en 1762, trésorier en 1763, sous-lieutenant quartier-maître en 1764, premier lieutenant en 1767, sous-aide major en 1769, premier lieutenant en 1776, capitaine en second de grenadiers en 1778, il servit à l'armée de Hanovre et d'Allemagne, se distingua aux sièges de Mahon et de Gibraltar, et reçut la décoration de Saint-Louis avec une pension de trois cents livres.

La révolution le trouva capitaine-commandant de fusillers; il fut ensuite, en 1791, nommé lieutenant-colonel au premier régiment d'infanterie, puis commanda un bataillon de grenadiers de la réserve, puis colonel, puis commandant de trois bataillons de la même réserve, et enfin maréchal-de-camp le 8 mars 1793. Durant ces années pénibles, il servit à la prise de Menin et de Courtray, à l'armée du Rhin, à celle du Nord, sous Rochambeau, Luckner, Kellermann.

En 1795, il fut chargé de commander une colonne de six mille hommes passant de l'armée du Nord à celle de l'Ouest. Il accomplit heureusement sa mission et reçut le commandement de la deuxième division de l'armée de Cherbourg, le 22 thermidor, an III, sous Aubert Dubayet. Il fut forcé ensuite d'accepter le commandement des troupes du département de l'Aisne, et enfin le commandement en chef de la Maison Nationale des Invalides. Son brevet fut ainsi conçu :

Extrait du registre du Directoire exécutif, du 30 brumaire, an V, (20 novembre 1796.)

Le Directoire exécutif, en conséquence de son arrêté du 22 de ce mois sur l'organisation de la Maison Nationale des Invalides, nomme

Le général Brice-Montigny, commandant en chef.

Signé : BARRAS, LAGARDE.

Contre-signé : PETIET.

Brice-Montigny ne fit que passer dans ce dernier commandement. Il quitta les Invalides pour aller commander la sixième division militaire à Besançon. On le nomma ensuite, le 5 vendémiaire an IX, président de la commission chargée de juger les militaires qui avaient rendu les places de l'Italie. Il fut plus tard nommé membre et commandant de la cinquième cohorte de la Légion-d'Honneur, gouverneur du palais impérial de Strasbourg, baron de l'empire, commandeur de l'ordre de Bavière, et mourut le 6 mai 1811, au palais de Strasbourg, laissant dans cette ville d'excellents souvenirs qui vivent encore.

Selon la teneur des registres de l'Hôtel, rien de bien important ne signala son gouvernement des Invalides. Il avait pour second, un brave officier, l'adjudant-général Duménil. Ce fut ce dernier qui, le 24 fructidor an V, reçut l'ordre d'assembler le conseil pour procéder à la réception et à l'installation du général de division Berruyer, nommé commandant en chef de la Maison Nationale.

Berruyer avait, comme Brice-Montigny, débuté dans la carrière militaire en qualité de simple soldat. Il était né à Lyon en 1737, s'était enrôlé en 1755, avait fait le siége de Mahon, la guerre de six ans et celle de Corse.

C'est lui qui à Souest, avec soixante soldats, arrêta toute une colonne ennemie; c'est lui encore qui, à la retraite de Signémène, et après un combat corps-à-corps, fit prisonnier le général prussien Jennevel.

Devenu capitaine pour ces faits d'armes, puis chevalier de Saint-Louis, Berruyer déjà couvert de blessures, obtint le 1er septembre 1787, le grade de colonel du régiment des chasseurs à cheval de la Guyenne.

La révolution respecta ses services. On lui donna le commandement d'un corps de carabiniers, et le 9 août 1792, celui du camp devant Paris.

Incapable de rien déguiser, Berruyer ne pouvant se distinguer par des faits d'armes, se distingua en plaidant pour ses soldats laissés dans le dénuement le plus affreux et en défendant les troupes de ligne du contact souvent périlleux des volontaires nationaux.

Il reçut, le 29 mars 1793, l'ordre d'aller combattre les Vendéens; il fut vainqueur à Chemillé le 11 avril.

On l'accusa du revers du 25 de ce mois devant Beaupréau; condamné d'abord, et enfin réhabilité, grâce au député Goupilleau, il reprit son commandement, et fut fait captif par les Vendéens à la bataille de Saumur.

Délivré, il fut l'un des sauveurs de la Convention dans la journée du 13 vendémiaire an IV. Il acquit ainsi des droits à la reconnaissance de Barras qui le fit nommer inspecteur-général de la cavalerie.

Il servit dans cette position aux armées des Alpes et d'Italie.

Le Directoire l'ayant nommé commandant en

chef de la Maison Nationale des Invalides, il eut occasion de recevoir les confidences de Bonaparte dans quelques-unes de ses visites. Il devint bientôt l'un de ses partisans les plus dévoués.

Aux fameuses journées des 17 et 18 brumaire an 8, il était avec le premier consul et ne contribuait pas médiocrement à le sauver.

Bonaparte le récompensa en lui faisant remettre un sabre d'honneur, et en le confirmant dans son commandement des Invalides.

Le général Berruyer se montra dans ce commandement ; la main active et dévouée du grand homme. Il exécuta ponctuellement ses ordres, et alla quelquefois au-devant de ses instructions.

L'Hôtel des Invalides sortit de l'anarchie.

Avant ce temps déjà, Berruyer avait rétabli dans l'Hôtel une certaine discipline. Déjà, les directeurs de la République, dont les armées se couvraient d'ailleurs d'une véritable moisson de lauriers, jugèrent à propos de donner aux Invalides la plus haute marque de distinction.

Le 1er vendémiaire an 6, pour la célébration de la fête de la fondation de la République, le Directoire, selon un programme arrêté d'avance, se rendit à l'Hôtel National.

L'église des soldats et celle du dôme n'étaient plus des églises. Tout ce qui pouvait rappeler, soit la royauté soit l'autel, ces objets d'horreur pour les démocrates de 1793, avait été, aux Invalides comme ailleurs, frappé sans aucune pitié. Peintures, sculptures, tout ce qui avait pu être atteint avait été renversé. Le dôme de Mansard n'en demeurait pas moins, toujours grandiose, toujours riche, ne fût-ce que de sa majesté naturelle. Sa proximité du Champ-de-Mars, sa situation au milieu des débris respectables des guerres, donnèrent l'idée d'utiliser au prfiot de la nation, ce magnifique édifice.

Moins heureuses, d'autres églises, durant ces saturnales de 1793, étaient devenues des magasins ou des écuries. On fit de l'église Royale le temple de Mars. On ordonna que les noms des guerriers morts pour la patrie, seraient inscrits dans ce temple, sur des tables de marbre.

C'était certes là une idée grandiose et bien capable d'impressionner le peuple d'alors; il l'accueillit avec enthousiasme; il porta ses trophées dans le nouveau temple.

Les directeurs de la République s'associèrent à ce mouvement. Ils ne pouvaient mieux faire. La seule divinité qui pût sauver le pays et la République, n'était-ce pas la guerre?

Rendez-vous général fut donc assigné pour le 1er vendémiaire an 6, jour anniversaire de la fondation de la République, aux invalides et à tous les militaires blessés habitant Paris, et cela sous les voûtes du temple de Mars. Ils s'y trouvèrent dans la tenue la plus brillante. Placé dans une tribune, un orchestre les accueillit au son des airs patriotiques. Une estradée levée au milieu de l'enceinte, reçut le Directoire. Le président La Réveillère-Lepeaux prit la parole, et expliqua la présence au temple de Mars, des premiers représentans de la République. Il finit en s'écriant, que rien n'était plus propre à entretenir le feu sacré du patriotisme, que de rappeler les victoires qui avaient assuré l'indépendance nationale, et qui avaient été achetées par les invalides au prix de leur sang. Le meilleur moyen de remporter encore de pareilles victoires, c'est, ajouta-t-il, d'attirer la vénération publique, sur des infirmités et des blessures dues au plus généreux dévouement.

Avant la cérémonie, les militaires blessés, réunis en assemblée d'élection avaient choisi trois de leurs camarades qui, par des actions d'éclat dans plusieurs grandes batailles, par leur patriotisme et par leur bonne conduite à l'Hôtel, avaient mérité de recevoir par le corps entier les témoignages de la reconnaissance nationale.

Par un oubli calculé, et dont les raisons dans ce jour d'égalité sont faciles à comprendre, les feuilles du temps n'ont point conservé les noms de ces trois élus.

Ils furent cependant présentés au Directoire Exécutif par le commandant des Invalides qui proclama ces mêmes noms à haute voix, et qui fit connaître les armées dans lesquelles ils avaient servi.

Le président, toujours d'après le programme convenu, leur donna d'abord l'accolade fraternelle. Il leur présenta ensuite, au nom de la république, une couronne de lauriers et une médaille d'argent. Sur l'un des côtés de cette médaille étaient inscrits ces mots :

La République française à ses défenseurs.

L'autre côté portait la figure de la France présentant la couronne de lauriers.

Quand le Directoire regagna ses voitures, les trois élus l'accompagnèrent; ils montèrent dans le char qui leur était destiné. Un détachement de leurs compagnons d'armes marchait à leur suite. Enfin, à la cérémonie qui eut lieu ensuite, au Champ-de-Mars, la place d'honneur fut pour ces braves, que chacun se montrait avec envie et qui étaient vraiment les héros de la journée.

Mais de grands évènemens se préparaient. Le Directoire de la République, était sourdement menacé à l'intérieur par la gloire toujours croissante du jeune vainqueur d'Arcole.

Les invalides parurent avec éclat dans les fêtes qui célébrèrent la remise du traité de Campo-Formio. Pendant les désastres qui eurent lieu en l'absence de Buonaparte occupé à soumettre l'Égypte, ils se montrèrent dignes de l'amour de la nation. Ils redemandèrent des armes pour aller combattre de nouveau les ennemis de la France.

Ce qui n'a pas encore été dit, ce qu'on aurait peine à croire, si la prédilection bien connue de Napoléon pour les Invalides ne venait l'expliquer, c'est que pendant toute cette fameuse campagne d'Égypte, l'Hôtel fut une sorte de foyer pour le Buonapartisme naissant. Les jeunes invalides revenus d'Italie ne dissimulaient pas les espérances que l'armée plaçait dans le pacificateur de Léoben. Berruyer les encourageait en tolérant leurs discours, et nulle part le Directoire n'était plus impopulaire qu'à l'Hôtel.

Enfin, selon l'expression de Buonaparte lui-même, la poire devint mûre. Il quitta l'Égypte pour venir ramasser, comme on l'a écrit, une couronne dans la boue.

Il ne nous appartient pas de raconter les intrigues qui précédèrent la chute du Directoire, et le 18 brumaire; mais, cette journée fut saluée par les invalides avec acclamations. Prévenus, un grand nombre d'entr'eux s'étaient rendus à Saint-Cloud, afin de payer de leurs personnes à l'occasion.

Devenu premier consul, Buonaparte leur montra sa gratitude, comme il la fit voir aussi à leur commandant. C'est au temple de Mars qu'il vint s'essayer à représenter le premier personnage de la République, en juillet 1800.

Il s'agissait de célébrer la journée du 14 juillet 1789. Le premier consul n'avait pas encore rompu avec les traditions populaires.

Il demanda un programme à la fois fastueux et simple, pour cette cérémonie ; ce programme fut revu et corrigé par lui. On lui avait proposé un discours au peuple. Sûr de l'armée et des invalides, il préféra ne se montrer qu'à eux pour ainsi dire ; il régla, guidé par un instinct admirable, toutes les actions de cette grande journée destinée dans sa pensée à grandir son prestige.

Il réussit au-delà de ses espérances ; la fête du 25 messidor eut une influence profonde sur les masses. Ce fut une fête vraiment nationale. Elle n'augmenta pas seulement l'éclat dont rayonnait la gloire des invalides ; elle mit en contact décisif l'armée et le chef destiné à lutter avec elle contre l'Europe entière.

Analysons les impressions de l'époque.

Jamais, dit la feuille officielle, le patriotisme ne se montra plus ardent et plus pur que dans cette fête. Chacun semblait se dire : « nous voilà enfin arrivés après cette traverse si orageuse, après tant d'incertitudes et de chances diverses, nous voilà au port, nous n'avons plus à craindre ni pour cette liberté qui nous est si chère, ni pour cet ordre public sans le quel il n'est point de liberté.

Le cortège directorial et consulaire, après avoir assisté à la pose de la première pierre du quai Desaix, se rendit aux Invalides. On avait préparé une salle pour chaque ministre, salle où devaient se rendre les autorités attachées à chaque ministère.

A deux heures toutes les autorités ainsi réunies, remplirent l'enceinte du temple de Mars ; une foule brillante les entourait. Chalgrin ordonnateur ordinaire des fêtes avec l'architecte Peyre, avait présidé à la décoration de l'édifice. Trois cents vingt musiciens occupaient trois orchestres ; la célèbre chanteuse Grassini et le célèbre chanteur Bianchi, s'y faisaient remarquer.

Lorsque le premier consul eut pris sa place, et après un discours dans le quel Lucien Bonaparte, ministre de l'intérieur, montra son éloquence ordinaire, ils commencèrent un chant de triomphe sur la délivrance de l'Italie. De Fontanes avait composé ce chant! Mehul en avait fait la musique. Cette dernière était ce qui l'emportait. La seule strophe remarquable était celle-ci :

> O Condé! Dugommier, Turenne,
> C'est vous que j'entends, que je vois;
> Vous cherchez le grand capitaine
> Qui surpassa tous vos exploits.
> *Les fils sont plus grands que les pères*
> Et vos cœurs n'en sont point jaloux ;
> La France après tant de misères
> Venait plus digne encor de vous.

On distingua aussi ce vers :

> Un grand siècle finit, un grand siècle commence.

La strophe finale fut aussi applaudie :

> Être immortel, qu'à ta lumière,
> La France marche désormais,
> Et joigne à la vertu guerrière
> Toutes les vertus de la paix.

Mais ce qui avait fait le plus d'impression, c'était ce mot :

> Tu meurs brave Desaix !

Les invalides qui avaient connu ce grand général, fondirent en larmes.

Le chant terminé, le premier consul se rendit dans la cour d'honneur. Il y passa en revue les hôtes de la maison nationale ; il retrouva parmi eux un grand nombre de soldats qu'il avait distingués sur le champ de bataille.

Puis, le moment solennel arriva :

Le ministre de la guerre et le général Berruyer présentèrent au vainqueur d'Arcole, cinq invalides que leurs camarades avaient désignés comme étant les plus dignes des récompenses nationales ; après les avoir complimentés, le premier consul remit à ces cinq élus, des médailles sur lesquelles étaient inscrits leurs noms, leur âge, le lieu de leur naissance et les actions où ils s'étaient distingués.

Un hérault proclama ces détails. Des tonnerres d'applaudissements couvrirent les noms des élus qui furent répétés de bouche en bouche, et que le *Moniteur* enregistra bientôt après.

C'étaient :

1.º Pierre Lacassagne, de Podensac, capitaine honoraire, blessé à Saarbruck et à Verdun, âgé de 29 ans.

2.º André Faucault, de Paris, chef de bataillon, blessé à Fleurus.

3.º Nicolas Lorry, né à Nesles, lieutenant, blessé à Mayence, âgé de 52 ans.

4.º Pierre Payen, de Dijon, capitaine couvert de blessures reçues dans vingt combats.

5.º François-Antoine Petit, capitaine, blessé sous les murs d'Aix-la-Chapelle, âgé de 27 ans.

Après cette proclamation, le premier consul se rendit au Champ-de-Mars où il reçut les drapeaux conquis dans la campagne d'Italie.

Il remercia l'armée en ces termes :

« Les drapeaux présentés au gouvernement devant le peuple de cette immense capitale, attestent le génie des généraux en chef, Moreau, Masséna et Berthier, les talents militaires des généraux, leurs lieutenants, et la bravoure du soldat français.

« De retour dans les camps, vous que l'armée chargea de présenter ces trophées, dites aux soldats que pour l'époque du 1er vendémiaire, où nous célèbrerons l'anniversaire de la République, le peuple français attend la publication de la paix, ou, si l'ennemi y mettait des obstacles invincibles, de nouveaux drapeaux fruits de nouvelles victoires. »

Chose remarquable, le même jour, à la même heure où le premier consul s'exprimait ainsi en présence des Invalides, le gouverneur actuel de ces braves, alors général, chef de l'état-major-général d'Italie, prenait la parole au Champ-de-Mars, à Milan, pour célébrer la même fête.

Son discours dans lequel il rendait hommage à l'armée, au consul, se terminait ainsi. Ce discours c'était son âme toute entière.

« Une paix glorieuse, voilà notre but.

. . . .

« Retirés dans nos familles, nous y donnerons l'exemple des vertus domestiques et de la soumission aux lois, afin que la Patrie n'ait jamais que des éloges à nous donner. . . . . . Ou si l'ennemi n'est pas encore fatigué de tenter le sort des armes, il trouvera réunis les défenseurs de Gênes, les libérateurs des Alpes-Maritimes et les vainqueurs de Marengo. »

Quoiqu'il en soit, ainsi que nous l'avons dit, la fête du 26 messidor fut décisive pour le premier consul. Les entreprises de ses ennemis devaient le porter insensiblement plus haut encore que le consulat.

La conspiration qui éclata si mal-adroitement contre lui, le 3 nivôse an IX, montra par les adresses qu'elle suscita de toutes parts, combien le premier consul avait grandi dans l'opinion, combien il était devenu nécessaire.

Les Invalides prirent part au mouvement public, dans cette grande occasion.

L'attentat de la machine infernale fit à l'Hôtel, une sensation pénible. Les vieux braves pénétrés d'indignation, voulurent mêler aux condoléances officielles, l'expression spontanée de leurs sentiments. Simple, mais vraie comme leur cœur, leur adresse contrasta fortement avec les adresses emphatiques présentées par les corps de l'état et par certains départements. Elle contenait d'ailleurs quelque chose de prophétique. Le premier consul ne la reçut pas sans plaisir. Il se la rappelait encore, devenu empereur et mis au ban de l'Europe. Voici comment s'exprimaient les Invalides :

« Citoyen premier consul,

« Nous venons vous exprimer les sentiments que les Invalides se font gloire de partager avec le peuple français.

« S'ils eussent pu se livrer à leur premier mouvement, vous les eussiez vus se presser autour de leur général, et de leur père, à la nouvelle de la conspiration tramée contre vos jours.

« La Providence qui vous a choisi pour les plus hautes destinées, a su vous soustraire encore une fois aux complots d'un ennemi implacable. Puisse cette même Providence veiller à jamais à votre conservation et prolonger vos jours pour le bonheur de tous.

« Ce vœu est celui que forment les Invalides dans leur paisible retraite. Ils sauront tous y renoncer pour vous servir de bouclier contre vos ennemis. »

Il faut dire que lorsque les Invalides présentèrent cette adresse, ils étaient non-seulement sous l'impression de la fête du 26 messidor, mais sous le charme peut-être plus grand encore d'une autre fête. Nous voulons parler de celle par laquelle le premier consul avait voulu que fût célébré l'anniversaire de la fondation de la République, le dernier jour complémentaire de l'an VIII et le 1er vendémiaire de l'an IX.

Cette cérémonie mérite une description.

Le dernier jour complémentaire de l'an 8, fut, selon l'usage, annoncé par des salves d'artillerie, qui continuèrent le 1er vendémiaire, an 9.

Il avait été décidé que le corps de Turenne serait transféré au temple de Mars, où il serait déposé. Sauvé par le courageux conservateur Lenoir et l'excellent botaniste Desfontaines qui l'avait fait passer pour une momie française, ce corps avait été transporté au Muséum du Jardin des

Plantes. Un arrêté du 27 germinal de l'année où l'on se trouvait alors, avait ordonné qu'il fût remis par les professeurs du Muséum, aux commissaires de la République, Lenoir et Dinart.

Le ministre de la guerre et le ministre de l'intérieur se rendirent à deux heures au musée des munumens français. Desfontaines avait été invité à la fête. On plaça le corps sur un char de triomphe. Tout ce qui entourait jadis Turenne, avait été autant que possible imité. Un des neveux du grand homme avait prêté ses armes; un cheval pie et un nègre habillé comme celui de Turenne, marchaient en avant du cortège.

Laissons un instant parler la feuille officielle de cette époque. Elle renferme un passage d'une importance historique réelle :

« Au moment où le cortège entra dans ce temple si majestueux si digne de renfermer les cendres des grands hommes, une musique militaire, grave et touchante s'est fait entendre. Qui rendra l'impression de ce moment solennel! Qui peindra ces vieux guerriers, couverts d'honorables blessures, recevant les cendres d'un de leurs plus grands maîtres! qui rendra cette émotion des braves généraux fiers des honneurs rendus à l'un de leurs plus beaux modèles! qui dira de quelle joie ont tressailli les français en reconquérant, pour ainsi dire, la gloire de leurs ancêtres que des barbares avaient voulu leur ravir, en rattachant le siècle de Turenne et de tant de grands hommes au siècle déjà si fécond en illustres guerriers, en généreux citoyens ; *ce sont des actes de cette nature qui expient les erreurs et les crimes de la révolution.* »

Les symphonies ayant cessé, le ministre de la guerre, Carnot, se dirigea vers une tribune préparée d'avance, et prononça un discours qui fut souvent applaudi.

Après un exorde pompeux, et digne de la cérémonie, il prononça ces paroles, que chacun appliquera aux dépouilles récemment confiées au même édifice.

« Désormais, ô Turenne, tes mânes habiteront cette enceinte ; ils demeureront naturalisés parmi les défenseurs de la République ; ils embelliront leurs triomphes, et participeront à leurs fêtes nationales. »

« Elle est sublime sans doute, l'idée de placer les dépouilles mortelles d'un héros qui n'est plus au milieu des guerriers qui le suivirent dans la carrière et que forma son exemple ; c'est l'urne d'un père rendue à ses enfans, comme leur légitime, comme la portion la plus précieuse de son héritage.

« Aux braves appartient la cendre du brave ; ils en sont les gardiens naturels ; ils doivent en être les dépositaires jaloux. Un droit reste après la mort au guerrier qui fut moissonné sur le champ de bataille ; celui de demeurer sous la sauvegarde des guerriers qui lui survivent, de partager avec eux l'asyle consacré à la gloire ; car la gloire est une propriété que la mort n'enlève pas ».

Carnot prononça ensuite un éloge de Turenne, que tous comprirent et qui était aussi sage que modéré. Peut-être exagera-t-il en disant que Turenne eût été le premier à s'élancer dans la carrière des armées républicaines. Quoiqu'il en soit, il finit par un mouvement sublime :

« Citoyens, dit-il, n'affaiblissons pas l'émotion que vos cœurs éprouvent à l'aspect de cet apprêt funèbre. Des paroles ne sauraient décrire ce qui tombe ici sous vos sens. Qu'aurais-je à dire de Turenne ? le voilà lui-même ! — De ses triomphes ? voilà l'épée qui armait son bras victorieux. — De sa mort ? voilà le fatal boulet qui le ravit à la France, à l'humanité toute entière. »

Le corps de Turenne fut ensuite déposé dans le même monument qui le renfermait à Saint-Denis. C'était l'architecte Peyre qui avait placé ce tombeau dans l'une des parties latérales du dôme.

Chacun s'accordait à dire qu'il figurait mieux là qu'à Saint-Denis.

Le ministre de la guerre posa ensuite sur le cercueil une couronne de lauriers et, pleine d'émotion, versant des larmes, l'assemblée se sépara.

Le lendemain 1er vendémiaire an IX, après avoir visité un temple égyptien élevé sur la place des Victoires, le premier consul se rendit au temple de Mars, pour y célébrer la fête de la fondation de la république, et proclamer les dix départemens qui avaient fourni le plus de jeunes soldats.

Il fut accueilli par un hymne d'Esmenard, mise en musique par Lesueur, cet hymne commençait ainsi :

>Fille auguste de la victoire
>Rome antique sors des tombeaux,
>La France hérite de ta gloire,
>Les prodiges de son histoire
>Sont égalés par nos travaux.

Ce commencement était la partie la plus remarquables; le autres strophes racontaient la mort de Kléber, et proféraient d'épouvantables menaces contre la perfide Albion.

>Ah! sur les flots en vain vous fixez la fortune,

Un héros brisera le trident de Neptune,
Insulaires altiers, etc.

Tout l'honneur de la journée fut pour Lucien Bonaparte, ministre de l'intérieur. Le discours qu'il prononça dans cette circonstance fut cent fois interrompu par les applaudissemens.

Il contenait des passages comme ceux-ci :

« La France monarchique n'est plus : et tous les trônes se liguent pour lui enlever ses provinces... A peine née, la France, république plus forte que tous les trônes, s'élance, et à pas de géant, parcourt et reprend les limites des anciennes Gaules. — Le sceptre de Henri IV et de Louis XIV brisé, roule dans la poussière ; mais à l'instant, le gouvernement du peuple-roi retrouve en son nom et ressaisit le sceptre de Charlemagne. »

« Le 18 brumaire a lui ; les divisions ont disparu ; tout ce qui est factieux se cache, tout ce qui est français se montre ; tout ce qui ne veut que l'intérêt d'un parti est écarté ou contenu ; ce qui aime la gloire et la Patrie est accueilli et protégé. L'ordre est rétabli dans l'intérieur ; la liberté des cultes n'est plus un vain mot ; et la victoire, un moment infidèle, est ramenée par le génie aux pieds de la liberté !

Puis à la fin :

« Le siècle qui commence sera le grand siècle !... J'en jure par le peuple dont je suis aujourd'hui l'organe, par la sagesse de ses premiers magistrats, par l'union des citoyens..... Les grandes destinées de la France républicaine seront accomplies. »

Il serait impossible de décrire l'effet que produisit ce discours de Lucien Bonaparte, non-seulement sur ceux qui l'entendirent, mais encore par toute la France, où il fut bientôt lu et répété.

L'enthousiasme était universel.

Les évènemens qui succédèrent, le refroidirent cependant. On l'a dit, ce fut une terrible époque, celle qui précéda immédiatement l'empire. Comme l'a répété Fouché, *il y avait des poignards dans l'air.* Le premier consul fut cruel. La mort du duc d'Enghien, causa dans toute la France une impression terrible.

Le général Berruyer qui avait connu de près les Vendéens, osa parler au maître de la sensation que produisait ce coup d'État. Quelques invalides quittèrent la maison ; ils se seraient crus solidaires de l'assassinat juridique du jeune duc.

Les bruits de la guerre étouffèrent bientôt cette faible démonstration. Berruyer mourut ; il fut remplacé dans son gouvernement par un homme encore plus dévoué que lui à la divinité du jour, par le général Serrurier.

D'un autre côté les évènemens se pressèrent, selon les expressions des publicistes officiels de l'époque ; on sentit la nécessité d'assurer l'avenir de la France, de donner plus de fixité, plus de dignité au pouvoir.

Le 18 mai 1804, une décision du sénat décerna solennellement au premier consul le titre d'empereur des français, avec hérédité dans la personne de ses frères Joseph et Louis.

Bonaparte devint alors Napoléon.

Ce changement ne fut pas vu avec plaisir par tous les invalides. Ils avaient cru au premier consul, l'empereur les inquiétait. Il vint d'ailleurs raffermir leur dévouement et celui de l'armée par une de ces cérémonies sans exemple dans les annales des nations.

On se demandait si cette année, comme les précédentes, on célébrerait l'anniversaire du 14 juillet, et comment on le célébrerait.

Napoléon confondit dans cette circonstance tous ses accusateurs. Il rattacha son avenir à son passé, car ce fut encore aux Invalides que l'empereur voulut célébrer, en l'an 12, la fête du 14 juillet.

Un but politique de la plus haute portée était

alors l'objet de ses desseins; il voulait consolider l'institution naissante de la Légion-d'Honneur. Il n'était pas encore couronné, et déjà il voulait essayer la pompe impériale dans une occasion solennelle.

Les temps étaient bien changés. Napoléon devait, le 14 juillet, anniversaire de la prise de la Bastille, recevoir le serment des membres de la Légion-d'Honneur présens à Paris. Il devait recevoir ce serment dans le temple de Mars où, premier consul, il avait eu déjà tant de jours de triomphe; mais il devait recevoir ce serment sous les auspices de la religion rappelée par lui, et dans le temple de Mars, redevenue l'église du Christ. Là, sa majesté impériale ne serait plus reçue, comme sa majesté consulaire, au bruit des hymnes patriotiques. Il était arrêté qu'après que, suivant une coutume un peu féodale, le gouverneur serait venu lui offrir les clefs de l'Hôtel, le cardinal-archevêque de Paris, avec son clergé, viendrait le prendre à la porte du dôme, et, lui ayant donné l'eau bénite, le conduirait processionnellement sous le dais, au trône disposé pour le recevoir, lui, l'empereur, sa famille et ses grands dignitaires.

Ce programme fut exécuté.

A midi, sa majesté l'empereur, au bruit d'une salve d'artillerie, quitta son palais. Le prince connétable et les maréchaux de l'empire le précédaient. Il était suivi des colonels-généraux de sa garde, des grands officiers de sa couronne, de ses aides-de-camp et de l'état-major du palais.

Déjà l'impératrice avec ses belles-sœurs et ses dames, était partie dans quatre voitures à huit chevaux, entre la même haie de soldats que traversa l'empereur ; elle avait été reçue à l'Hôtel par le gouverneur et le grand-maître des cérémonies, qui l'avaient conduite dans une tribune préparée pour elle.

De nombreuses salves du canon des Invalides, annoncèrent l'arrivée de l'empereur.

Reçu, comme nous l'avons dit, il se plaça sur un trône brillamment décoré. Derrière lui prirent place les colonels-généraux de la garde, le gouverneur des Invalides, et les grands officiers de la couronne.

Aux deux côtés et à la seconde marche du trône, se placèrent les grands dignitaires ; plus bas et à droite les ministres ; à gauche les maréchaux de l'empire ; au pied des marches du trône, le grand-maître et le maître des cérémonies ; en face du grand-maître, le grand chancelier et le grand trésorier de la Légion-d'Honneur. Les aides-de-camp de l'empereur étaient debout en haie autour du trône.

Le cardinal-légat qui devait officier, se plaça sous un dais, à droite de l'autel ; le cardinal-archevêque de Paris et son clergé, se placèrent à gauche. Enfin, derrière le même autel, sur un immense amphithéâtre, sept cents invalides, modèles des armées, et deux cents jeunes élèves de l'École polytechnique, espoir des mêmes armées, avaient déjà pris place, tandis que la nef contenait les grands officiers, les commandans, les officiers et les membres de la Légion-d'Honneur.

Tout se fit avec le cérémonial le plus fastueux.

Le grand-maître des cérémonies prit les ordres de sa majesté, et invita le cardinal-légat à commencer la célébration de l'office divin.

Mais après l'évangile ce ne fut pas une voix apostolique qui s'éleva pour proclamer quelques-unes des vérités de la religion.

Le grand chancelier de la Légion-d'Honneur fut conduit aux pieds du trône. Là, prenant la parole, il évoqua les souvenirs que rappelait cette grande journée ; il montra quels malheurs enfantent les troubles politiques, et fit ressortir la reconnaissance que l'on devait au héros dont le génie avait su, tout en conservant les principes initiateurs de la révolution, mettre fin aux maux enfantés par cette même révolution. Il indiqua ensuite le but de l'institution de la Légion-d'Honneur, il traça les devoirs que son admission dans l'ordre imposait à chaque légionnaire. Il développa avec force les avantages que la Patrie devait se promettre de la réunion dans les cohortes légionnaires, des plus illustres soutiens du gouvernement et du pays.

Ce discours terminé, le grand chancelier de la Légion-d'Honneur, appela successivement au pied du trône, les grands officiers de l'ordre, qui chacun à leur tour, prêtèrent le serment arrêté d'avance.

Alors, l'empereur lui-même se couvrit, et fit signe qu'il allait parler.

S'adressant aux légionnaires, il prononça en effet d'une voix digne de la majesté d'un empereur, les paroles suivantes qui étaient, sans doute, dans son cœur, en ce moment solennel,... L'hypocrisie ne sied pas aux grandes âmes.

« Commandans, officiers, légionnaires, citoyens et soldats, vous jurez sur votre honneur de vous dévouer au service de l'empire, et à la conservation de son territoire dans son intégrité ; à la défense de l'empereur, des lois de la république et des propriétés qu'elles ont consacrées ; de combattre par tous les moyens que la justice, la raison et les lois autorisent, toute *entreprise qui tendrait à rétablir le régime féodal; enfin vous jurez de concourir de tout votre pouvoir au maintien de la li-*

berté et de l'égalité, bases premières de nos institutions? »

Tous les membres de la légion s'étaient levés pour écouter ces paroles ; ils répondirent à la fois, et comme un seul homme : *je le jure*. Ils ajoutèrent à ce serment les cris mille fois répétés de *vive l'empereur* !

Il est impossible de décrire l'émotion qui agitait alors l'assemblée. Napoléon lui-même semblait ému. Son œil d'aigle rayonnait et defiait l'avenir. L'impératrice versait de douces larmes d'espoir. Les jeunes gens des écoles étaient enivrés d'ambition, d'enthousiasme ; les vieux invalides, rajeunis par tant de gloire, partageaient leur ivresse. Tous les assistans se confondaient dans une même pensée, l'avenir immense réservé au pays, à la nouvelle institution.

On reprit ensuite le service divin qui contribuait à donner à la cérémonie le plus haut caractère.

Quand il fut fini, l'on apporta dans des bassins d'or les décorations de la Légion-d'Honneur.

L'empereur fut décoré le premier par le prince Louis.

Lui-même présenta ensuite et successivement à chaque grand officier, commandant, officier et légionnaire, la décoration qu'il avait méritée.

On le vit complimenter plusieurs braves; il interrogea ceux surtout dont les mutilations ou les blessures attestaient les services. Le soldat, le pontife, l'homme de lettres, l'artiste, le magistrat, l'administrateur, vinrent tour-à-tour au pied de son trône recevoir les glorieux insignes, et pour presque tous, le maître eut d'aimables paroles.

La distribution terminée, les chanteurs de la Chapelle Impériale, dirigés par Lesueur, chantèrent un *Te Deum* de la composition de ce grand musicien.

L'empereur quitta ensuite ce dôme, sous lequel il venait de donner le plus beau spectacle qui fut jamais, celui de l'élite entière d'une nation récompensée par un prince qui lui-même était, par son mérite, le premier le véritable *imperator*.

On rapporte qu'en s'éloignant il dit au grand maître, M. de Ségur : Il ne manquait là que quelques français. — Desquels votre majesté veut-elle parler?—De ceux auxquels je viens d'opposer une nouvelle noblesse; mais ceux-là viendront à moi, et l'étoile de la Légion-d'Honneur sera le plus noble emblême de l'égalité, elle brillera sur la poitrine des descendans de Montmorency, comme elle brille sur la poitrine des soldats de ma garde.

Cette magnifique cérémonie politique était à

peine terminée que le 15 août un *Te Deum* solennel ayant été chanté pour célébrer l'avènement au trône du premier consul devenu empereur, les portes du dôme s'ouvrirent encore pour un cortège splendide, celui de la nouvelle impératrice.

C'étaient l'état-major et les officiers des corps stationnés dans la première division militaire, qui avaient demandé à faire exécuter ce *Te Deum*.

Des députations de chaque corps de l'état et des corps militaires vinrent y assister. On reçut la nouvelle impératrice au bruit du canon.

Ces fêtes et différentes réformes occupèrent la première année du gouvernement du maréchal Serrurier. L'année suivante, comme si le dôme eût dû voir s'incliner sous ses voûtes toutes les grandeurs de la terre, il reçut un visiteur des plus illustres, le chef de la catholicité, le célèbre pape Pie VII. Tout le monde sait comment le saint père se trouvait alors forcément l'hôte de Napoléon. Il voulut visiter l'asyle des vétérans français.

Les voitures de l'empereur l'y amenèrent. Il fut reçu simplement, sans bruit d'artillerie. Sa première visite fut pour l'église; il s'y agenouilla plusieurs fois et pria, sans doute pour obtenir de Dieu la fin de tant de guerres.

Après avoir montré sa satisfaction de ce qu'un aussi bel édifice était rendu au culte catholique, le Saint-Père demanda à visiter les pauvres malades. Plusieurs ayant émis le vœu de recevoir sa bénédiction, il les bénit au milieu du silence le plus respectueux et le plus solennel.

Tous les hauts fonctionnaires de l'Hôtel l'accompagnaient; il ne voulut pas quitter la maison sans avoir vu, chez lui, le maréchal Serrurier avec lequel il s'entretint de différents sujets.

Le vénérable pontife laissa tout le monde enchanté de lui.

A cette visite, assurément la plus remarquable de toutes celles que l'Hôtel a reçues des étrangers, vinrent se joindre, l'année suivante, celles de quelques princes. Le prince royal de Bavière vint, le 24 février 1806; le 10 mars ce fut le tour du prince de Bade qu'accompagna Louis Buonaparte, et qui revint deux jours après achever de voir les plans.

Le maréchal Serrurier reçut admirablement tous les visiteurs. C'est le lieu de dire un mot de ce guerrier célèbre.

Jeanne-Mathieu-Philibert Serrurier, est un enfant glorieux de la Picardie. Il naquit à Laon, le 8 septembre 1742, dans une famille aisée. A 23 ans, en 1755, il entra au service comme lieutenant dans la milice de sa ville natale, et reçut bientôt après le brevet d'enseigne dans le régiment de Beauce. Il fit avec son régiment la conquête passagère du Hanôvre, et se distingua notamment à l'affaire de Warbourg où il fut blessé et mérita le grade de lieutenant.

La paix le força de languir 17 ans dans cet emploi. Ce ne fut qu'en 1778 qu'il passa capitaine. La révolution de 1789 le trouva major et l'éleva, en 1793, au grade de chef de bataillon. Dès lors son avancement fut rapide.

Général de brigade la même année, il servait avec Moncey à l'armée des Pyrénées Occidentales; l'année suivante, devenu général de division, il commandait avec Masséna la division de droite de l'armée d'Italie. Plein d'expérience et de bravoure, modeste, dévoué, Serrurier rendit alors les plus brillants services. Le 5 juillet 1795 il battit les Piémontais au col de Terme ; le 27 du même mois, au col de l'Inferno, il fit subir le même sort aux Autrichiens. C'est lui encore qui remporta l'avantage du Tanaro, le 26 novembre, et qui, bientôt après, s'empara d'Intrapa et de Garessio. Il eut ensuite une grande part au succès de la bataille de Final.

Le 19 avril 1796, opposé au général Colli, il le mena battant jusqu'aux hauteurs de Vico. Là il lui prit, le 22, 18 drapeaux et huit pièces de canon, et assura ainsi à l'armée les clefs de Mondovi.

Après avoir ainsi forcé la Sardaigne à se détacher de la coalition, Serrurier se trouva, le 12 mai, à la prise de Pizzighitone, et au passage du Mincio, le 29.

Un peu plus tard, il se distingua de nouveau à l'investissement de Mantoue; c'est lui qui, défendant, le 16 janvier, avec 1,500 hommes, le poste de la Favorite, soutint et repoussa le choc des forces supérieures de Wurmser.

Après avoir signé à la capitulation de Mantoue le 2 février, et effectué le passage de la Piave, le 12 mars, et pris part aux diverses affaires qui eurent lieu sur le Tagliamento, il reçut le gouvernement de Venise, où chacun sait combien il fut digne de ses fonctions.

Nommé, en 1798, inspecteur-général de l'infanterie française, il servit de nouveau en Italie, l'année suivante sous Schérer, battit les Autrichiens sur les hauteurs du lac Garda, et reçut, à la fausse attaque de Vérone, un échec que personne ne lui attribua.

Il répara d'ailleurs cet échec à la prise de Villa-Franca, le 5 avril, et à la défense du pont de Lecco contre les Russes, le 20 du même mois.

C'est surtout dans le malheur que Serrurier

devait montrer ses grandes qualités. La journée du 27 avril, à Gassano, lui fournit une occasion trop fameuse : demeuré avec 2,500 hommes après la retraite du général Grenier, il soutient d'abord le choc et les attaques multipliées de deux divisions ennemies (Rosenberg et Vulkassowich), se retire dans la plus belle tenue jusqu'à Verderio. Là, investi de toutes parts, il propose à son état-major de fondre sur l'ennemi qu'on a maintenu toute la nuit, mais auquel il n'est plus permis d'échapper que par un excès d'audace. Refusé, il obtient une capitulation honorable et les éloges de Souvarow.

Personne n'ignore la part que le général Serrurier prit à la révolution du 18 brumaire, à la chute du Directoire. Il quitta dès-lors la carrière active de la guerre, devint sénateur, vice-président du Sénat et préteur en 1803.

La faveur impériale qu'il avait d'ailleurs bien méritée, vint le chercher dans ses fonctions, pour lui donner, le 25 avril 1804, le gouvernement de l'Hôtel-National.

Il accepta avec joie la mission de veiller au bien être de ses vieux compagnons d'armes. A peine s'occupait-il d'eux depuis quelques semaines, quand, le 18 mai, il reçut le bâton de maréchal de France et le 14 juin la croix de Grand'Officier de la Légion-d'Honneur, avec le titre de comte de l'Empire.

Nous verrons plus bas les faits remarquables que présenta son gouvernement, qui fut toujours ferme mais paternel. Il en cumula, en 1809, les fonctions avec celles de commandant-général de la garde-parisienne.

La Restauration qui le laissa d'abord à la tête des Invalides, le fit pair de France et commandeur dans l'ordre de Saint-Louis. Mais, en 1816, le duc de Coigny fut nommé à sa place. Serrurier mourut bientôt après, le 21 décembre 1819. La vieille armée pleura en lui un brave et heureux soldat ; elle ne regretta qu'une chose, c'est que, pour empêcher la profanation des lauriers de dix ans de gloire, il n'eût trouvé d'autre moyen que d'en faire un bûcher.

Mais à l'époque où le maréchal Serrurier recevait à l'Hôtel des Invalides, et le pape chef du catholicisme, et tant de princes et tant de rois, rien n'annnonçait encore le déclin de cette majesté impériale, qui avait débuté si brillamment sous les voûtes de Saint-Louis.

Tous les regards de l'Europe se fixaient sur l'empereur des Français. Sa main contenait le repos du monde. Sa main laissa tomber la guerre.

On sait comment il répondit aux insultes de la

Prusse. On sait quels trophées nos armées rapportèrent de la courte campagne qu'elles firent en triomphe dans le royaume de Frédéric II.

Napoléon méditait alors la construction d'un monument à élever à la gloire de nos soldats. Mais ce monument n'était qu'un projet; il ordonna que les trophées conquis sur la Prusse, fussent portés dans l'ancien temple de Mars.

C'était une grande idée. L'avenir montra cependant qu'il aurait pu mieux faire que de confier aux Invalides, de déposer au temple de la gloire, l'épée avec laquelle Frédéric de Prusse avait vaincu les généraux de Louis XV et de Marie-Thérèse.

La translation de cette épée fut comprise par les masses : jamais peut-être, les sentimens de reconnaissance et d'admiration pour les armées et pour le chef qui les avait si souvent conduites à la victoire, ne se manifestèrent avec plus d'énergie et d'enthousiasme.

Dès l'aube du jour, une foule innombrable envahit la place du Carrousel et toutes les avenues des Tuileries. On savait que l'épée du grand Frédéric n'était pas le seul trophée que l'on allait déposer au temple de la Gloire. En effet, vers midi des salves d'artillerie annoncèrent le départ d'un magnifique cortège. L'on vit alors sortir du palais impérial, les voitures des grands officiers de la

Légion-d'Honneur, celle des ministres, et celle de l'archi-trésorier.

Ces voitures précédaient le char de triomphe qui ait jamais porté les plus glorieuses dépouilles. On y avait déposé deux cents quatre-vingts drapeaux pris à l'ennemi dans la dernière campagne.

Derrière ce char, à cheval, attirant tous les regards par son admirable tenue et sa renommée, venait le vénérable Moncey, alors dans la force de l'âge. C'est lui qui portait l'épée du roi ; ses aides de-camp l'entouraient.

Le président de la cérémonie, accompagné de l'état-major du gouvernement de Paris, suivait en voiture. Ce président, c'était l'archi-chancelier Cambaçarès.

Sur toute la ligne que parcourut le cortège, il fut accueilli d'un air unanime d'enthousiasme. On saluait l'armée, on souhaitait longue et heureuse vie à l'empereur. Il semblait à tous que la victoire eût à jamais fait un pacte avec le courage français.

Tous les invalides étaient sous les armes. On avait brillamment disposé l'église du dôme. Une magnifique société en pavoisait les contours des plus riches toilettes. Outre l'attrait de la cérémonie, le programme annonçait un chant triomphal, noté par Catrel, et un discours de M. de Fontanes.

Le maréchal Serrurier, à la tête de son état-major, fut recevoir le cortège et l'introduisit. De vieux invalides désignés à l'avance reçurent les drapeaux et les transportèrent sous le dôme, au bruit des fanfares.

Les princes occupèrent des sièges sur les marches d'un trône disposé de manière à dominer l'assemblée. Le fauteuil de l'empereur resta vide. Les officiers du palais et le maréchal-gouverneur se placèrent comme si ce fauteuil eût été occupé. Le vertueux Moncey prit place au centre, entouré de faisceaux formés par les drapeaux. Dans l'enceinte, se pressaient les officiers invalides en corps.

Le maître des cérémonies ayant donné le signal, le chant de triomphe commença sur les paroles suivantes :

CHOEUR DU PEUPLE.

O jour de triomphe et de fête,
Gloire au héros toujours vainqueur !
La voici la noble conquête
Du génie et de la valeur !
Gloire au héros toujours vainqueur !

UN VIEUX GUERRIER.

Un peuple immense inonde ces portiques !
Ses chants annoncent-ils quelques exploits nouveaux
Ah ! pourquoi placez-vous sous ces voûtes antiques
Une épée au milieu d'un amas de drapeaux.

UN SOLDAT DE LA GRANDE ARMÉE.

Vieux guerriers, inclinez vos têtes vénérables
　　Devant ce fer qu'illustrent tant d'exploits !
Le prince qu'il armait sut punir les coupables,
　　Vaincre et régner et maintenir ses droits !

UN AUTRE SOLDAT.

Un homme, ô Frédéric ! a paru dans notre âge,
Plus grand dans les conseils, plus grand dans les combats ;
Lui seul, il méritait ton glaive et tes états ;
Le ciel lui réservait ton brillant héritage.
Quel prodige se montre à nos regards surpris !
Vous voyez ces drapeaux conquis par le courage,
D'un siècle de succès ils paraissent le prix ;
De trois mois de combats, leur conquête est l'ouvrage.
　　Ce dépôt sacré vous est dû.
Guerriers cicatrisés, vétérans de la gloire,
Dans ce temple, qu'il reste à jamais suspendu,
Le plus glorieux don que nous fit la victoire !

Ce fer, ces ornemens en pompe rassemblés
　　Parleront à votre mémoire ;

Et ces drapeaux, comme vous mutilés,
De vos exploits rediront la mémoire.

UNE FEMME.

Ah ! laissez approcher les épouses, les mères;
Dans les fêtes de Mars sont-elles étrangères ?

CHOEUR DE FEMMES.

Nous mêlons des fleurs aux lauriers,
De douces voix aux chants guerriers.
Dans les fêtes de Mars sommes-nous étrangères ?

UNE FEMME SEULE.

Que ce trophée exposé sous nos yeux,
Instruise nos enfans des hauts faits de leurs pères !
Ils combattront aussi, pour triompher comme eux.

CHOEUR DE JEUNES CONSCRITS.

Pour tout Français, que la gloire a de charmes !
Nos jeunes cœurs s'indignent du repos ;
Courons sur les pas du héros !
Remplir tout l'univers du seul bruit de nos armes,
Courons sur les pas du héros !

Après que ce chant soutenu par une admirable musique eût expliqué l'objet de la cérémonie, M. de Fontanes, président du corps législatif parut à la tribune et prononça le discours suivant, discours dont, malheureusement, on put, quelques années plus tard, retourner les traits contre la France vaincue. Rarement un orateur s'est élevé à une plus haute éloquence, ce discours digne de Bossuet et des anciens, fit un effet prodigieux.

M. de Fontanes, selon le cérémonial impérial était censé s'adresser au grand chancelier :

« Jamais une plus noble fête ne fut donnée par la victoire, et jamais la fortune n'offrit en même temps un plus mémorable exemple de ses catastrophes et de ses jeux. O vanité des jugemens humains ! ô courtes et fausses prospérités. Toutes les voix de la renommée célébrèrent, cinquante ans, la gloire de la monarchie prussienne. On donnait pour modèle à tous les états, et les tactiques de ses armées, et les épargnes de son trésor, et les lumières de son gouvernement. Le xviiie siècle était fier de compter le plus illustre des rois, parmi les élèves de sa philosophie.

« Vingt ans se sont passés, et dès le premier choc, ce gouvernement où l'on trouvait plutôt une armée qu'un peuple, a laissé voir sa faiblesse véritable. Une seule bataille a fait succomber ces phalanges, tant de fois victorieuses, qui, dans la guerre de sept ans, avaient surmonté les efforts de l'Autriche, de la Russie et de la France conjurées.

Est-ce donc là ce qu'avaient promis ces talens éprouvés, cette longue expérience des plus vieux généraux de l'Europe, ces camps annuels où toutes les théories militaires étaient développées, ces revues si fameuses, ces manœuvres si savantes, que d'un bout de l'Europe à l'autre les capitaines les plus instruits venaient étudier sur les rives de la Sprée? Ce nouvel art de la guerre dont on allait chercher à grand bruit tous les secrets à Potsdam, vient de céder aux combinaisons d'un art encore plus vaste et plus hardi. Jouissons d'un si grand triomphe, mais honorons, après les avoir conquis, ces restes de la grandeur prussienne, où sont encore empreints tant de souvenirs héroïques, et sur lesquels semble gémir l'ombre de Frédéric-le-Grand.

« Lorsqu'autrefois, dans cette ville, maîtresse du monde, un illustre Romain venait suspendre aux murs du Capitole les dépouilles du royaume de Macédoine, il ne put se défendre d'une profonde émotion, en songeant aux exploits d'Alexandre, et en contemplant les calamités répandues sur sa maison. Le héros de la France n'a pas été moins attendri quand il est entré dans ces palais tristes et déserts, que remplissait autrefois de tant d'éclat le héros de la Prusse. On l'a vu saisir avec un généreux enthousiasme, cette épée dont il fait un si noble don à ses vétérans; mais il a défendu que les armes et les aigles prussiennes, que tout cet amas de trophées conquis sur les descendans d'un grand roi, traversât les lieux où sa cendre repose, de peur d'affliger ses mânes et d'insulter son tombeau.

« Je crois donc entrer dans la pensée du vainqueur, en rendant hommage aux vaincus devant ces drapeaux mêmes qu'ils n'ont pu défendre, mais qu'ils ont teints d'un sang glorieux. Si des régions élevées qu'ils habitent, les grands hommes que la terre a perdus s'intéressent encore aux choses humaines, Frédéric a pu reconnaître, jusque dans leurs derniers soupirs, les vieux compagnons formés à son école, et morts dignement sur les ruines de la monarchie. Il n'a point vu tomber sans gloire ces jeunes princes de sa maison qui ont mordu la poussière aux champs d'Iéna, ou qui, après d'illustres faits d'armes, ont signé des capitulations et reçu des fers honorables. O comme il est juste de plaindre la valeur malheureuse! O comme il est doux de pouvoir estimer les ennemis qu'on a défaits! Oui, et j'aime à le dire au milieu de tous ces juges de la vrai gloire dont je suis environné, oui, le monarque prussien lui-même, aujourd'hui sans capitale et presque sans amis, a pourtant soutenu sa dignité dans la bataille qui lui fut si funeste, et n'a manqué ni aux devoirs d'un chef, ni à ceux d'un soldat.

« Mais ces dernières étincelles du génie de Frédéric n'avaient point assez de force et d'activité pour ranimer une monarchie dont la puissance artificielle manquait peut-être de ces institutions politiques, et de ces principes conservateurs qui maintiennent les sociétés. Des sages, je ne peux le dissimuler, ont fait quelques reproches à Frédéric. S'ils admirent en lui l'administrateur infatigable et le grand capitaine, ils n'ont pas la même estime pour quelques opinions du philosophe roi. Ils auraient voulu qu'ils connût mieux les droits du peuple et la dignité de l'homme. Aux écrits du philosophe de Sans-Souci, ils opposent avec avantage, le livre où Marc-Aurèle, qui fut aussi guerrier et philosophe, rend grâce au ciel, en commençant, de lui avoir donné une mère pieuse et de bons maîtres qui lui ont inspiré la crainte et l'amour de la divinité. Au lieu de cette philosophie dédaigneuse et funeste qui livre au ridicule les traditions les plus respectées, les sages dont je parle aiment à voir régner cette philosophie grave et bienfaisante, qui s'appuie sur la doctrine des âges, qui enfante les beaux sentimens, qui donne un prix aux belles actions, et qui fit plus d'une fois, en montant sur le trône, les délices et l'honneur du genre humain. Ils pensent, en un mot, qu'un roi ne peut impunément professer le mépris de ces maximes salutaires qui garantissent l'autorité des rois.

« Je m'arrête : il me siérait mal en ce moment d'accuser avec trop d'amertume la mémoire d'un grand monarque dont la postérité vient de subir tant d'infortunes. Son image n'est déjà que trop attristée du spectacle de notre gloire et de ces pompes triomphales que nous formons des débris de son diadème. Mais il faut être juste envers un autre grand homme qui le surpasse; et quand Frédéric eut l'imprudence de proclamer dans sa cour ces flétrissantes doctrines qui détruisent tôt ou tard l'ordre social, dois-je oublier que Napoléon a remis en honneur ces nobles doctrines qui réparent tous les maux de l'athéisme et de l'anarchie ?

« Ainsi, dans cette partie de son histoire, comme dans toutes les autres, notre monarque n'a plus de rivaux, et pour ne point sortir de l'art de la guerre dont cette cérémonie auguste rappele tout les prodiges, combien tout ce qui fut grand disparait à côté des entreprises extraordinaires dont nous sommes témoins ! On combattait, on négociait jadis pendant des années pour la prise de quelques villes, et maintenant quelques jours décident le sort des royaumes. Quel nom militaire, quel talent politique, quelle gloire ancienne ou moderne ne s'abaisse désormais devant celui qui, des murs de Naples jusqu'aux bords de la Vistule, tient en repos tant de peuple soumis ; qui, campé dans un village Sarmate, y reçoit, comme à sa cour, les ambassadeurs d'Ispahan et de Constantinople étonnés de se trouver ensemble ; qui réunit dans le même intérêt les sectateurs d'Omar et d'Ali ; qui joint d'un lien commun et l'Espagnol et le Batave, et le Bavarois et le Saxon, qui, pour de plus vastes desseins encore, fait concourir les mouvements de l'Asie avec ceux de l'Europe, et qui montre une seconde fois, comme sous l'Empire romain, le génie guerrier s'armant de toutes les forces de la civilisation, s'avançant contre les barbares, et les forçant de reculer vers les bornes du monde.

« Ce n'est point à moi de lever le voile qui couvre le but de ces expéditions lointaines. Il me suffit de savoir que le grand homme par qui elles sont dirigées, n'est pas moins admirable dans ce qu'il cache que dans ce qu'il fait voir, et dans ce qu'il médite que dans ce qu'il exécute. Veut-il relever ces antiques barrières qui retenaient aux confins de l'Univers policé toutes ces hordes barbares dont le Nord menaça toujours le Midi ? Sa politique n'a point encore parlé, attendons qu'il s'explique et remarquons surtout que ce silence est le plus sûr garant de ses intentions pacifiques.

« Il a voulu, il veut encore la paix. Il la redemande après avoir vaincu. Quoique tous les champs de bataille qu'il a parcourus dans trois parties du monde, aient été les théâtres constants de sa gloire, il a toujours gémi des désastres de la guerre. C'est parce qu'il en connaît les fléaux, qu'il a soin de les porter loin de nous. Cette grande vue de son génie militaire est un grand bienfait.

« Il faut payer la guerre avec les subsides étrangers, pour ne pas trop aggraver les charges nationales. Il faut vivre chez l'ennemi pour ne point affamer le peuple qu'on gouverne. La sécurité intérieure est alors le prix de ces fatigues inouïes, de ces privations sans nombre, de ces dangers de tout genre auxquels se dévoue l'héroïsme. Comparez à notre situation présente celle des sujets de Frédéric, quand, chassé deux fois de sa capitale, malgré ses exploits, il ne pouvait, même après la victoire, défendre l'industrie de ses villes et les moissons de ses campagnes contre la férocité du Russe et le pillage de l'Autrichien. Telle n'est point notre destinée. Paris, l'Empire entier repose dans un calme profond sous l'autorité de cette même main qui répand la terreur à trois cent lieues de nos frontières. Les lois du chef de l'État nous sont transmises avec sagesse par un représentant digne de les interpréter, habile dans toutes les carrières administratives, orné de toutes les vertus civiles, et qui possède pour nous la première de toutes les qualités, celle de bien connaître l'esprit français qu'il faut suivre quelquefois pour le mieux conduire. La confiance du souverain ne pouvait être mieux placée que dans un homme d'état, dont la parole fut toujours fidèle et dont l'accueil satisfait tous les cœurs. A ces traits qui sont faciles à reconnaître, les yeux de cette assemblée se tournent vers vous, Monseigneur, et ses éloges confirment le mien.

« Mais en jouissant de l'intégrité de notre territoire, et des bienfaits d'une administration paisible et régulière, songeons par quels travaux ces avantages sont achetés. Combien de reconnaissance et d'admiration doit accompagner cette brave armée qui, dans les solitudes de la Pologne, combattit tous les besoins et tous les périls, et qui triompha des saisons comme des hommes ! Quel orateur pourra louer dignement cette garde impériale, dont chaque compagnie est un grand corps d'armée, et tous ces soldats enfin, dont chacun mérite d'entrer dans cette garde invincible! Quels honneurs décernons-nous à ces lieutenans du chef suprême, à ces guerriers qui, dans toute autre armée auraient le premier rang, et qui dans celle-ci sont plus contens et plus fiers d'occuper à une longue distance la seconde place? Ce n'est point assez de vaincre pour ces invincibles légions, elles veulent encore, avec une magnanimité vraiment française, effacer jusqu'au souvenir des défaites de leurs ancêtres. Après avoir repris dans les arsenaux de l'Autriche, l'armure de François Ier, captif à Pavie, elles ramènent à Paris cette colonne injurieuse qui s'élevait dans les champs de Rosback, et font ainsi du monument de nos revers, un nouveau monument de nos triomphes.

« Quelques-uns des braves vétérans qui m'écoutent ont peut-être vu cette fatale journée, où le talent des généraux n'a pas secondé la valeur des soldats. Ils se consoleront de leur défaite en attachant l'épée de leur vainqueur aux voûtes de ce temple. Cette épée reposera sous leur garde à côté du tombeau de Turenne, et quelquefois, la contemplant avec une joie mêlée de respect, ils se diront : « Si elle a vaincu les pères, elle fut conquise par les enfans ». L'aspect de ce trophée fera naître encore de plus graves réflexions sur les causes qui élèvent les trônes ou qui précipitent leur chute. Il redira sans cesse combien la mort ou la vie d'un seul homme peut ôter ou mettre de poids dans la balance des destinées.

« En effet, rappelons-nous cette époque où le monde étonné, vit paraître à côté des grandes puissances ces princes de la maison de Brandebourg, qui n'étaient pas même inscrits au premier rang des électeurs, reportons-nous a leur berceau, suivons les progrès de leur fortune, voyons leur monarchie s'accroître et s'affermir sans relâche, et par les armes et par les négociations, et par la violence. »

Après ce discours, l'archi-chancelier quitta son trône pour remettre entre les mains du gouverneur l'épée du grand Frédéric; le maréchal Moncey la lui présenta ainsi que les décorations du monarque prussien. En la remettant au maréchal Serrurier, l'archi-chancelier prononça quelques paroles, par lesquelles il plaça, au nom de l'empereur, sous la garde des invalides, les trophées conquis sur la Prusse : « Jusqu'au moment, ajouta-t-il, où ils pourront être placés dans le monument que l'empereur se proposait d'élever à la gloire des armées. »

Le maréchal Serrurier répondit dans les termes suivans :

« Monseigneur !

« Nous sommes encore ici plus de neuf cents hommes qui avons combattu le grand roi, dont nos enfans viennent de conquérir les dépouilles guerrières. La fortune alors ne seconda pas toujours notre courage. *Les pères n'étaient pas moins braves que les enfans ; mais, ils n'ont pas eu le même chef.* Cependant nous ne nous rappelons pas sans orgueil, les paroles de ce grand homme. « Si j'étais à la tête du peuple français, il ne se tirerait pas un coup de canon en Europe, sans ma permission, » témoignage honorable de son estime pour les soldats qui le combattaient. Mais c'était sous le règne d'un souverain bien plus grand encore par son génie, par ses hauts faits et par sa modération que le peuple français devait parvenir à ce haut degré de gloire et de puissance.

« Nous jurons de garder fidèlement le trésor que sa majesté impériale et royale nous confie ; et, après l'honneur d'en être dépositaires, rien ne pouvait être plus précieux pour nous que de le recevoir des mains de votre altesse. »

Ici les mots : *nous le jurons* retentirent avec force sous le dôme de Saint-Louis, répétés par tous les invalides.

Le chant triomphal recommença ensuite, et les

grands dignitaires signèrent un procès-verbal qui fut immédiatement dressé de cette imposante cérémonie :

Ainsi grandissait de jour en jour la renommée de l'Hôtel Impérial des Invalides.

L'empereur faisait tout pour cela. Jamais, au retour de ses campagnes, le héros vainqueur ne manquait de venir visiter son autre armée, comme il l'appelait, celle des vieux serviteurs de l'État. Il laissait toujours parmi eux quelques bons souvenirs. Il était là, aussi populaire et aussi respecté que dans sa garde. Comme Louis XIV, il consignait aux portes les soldats de son escorte, et se croyait en sûreté, gardé par les sous-officiers invalides.

Le 11 février 1808, accompagné par le grand duc de Berg, par le prince de Neufchâtel, par son dévoué Duroc, et par les deux ministres de la guerre, il voulut venir chercher par lui-même des renseignemens sur le décret organique que l'on préparait déjà à cette époque, et qui fut retardé par les préoccupations des années précédentes.

Son arrivée fut annoncée par des salves d'artillerie; mais il était déjà dans la cour impériale, que le grand état-major de l'Hôtel se préparait à le recevoir. Les Invalides l'accueillirent par des cris de joie et des vœux de bonheur.

L'empereur se rendit d'abord à l'église. Remarquant l'absence du maître-autel, il ordonna son rétablissement, et précisa en termes formels, que le nouveau dessin devrait être conforme à l'ancien. Il dit, à cette occasion, qu'aux yeux des vieux soldats, la religion ne saurait être trop honorée ; c'est, ajouta-t-il, une des ressources des derniers jours.

Il se rendit ensuite à la grande cuisine, y goûta les alimens et les trouva convenables.

Il voulut voir les infirmeries dans le plus grand détail, s'informa des victimes de la dernière guerre qui pourraient s'y trouver. La salle des blessés en contenait plusieurs ; il les consola par ses promesses.

De là, il passa dans la bibliothèque, indiqua quelques bons livres à acquérir. Enfin, il s'assit un instant dans la salle du conseil. Le maréchal Serrurier fut prêt à toutes ses questions, et aux remarques des ministres. L'empereur fit différentes remarques relatives à l'administration et à la police. En général, il parut satisfait. Il jeta aussi un coup-d'œil sur des pétitions qui avaient été remises au grand-maréchal. Elles contenaient des demandes de croix d'honneur.

La même année eut lieu le dépôt d'une grande et belle relique, qui fut un digne pendant au mausolée de Turenne. Un décret impérial avait ordonné ce dépôt.

La cérémonie fut simple comme celui qu'elle honorait. Il s'agissait du maréchal Vauban, de cet homme dont l'empereur regrettait surtout de ne pas avoir le pareil.

Le cœur du digne maréchal, renfermé dans une urne funéraire devait être placé dans le maumolée érigé pour lui, sous le dôme de Saint-Louis.

Le ministre de la guerre, accompagné de M. Lepelleteir-l'Aulnay, arrière petit-fils de Vauban, des ministres de la marine et de la guerre, des maréchaux de l'empire, notamment du duc de Dantzig, des inspecteurs et colonels-généraux, du président et du secrétaire perpétuel de l'Institut, du général commandant la division de Paris, vint présider à cette cérémonie.

Quand le cortège eut pris place dans l'enceinte religieuse, le célèbre officier du génie Allent, au nom du général Maresco, premier inspecteur du génie, prit la parole. Dans un discours savant et étudié, il rappela les principaux traits de la vie militaire du héros de la fête.

Une symphonie guerrière se fit entendre après ce discours, que tous les assistans admirèrent.

Ensuite M. Lepelletier-d'Aulnay alla prendre l'urne funéraire déposée sur une estrade ornée de drapeaux, et la mit entre les mains des ministres de la guerre. Puis, après la lecture du décret impérial, le duc de Dantzig plaça sur la même urne une couronne de lauriers; enfin, le maréchal-gouverneur, à la garde duquel elle fut confiée, la déposa dans le mausolée.

Procès-verbal fut dressé par le secrétaire-archiviste, Barthélemy.

Le reste de l'année fut fécond en visites royales.

Ainsi le 21 et 22 novembre vint le roi de Saxe; le roi de Wurtemberg vint à son tour le 15 décembre. Leurs visites ne présentèrent rien de remarquable.

Une troisième majesté, le roi de Bavière, succéda aux rois de Saxe et de Wurtemberg; il fut reçu par les invalides le 10 janvier 1840; mais déjà les vieux braves étaient blasés; ils disaient à leur manière ce vers du poète :

Un roi, sous l'empereur ! j'en ai tant vu de rois !

Le dépôt du cœur du duc de Montébello, causa parmi eux une sensation plus vive que les visites royales.

C'est le baron Larrey qui fut chargé de cette mission, le 19 février 1840.

Le baron Larrey, alors commandant de la légion-d'honneur, chirurgien en chef des Invalides, en présence du maréchal Serrurier, du général Simon, commandant de l'Hôtel, de M. Coste et Sabattier, l'un médecin en chef, l'autre chirurgien en chef de la maison, remit sur le bureau du gouverneur, le vase qui contenait le cœur si noble du héros, et le gouverneur s'en reconnut le dépositaire.

Le baron Larrey était l'un des hommes de l'époque qui fut le plus aimé des soldats ; les invalides surtout le vénéraient. Il n'est sortes de marques d'estime et de respect, qu'ils ne lui adressassent. Ils pleurèrent avec lui, sur l'excellent citoyen, sur le grand général que la France venait de perdre, et qu'ils savaient bien que Larrey eût sauvé, si la science humaine pouvait quelque chose contre la mort.

Les obsèques solennelles du duc de Montébello furent célébrées quatre mois après. Le 2 juillet, son corps fut placé dans un sarcophage provisoire, qui tenait la place occupée naguère par les restes du général Saint-Hilaire, que l'on venait de transférer au pied du monument du grand Turenne.

Pendant quatre jours le public se pressa autour du sarcophage dont nous avons parlé. Des prêtres qui se relevèrent d'heure en heure, ne cessèrent de prier pour le héros mort.

L'empereur lui-même avait voulu faire les frais des obsèques de son ami :

Sur l'une des tentures les plus apparentes on lisait ces mots :

Napoléon à la mémoire du duc de Montébello !

L'office solennel eut lieu le 6 juillet. Jamais encore le dôme n'avait reçu une décoration d'un plus grand caractère. L'archi-chancelier de l'empire présida la cérémonie. L'évêque de Gand, aumônier de l'empereur offrit, le saint sacrifice, assisté des plus hauts dignitaires ecclésiastiques.

Un orateur chrétien des plus éloquens, l'abbé Raillon, prononça l'oraison funèbre dans laquelle on remarqua plusieurs mouvemens imités de ceux de l'oraison funèbre du grand Condé. L'abbé Raillon fit ressortir d'ailleurs dans Montébello l'honnête homme, l'ami sincère et vrai du monarque. Il fit verser des larmes quand il raconta sa mort et la douleur de l'armée. Les quelques mots qu'il dit du général Saint-Hilaire furent aussi un juste hommage à ce brave guerrier.

Ni l'une, ni l'autre des deux dépouilles, ne devant être conservée par l'Hôtel, des grenadiers les transportèrent jusqu'aux chars funèbres préparés pour les recevoir.

Le clergé de la chapelle impériale et celui des paroisses de Paris, avaient envoyé des députations pour assister à l'office; ces députations précédant les corps militaires de toutes les armes, accompagnèrent solennellement le convoi jusqu'au Panthéon, au bruit des salves d'artillerie.

Au Panthéon de nouveaux honneurs attendaient les dépouilles de Montébello.

Toute cette cérémonie avait été dirigée avec un ordre parfait. Le général Simon, commandant de l'Hôtel, homme ferme et actif, assisté du célèbre ordonnateur Dukermont, avait si bien pris ses mesures, que pas une plainte de la part de l'immense assistance qui s'était pressée dans l'enceinte de l'Hôtel, ne parvint à l'état-major.

L'année suivante 1811, marqua, comme nous l'avons vu, dans les annales législatives de l'Hôtel. Le décret organique fut enfin signé. Il se borna à sanctionner en grande partie, ce que le premier consul avait déjà autrefois ordonné. Nous ne reviendrons pas sur ce décret impérial déjà longuement analysé.

Cette année là tous les vœux de l'empereur furent comblés; la France et lui-même crurent un instant à sa dynastie. L'artillerie de l'Hôtel apprit aux Parisiens la naissance du roi de Rome. Elle célébra bruyamment son baptême, le 8 et le 9 juin 1811.

Mais le canon des Invalides était devenu mauvais prophète; quelques mois après, Napoléon allait épuiser dans les plaines neigeuses de la Russie, la bonne volonté de la fortune.

Dix-huit cent douze ne fit éclore pour l'Hôtel que des douleurs encore inconnues. Des steppes de la Moscowa, des bords de la Bérésina, arriva bientôt une population horriblement mutilée.

C'est une légende parmi les invalides que cette campagne de la Russie; plusieurs vieux militaires en avaient prédit tous les désastres.

Avec les blessés arrivèrent aussi quelques dépôts glorieux : des drapeaux, des trophées bien chèrement achetés.

On remit aussi aux Invalides, le cœur de plusieurs excellens généraux.

Celui de Baraguay d'Hilliers, général de division, grand aigle de la Légion-d'Honneur, fut déposé le 13 février 1813, dans une des chapelles du dôme. Le lendemain on reçut celui du général Eblé; le surlendemain, celui du général de division, comte Lariboissière.

Enfin, l'empereur vint lui-même, comme pour montrer à ses vieux braves qu'il existait encore. Ce fut sa dernière visite officielle aux Invalides. Elle eut lieu le 5 mars 1813.

Les invalides l'attendaient rangés dans la Cour d'Honneur ; il les passa en revue ; il leur parla avec une bonté toute filiale ; il se fit désigner ceux de ces braves qui s'étaient distingués par des actions d'éclat. On eût dit qu'il pressentait l'avenir, et venait avant son départ payer d'anciennes dettes : après avoir lu bon nombre de certificats, il accorda des décorations qui furent réparties entre les quinze divisions qui composaient alors l'Hôtel.

Tous ceux des invalides qui à la guerre avaient perdu deux membres, reçurent des dotations de sixième classe. Ces malheureux étaient au nombre de vingt.

L'empereur passa ensuite dans l'église où l'on chanta un *Te Deum*, puis il visita toute la maison, particulièrement les cuisines, la boulangerie et les infirmeries.

Dans ces dernières, on lui présenta quatre centenaires qui s'étaient trouvés à la bataille de Fontenoy.

A l'excellent général Simon, qui fut pleuré de tous, de ses supérieurs, de ses égaux et de ses subordonnés, avait succédé, comme commandant de l'Hôtel, le général baron d'Arnaud. L'empereur ne voulut pas quitter l'Hôtel sans laisser à ce brave un témoignage de sa gratitude. Il augmenta de quatre mille francs sa dotation.

Le colonel Cazaux avait succédé au colonel Faivre, comme major; l'empereur voulut qu'il reçût en présence de tous les invalides, le titre de baron de l'empire.

Malgré tous ces bienfaits, la visite impériale fut triste; on avait peur de l'avenir. En effet, l'avenir déroula bientôt tous les orages que le passé glorieux de la France accumulait depuis vingt ans.

La fortune du conquérant l'abandonna; malheureux, trahi, il abdiqua à Fontainebleau.

Les alliés pénétrèrent dans sa capitale. Leurs barbares cohortes vinrent bivouaquer aux portes mêmes de l'ancien temple de Mars.

En vain tout ce qui, aux Invalides pouvait encore soutenir une arme, était allé se mettre aux ordres du maréchal Moncey, commandant la garde nationale de Paris, un seul jour devait détruire les trophées amassés par vingt ans de victoires.

Les troupes alliées allaient peut-être souiller l'Hôtel; ils allaient au moins réclamer les drapeaux conquis sur leurs soldats, rapportés de leur capitale. Comment sauver ces drapeaux? à qui les confier? faut-il mourir en les défendant? mais mourir ainsi ce ne sera pas les sauver.

Le maréchal Serrurier ne prend ici conseil que du désespoir. Un bûcher, le plus glorieux de tous ceux qui aient été jamais allumés, fut apprêté. On y jeta les drapeaux de la campagne de Prusse et de tant d'autres campagnes. Le feu les eut bientôt dévorés.

Les quelques débris qu'il respecta furent soigneusement relevés. Faciles à cacher, on les conserva. Ils attestent encore aujourd'hui et la grandeur impériale et le néant, la vanité de toutes les gloires humaines.

Au moins l'Hôtel des Invalides ne fut-il pas violé par les étrangers.

Il ne nous appartient pas de dire si les Invalides saluèrent avec des transports de joie le retour de l'Ile-d'Elbe; s'ils pleurèrent sur le désastre de Waterloo. Respectons les croyances de ces braves, ne les livrons ni au dédain, ni au contrôle d'aucune opposition.

Disons seulement qu'ils révérèrent toujours la mémoire de l'empereur, et qu'ils ne crurent à sa chute définitive et à sa mort, qu'après la grande cérémonie de 1841.

CHAPITRE V.

L'HÔTEL ROYAL SOUS LA RESTAURATION, 1815-1830.

sommaire. — Sagesse du gouvernement à l'égard des invalides. — Les succursales de l'Hôtel. — Affluence de population. — Tableau général des combats où cette population s'était trouvée. — Le maréchal Serrurier quitte ses vieux compagnons. — M. le duc de Coigny le remplace. — Ses services. — Évènemens qui signalent son gouvernement. — Visites princières. — Commandans de l'Hôtel et des succursales. — Mort du duc de Coigny. — Il est remplacé par le marquis de Latour-Maubourg. — Ses services sous l'empire. — Les invalides n'eurent jamais de meilleur chef. — Évènemens de son gouvernement. — Visite du roi Louis XVIII. — Visite du roi Charles X, du dauphin, de la duchesse de Berry. — Souscription au monument de Quiberon. — Stations du roi Charles X à l'église des Invalides. — Visite de l'archevêque de Paris. — Miracle qu'il opère. — Visite du légat du pape. — Du duc de Bordeaux. — Remise du cœur de Kléber et du corps du maréchal de Gouvion Saint-Cyr, ministre de la guerre. — Services généraux de la nouvelle génération invalide.

Nous avons déjà fait connaître les mesures législatives que prit à l'égard de l'Hôtel des Invalides, le gouvernement des Bourbons raffermi par les évènemens de 1815.

Les descendans de Louis XIV, s'étaient d'abord montrés extrêmement hostiles, non pas pour les invalides eux-mêmes, mais pour l'Hôtel qui était devenu un véritable édifice impérial. Les invalides, à les en croire, d'après l'ordonnance du 12 septembre 1814, ne trouvaient dans cet édifice aucun des avantages que Louis XIV avait voulu assurer aux vieux soldats; les bourbons ajoutaient qu'ils méditaient la restauration de l'Hôtel ; ils invitaient les invalides qui, d'après le traité du 30 mai, n'étaient plus sujets de la France, à quitter leurs anciens frères d'armes pour regagner leurs pays.

Mais en 1815, le gouvernement nouveau fut plus sage et mieux avisé.

Il faut le répéter, il respecta, dans la personne des invalides, les vainqueurs de l'Europe, les guerriers malheureux d'un ennemi qui n'était plus à craindre. Les Bourbons se souvinrent qu'un Bourbon avait fondé l'Hôtel. Tout y fut comme par le passé, régulier, paternel. Ce fut surtout là qu'on put dire qu'il n'y avait rien de changé, si ce n'est qu'il y avait quelques français de plus.

L'Hôtel, comme nous l'avons dit, n'avait pas été violé par les étrangers ; sa gloire leur en avait imposé ; il n'en fut pas de même à la succursale d'Avignon. Là, l'esprit réactionnaire du midi l'emportant sur le sentiment national, on envahit le sanctuaire des armées; on porta des mains coupables sur des soldats mutilés ; on les appela brigands et fauteurs d'usurpation ; on profita non-seulement de ce que leurs bras étaient débiles, mais de ce que la maison manquait absolument d'armes.

La succursale établie à Louvain en 1801, et commandée successivement par les généraux de brigade, Varin, Meunier et Expert de Sibra, avait été naturellement évacuée en 1814. Son personnel fut dirigé sur Arras.

Jamais spectacle plus pénible ne frappa les yeux d'un bon Français ; ce spectacle des convois d'invalides, quittant à la hâte un asyle habité depuis treize ans, ne contribua pas peu à porter le découragement parmi les populations qu'ils traversèrent. Il est impossible à qui n'a pas assisté à ces mille scènes douloureuses d'une retraite comme celle de ces temps, de s'en figurer l'épouvantable tristesse.

Le brave et dévoué Expert de Sibra accompagna pas à pas, les malheureux invalides de Louvain ; il les installa à Arras, au milieu des plus grandes difficultés.

Là, arrivèrent bientôt, des ambulances de la Belgique, ces horribles blessures encore mal guéries, faites à Waterloo par le canon des étrangers. Le baron de Curto et le comte de Bardonnenche qui succédèrent à Expert de Sibra, firent de leur mieux jusqu'en 1818, époque à laquelle le gouvernement se détermina à concentrer tous les invalides dans Paris et dans Avignon.

Cependant, et malgré cette concentration, l'Hôtel ne fut pas d'abord aussi encombré qu'on pourrait le croire. Incertains du sort qui les attendait, un grand nombre de blessés regagnèrent péniblement leurs familles. On se montra d'ailleurs peut-être un peu trop sévère pour l'admission.

Elle avait pourtant bien mérité, sinon du gouvernement d'alors, au moins de la Patrie, la génération militaire qui avait succédé à la génération des hommes de Fontenoy ou de la guerre de sept ans.

Nous n'avons pas besoin de dire à quels corps militaires cette génération, la plus militante de toutes les générations humaines, avait appartenu. Tout le monde connait ces corps, tout le monde sait, comment, sous le régime de l'égalité, les régimens français perdirent les noms de provinces ou de colonels qui les distinguaient et prirent des numéros d'ordre correspondant à leur ancienneté. Les quelques corps spéciaux et particuliers à l'empire, comme la vielle et la jeune garde, et plusieurs autres, ont conquis une popularité qui dispense de toute explication.

Quant à prendre dans le nombre des invalides

quelqeus modèles de courage et de grandeur, c'est la chose impossible. Lisez leurs états de service : tous ces hommes, tous sont grands dans leur sphère ; tous ont bien mérité du pays.

Les combats où ils se sont distingués chacun les connaît aussi, au moins confusément. Nous n'essayerons donc pas d'esquisser cette immense lutte qui aboutit d'abord à la création du gigantesque empire napoléonien, puis à la chute de la France, fractionnée en deux camps et attaquée à la fois par toutes les forces de l'Europe. Un simple tableau des grands évènements militaires depuis 1792 jusqu'à 1815, suffira pour rappeler quelle génération c'était, celle qui fournit aux Invalides leur population pour ainsi dire héroïque (1).

1792. — Combat de Valmy, 20 septembre, Kellermann ; siège de Lille, 25 septembre, Duhoux ; prise de Mayence, 21 octobre, Custine ; bataille de Jemmapes, 6 novembre, Dumouriez ; première conquête de la Belgique, 14 novembre Dumouriez.

1793. — Prise de Breda, 25 février, Dumou-

---

(1) Nous donnons ce tableau de préférence à tout autre ; c'est celui que le commandant de la succursale d'Avignon a fait inscrire sur les murailles de l'Hôtel, pour servir les souvenirs des vieux soldats.

riez; prise de Gertruydenberg, 5 mars, Dumouriez; combat de Tirlemont, 15 et 16 mars, Dumouriez; bataille d'Hondschootte, 8 septembre, Houchard; bataille de Watrignies, 16 octobre, Jourdan.

1794. — Prise de Menin, 30 avril, Moreau; combat de Courtray, 11 mai, Pichégru; bataille de Turcoing, 18 mai, Souham, Moreau; Prise d'Ipres, 18 juin, Moreau; bataille de Fleurus, 26 juin, Jourdan; prise d'Ostende, 1er juillet, Pichegru; bataille de Nieuport, 19 juillet, Moreau; bataille d'Aldenhoven, 2 octobre, Jourdan; prise de Bois-le-duc, 9 octobre, Delmas; prise de Coblentz, 23 octobre, Marceau; prise de Venloo, 26 octobre, Laurent; prise de Maëstricht, 4 novembre, Kléber; prise de Nimègue, 8 octobre, Souham; bataille de la Montagne-Noire, 20 novembre, Dugommier et Pérignon; prise de Figuières, 27 novembre, Pérignon.

1795. — Conquête de la Hollande, janvier à mars, Pichegru; prise de Roses, 3 février, Pérignon; prise de Luxembourg, 7 juin, Hatry; affaire de Quiberon, 20 juillet, Hoche; passage du Rhin à Dusseldorff, 5 septembre, Kléber; passage du Rhin à Manheim, 20 septembre, Pichegru; bataille de Loano, 23 et 24 septembre, Schérer.

1796. — Bataille de Montenotte, 12 avril, Bonaparte; bataille de Millésimo, 14 avril, Bonaparte; combat de Dego, 15 avril, Bonaparte; bataille de Mondovi, 22 avril, Bonaparte; passage de Lodi, 10 mai, Bonaparte; prise de Milan, 14 mai, Bonaparte; prise de Vérone, 3 juin, Masséna; blocus de Mantoue, 4 juin, Bonaparte; passage du Rhin à Kehl, 24 juin, Desaix; bataille de Renchen, 28 juin, Moreau; passage du Rhin à Neuwied, 2 juillet, Jourdan; bataille de Rastadt, 5 juillet, Moreau; pacification de la Vendée, 15 juillet, Hoche; bataille de Castiglione, 5 août, Bonaparte; bataille de Neresheim, 11 août, Moreau; prise de Trente, 5 septembre, Bonaparte; retraite de l'armée du Rhin, 15 septembre, Moreau; bataille d'Arcole, 15, 16, 17 novembre, Bonaparte.

1797. — Bataille de Rivoli, 14 janvier, Bonaparte; prise de Mantoue, 3 février, Bonaparte; bataille de Neuwied, 18 avril, Hoche; passage du Rhin à Diersheim, 20 avril, Moreau; traité de Campo-Formio, 17 octobre.

1798. — Campagne de Suisse, janvier, Brune et Schauenbourg; prise de Rome, 15 février, Berthier; prise de Malte, 12 juin, Bonaparte; débarquement des Français en Égypte, 1er juillet, Bonaparte; prise d'Alexandrie, 2 juillet, Bonaparte: bataille des Pyramides, 22 juillet, Bonaparte; prise du Caire, 23 juillet, Bonaparte; bataille de Sédihman, Desaix.

1799. — Prise de Gaëte, 10 janvier, Championnet; bataille de Samanhout, 22 janvier, Desaix; prise de Naples, 23 janvier, Championnet; combat de Thèbes, février, Davoust; prise de Jaffa, 8 mars, Bonaparte; combat de Nazareth, 8 avril, Junot; bataille du Mont-Thabor, 16 avril, Bonaparte et Kléber; prise d'Aboukir, 25 juillet, Bonaparte; bataille de Zurich, 25 septembre, Masséna; bataille d'Alkmaar, 2 octobre, Brune; bataille de Kastricum, 6 octobre, Brune; défense d'Ancône, mai à novembre, Monnier.

1800. — Bataille d'Heliopolis, 20 mars, Kléber; passage du Rhin, 1er mai, Moreau; bataille d'Enghen, 3 mai, Moreau; bataille de Moeskirk, 5 mai, Moreau; bataille de Biberach, 9 mai, Moreau; passage du Saint-Bernard, 17 mai, Bonaparte; siège de Gênes, 4 juin, Masséna; bataille de Montebello, 9 juin, Bonaparte; bataille de Marengo, 14 juin, Bonaparte; bataille de Hohenlinden, 3 décembre, Moreau.

1801. — Paix avec l'Autriche, 9 février; paix avec Naples, 28 mars; paix avec le Portugal, 29 septembre; paix avec la Russie, 8 octobre; paix avec la Turquie, 8 octobre; paix avec la Bavière, 8 octobre.

1802. — Expédition de Saint-Domingue; Leclerc; paix avec l'Angleterre, 27 mars.

1803. — Rupture du traité d'Amiens, 17 mai; expédition de Hanovre, 31 mai, Mortier;

1804. — Camps de Boulogne, juin, Davoust, Soult, Marmont, Ney.

Bonaparte couronné empereur, sous le nom de Napoléon Ier, 2 décembre 1804.

1805. — Levée des camps, septembre; prise d'Ulm, 20 octobre, Napoléon; combat de Diernstein, 12 novembre, Mortier; prise de Vienne, 13 novembre, Napoléon; bataille d'Austerlitz, 2 décembre, Napoléon.

1806. — Prise de Naples, 13 février, Masséna: expédition de Calabre, 20 mars, Regnier; prise de Gaëte, 18 juillet, Masséna; expédition de Dalmatie, septembre, Lauriston; bataille d'Iéna, 14 octobre, Napoléon; conquête de la Prusse, octobre et novembre, Napoléon; prise de Varsovie, 28 novembre, Murat; combat de Nasielk, 24 décembre, Davoust; combat de Pultusk, 26 décembre, Lannes; combat de Golmyn, 27 décembre, Augereau; conquête de la Silésie, décembre, Jérome Bonaparte: conquête de la Poméranie, décembre, Mortier.

1807 — Combat de Mohrungen, 25 janvier, Bernadotte; combat de Deppen, 5 février, Ney;

combat de Hoff, 6 février, Murat ; combat d'Eylau, 7 février, Soult ; bataille d'Eylau, 8 février, Napoléon ; combat d'Ostrolenka, 16 mars, Savary ; prise de Dantzig, 24 mai, Lefèbre ; combat de Guttstadt, 6 juin, Ney ; combat de Heilsberg, 10 juin, Soult ; bataille de Friedland, 14 juin, Napoléon ; prise de Kœnigsberg, 17 juin, Soult ; entrevue des princes, 25 juin ; paix avec la Russie, 7 juillet ; paix avec la Prusse, 8 juillet ; prise de Stralsund, 20 août, Brune ; expédition de Portugal, novembre, Junot.

1808. — Expédition d'Espagne, janvier, Dupont, Moncey, Duhesmes ; bataille de Rio-Sego, 14 juillet, Bessières ; bataille de Burgos, 12 novembre, Soult ; bataille d'Espinosa, 11 novembre, Victor ; combat de Somo-Sierra, 30 novembre, Napoléon ; prise de Madrid 4 décembre Napoléon ; prise de Roses, 5 décembre, Gouvion-Saint-Cyr ; siège de Sarragosse, 20 décembre, Lannes.

1809. — Bataille de Tann, 19 avril, Davou ; bataille d'Ademberg, 20 avril, l'empereur ; bataille d'Ekmülh, 22 avril, l'empereur ; deuxième prise de Vienne, 13 mai, l'empereur ; bataille d'Essling, 22 mai, l'empereur ; bataille de Raab, 14 juin, Eugène ; combat de Gratz, 26 juin, un contre dix ; bataille de Wagram, 6 juillet, Napoléon ; bataille de Talavera, 28 juillet, Jourdan et

Victor ; bataille d'Ocana, 18 novembre, Soult et Mortier.

1810. — Conquête de l'Andalousie, 20 janvier, Soult ; prise d'Astorga, 10 avril, Junot ; prise de Lérida, 14 avril, Suchet ; siège de Cadix, 29 avril, Victor ; prise d'Hostalrich, 12 mai, Augereau ; prise de Mequinença, 8 juin, Suchet ; prise de Cuitad-Rodrigo, 10 juillet, Ney ; prise d'Alméïda, 28 août, Masséna ; troisième expédition du Portugal, 16 septembre, Masséna ; bataille de Busaco, 27 septembre, Masséna.

1811. — Prise de Tortose, 2 janvier, Suchet ; prise de Gebora, 19 février, Soult ; prise de Chiclana, 5 mars, Victor ; prise de Badajoz, 11 mars, Mortier ; prise de Tarragone, 28 juin, Suchet ; prise de Montserrat, 24 juillet, Suchet ; reprise d'Astorga, 25 août, Dorienne ; combat de Villa-Franca, 27 août, Dorienne ; bataille de Sagonte, 25 octobre, Suchet ; prise de Sagonte, 26 octobre, Suchet.

1812. — Prise de Valence, 10 janvier, Suchet ; ouverture de la campagne de Russie, 25 juin ; passage du Niémen par Napoléon, à la tête de 350,000 hommes d'infanterie, 59,500 hommes de cavalerie, 1,200 pièces d'artillerie.

Combat de Mohilou, 23 juillet, Davoust ; combat d'Ostrowno, 27 juillet, Napoléon ; combat de la

Dwina, 1ᵉʳ août, Oudinot; bataille de Gorodetchna, 12 août, Reynier; bataille de Smolensk, 17 août, Napoléon; bataille de Polosk, 18 août, Gouvion Saint-Cyr, combat de Valoutina, 20 août, Ney,

1812. — Bataille de la Moskowa, 14 septembre, Napoléon; prise de Moscou, 14 septembre, Murat; bataille de Malo-Jarolawetz, 24 octobre, Eugène; combat de Krasnoë, 16-17-18 novembre, Napoléon et Ney; passage et bataille de la Bérésina, 26-27-28 novembre, Napoléon, Victor.

1813. — Bataille de Lutzen, 2 mai, Napoléon; bataille de Bautzen, 20 mai, Napoléon; bataille de Dresde, 26-27 août, Napoléon; bataille de Leipsick, 18 octobre, Napoléon; bataille de Hanau, 30 octobre, Napoléon.

1814. — Combat de Champaubert, 10 février, Napoléon; bataille de Montmiral, 11 février, Napoléon; combat de Vaux-Champs, 13 février, Napoléon; combat de Montereau, 18 février, Napoléon; bataille de Toulouse, 10 avril, Soult.

1815. — Abdication de l'empereur, débarquement à Cannes, 1ᵉʳ mars; retour à Paris, 20 mars; bataille de Ligny, 16 juin, Napoléon; combat des quatre-bras, 16 juin, Ney; bataille de Waterloo, 18 juin.

Tels sont, bien en abrégé, les principales affaires

auxquelles prirent part les invalides, qui après 1815 surgirent bientôt, pour ainsi dire, de tous les points de la France; et qui revinrent, soit d'Espagne, soit d'Italie, soit d'Allemagne, soit même de temps en temps, des plaines de la Russie.

La plus grande douleur de ces braves débris en entrant à l'Hôtel, c'était de prendre cette cocarde blanche, que quelques uns avaient vue au front de leurs ennemis. Mais après tout, le drapeau blanc n'était-il pas aussi, un drapeau de victoire et d'honneur. Ils se consolaient en espérant des jours meilleurs.

Une mesure, qui dans les premiers temps, frappa tout l'Hôtel de stupeur, ce fut le remplacement du maréchal Serrurier, qui, depuis 1804, exerçait avec tant de sollicitude les fonctions de gouverneur.

Mais, le maréchal Serrurier était pour ainsi dire l'empire incarné. Un tel homme ne pouvait convenir à un gouvernement nouveau. Il lui eût fallu trop oublier.

Le maréchal comte Serrurier, l'homme du 18 brumaire, l'homme de l'empereur, fut donc remplacé. On ne saurait dépeindre avec quelle douleur les vétérans le virent s'éloigner; c'était un compagnon, un père, un ami qui les quittait. C'était plus, c'était le représentant de l'empereur, c'était presque ce Napoléon adoré, malgré ses fautes, malgré ses défaites, malgré ses injustices.

Mais il fallut cacher ses larmes; l'étranger campait encore en armes sur le sol de la Patrie; le brave des braves, lui était offert en holocauste.

Les adieux qui accompagnèrent le maréchal Serrurier, furent donc surtout les adieux du cœur.

D'ailleurs on parlait en bien du successeur que le roi lui donnait; c'était aussi un soldat, un général quoique représentant un tout autre régime.

M. Marie-François de Franquetot, duc de Coigny, appartenant à la grande famille de Coigny, fils, petit fils, arrière petit fils de généraux célèbres, ne pouvait se destiner à d'autre métier que celui des armes. La mort de son père, Jean-Antoine-François, l'avait déjà investi en 1748 du gouvernement de Choisy, quand, en 1752, il entra aux mousquetaires royaux.

Deux ans après, sur la démission du maréchal de Coigny, son célèbre aïeul, il reçut le gouvernement des villes, château et grand baillage de Caen. On était alors en 1755. Le vieux maréchal de Coigny renonça bientôt après en sa faveur au titre de duc.

Louis XV, par lettre du 25 juillet 1756, le nomma brigadier et l'envoya servir en Allemagne. Le jeune brigadier se montra digne de son nom, à la bataille d'Hastembeck, à la prise de Minden, d'Hanovre, aux combats de Crevelt, de Corbach, de Wurbourg et mérita, le 20 février 1761, le grade de maréchal-de-camp.

Il servit encore activement jusqu'à l'époque de la paix, et commanda en chef plusieurs corps qui eurent du succès.

La paix le força de demeurer inactif; il fut créé lieutenant-général à la promotion de 1780.

Les états-généraux ayant été convoqués en 1788, sa position le désignait naturellement aux suffrages de la noblesse de Caen. Nommé son député, il combattit pied à pied pour ses droits, partagea toutes les décisions de la majorité et se montra l'un de ses plus ardents soutiens.

L'émigration le vit aussi protester l'un des premiers contre les progrès de la révolution. Il fut dès-lors en guerre contre son pays et fit d'abord les campagnes de l'armée du prince. Il passa ensuite au service du Portugal, après avoir servi activement la cause des Bourbons dans un assez grand nombre de missions délicates. En Portugal, il obtint le grade de capitaine-général.

Les évènements de 1814, ayant donné raison à la cause qu'il n'avait cessé de soutenir, le capitaine-général duc de Coigny rentra en France, à la suite du roi Louis XVIII.

Ce prince ne tarda pas à récompenser son dévouement. Voulant remplacer le maréchal Serrurier par une illustration à la fois nobiliaire et militaire, il choisit le duc de Coigny.

Le 27 janvier 1816, le conseil de l'Hôtel assemblé solennellement procéda à sa réception comme gouverneur des Invalides et de leurs succursales. Il faut dire à sa louange, qu'il ne persécuta personne; il honora toujours et respecta les courages qu'il avait lui-même autrefois combattus. Il défendit leurs privilèges, et il ne fut pas exclusif.

Déjà, quand les anciens et les nouveaux chevaliers de Saint-Louis formèrent leur association paternelle, ils l'avaient choisi pour président; le roi le nomma maréchal de France, le 3 juillet 1816. Ce grade qui correspondait à celui qu'il occupait en Portugal, parut à tous ne pouvoir qu'être honoré par le descendant du vainqueur de Raucoux.

Le duc de Coigny était déjà fort avancé en âge. Les fatigues inséparables de sa nouvelle fonction hâtèrent sa mort, qui arriva le 19 mai 1821.

Il fut regretté de tous, à l'Hôtel, comme à Paris, et, quand à la chambre des pairs, le vicomte de Rosambo, prononçant son éloge funéraire, dit que le dernier gouverneur des Invalides « avait été noble sans orgueil, affable avec dignité, doué d'une aménité que rien ne pouvait altérer, rendant heureux tout ce qui l'entourait, indulgent par caractère, sévère quand le devoir l'exigeait », ce fut un concert d'applaudissemens. Connues des Invalides ces paroles furent recueillies. Le grand conseil d'administration lui vota un souvenir. Il lui fit élever, en face du mausolée du comte de Guibert, un monument militaire en marbre blanc avec cette simple inscription exempte de tout signe de courtisannerie.

LE GRAND CONSEIL DE L'HÔTEL
DE L'ASSENTIMENT DE SON EXCELLENCE LE MINISTRE
DE LA GUERRE,
A VOTÉ CE MONUMENT A LA MÉMOIRE DE SON EXCELLENCE
M. LE MARÉCHAL DUC DE COIGNY,
GOUVERNEUR DE L'HÔTEL, Y DÉCÉDÉ LE 19 MAI 1821.

Les évènements qui signalèrent le gouvernement du duc de Coigny sont de deux natures. Les uns furent tout législatifs; nous les connaissons déjà. L'augmentation de la dotation, le rétablissement de l'intendance sont les principaux. Le duc de Feltre, l'excellent Gouvion Saint-Cyr, et le marquis de Latour-Maubourg, eurent comme ministres successifs de la guerre, la plus grande part à ces mesures.

Parmi les autres évènements, nous signalerons la visite que le comte d'Artois et son fils le duc d'Angoulême, voulurent, en mars 1817, faire aux héros de l'Empire. Ces derniers avaient peine à s'habituer au régime nouveau. Il fallait les conquérir. Le comte d'Artois avec ses grandes et affables manières, avec ses paroles toujours choisies et bien appropriées, était à la hauteur d'une telle mission, si cette mission eût été réalisable. Les Invalides de cette époque, n'auraient pas compris un roi comme Louis XVIII : le caractère du duc de Berry était trop connu, pour que ce prince pût faire sensation.

Quoiqu'il en soit, la visite du frère du roi et de son fils aîné, eurent d'heureux résultats.

Quelque temps après, le 31 mai de la même année, l'infant d'Espagne voulut voir ceux qui avaient disputé aux successeurs de Phillippe V, la rayonnante et multiple couronne des rois catholiques. Il avait d'ailleurs des obligations particulières au duc de Coigny.

Le général d'Arnaud continua sous ce gouverneur, à exercer les fonctions de commandant de l'Hôtel. Il eut pour successeur en 1821, le comte de Lussac qui présidait à la succursale d'Avignon depuis les évènements de 1815, et qui fut lui-même remplacé à Avignon par le comte de Villelume. Ce dernier, par une circonstance bien remarquable, avait épousé l'héroïque mademoiselle de Sombreuil, dont le cœur est encore aujourd'hui l'une des reliques de la succursale.

Le comte de Lussac exerça l'intérim qui eut lieu depuis la mort du duc de Coigny jusqu'à la réception de son successeur.

Pendant cet intérim se place l'exécution d'un service funèbre qui fut célébré le 30 octobre 1821, sous le dôme de Saint-Louis, pour le prince de Taleyrand-Périgord.

Ce service funèbre qui fut très pompeux était le troisième de l'année.

Le premier avait été célébré, le 17 février, comme anniversaire de la mort du duc de Berry, dont les Invalides avaient reçu ordre de porter le deuil; le second était celui par lequel on honora les obsèques du duc de Coigny.

Pendant son intérim, le comte de Lussac fit adopter une mesure, toute de courtisannerie : nous voulons parler de celle des grandes députations aux Tuileries dans les occasions solennelles. Cette mesure fut prise le 6 décembre.

Le 30 on installa le successeur du duc de Coigny, M. de la Tour-Maubourg, qui conduisit le lendemain la première grande députation.

Le marquis Marie-Victor de Foy de Latour-

Maubourg, remplaça le duc de Coigny à la tête des vétérans de la gloire impériale. Lui aussi avait connu ces vétérans sur les champs de bataille.

Il était né le 11 juillet 1756, et avait commencé par servir en qualité de sous-lieutenant, au régiment de Beaujolais, et de capitaine au régiment de cavalerie d'Orléans, en 1796.

Il quitta cette position pour celle de garde-du-corps de Louis XVI, auquel il fut utile dans la fameuse journée du 5 octobre.

La guerre ayant éclaté, il partit avec Lafayette comme colonel de chasseurs, et donna la mesure de son courage distingué au combat de Glisecelle, le 15 juin 1792. Le torrent de l'émigration l'entraîna bientôt après, indigné qu'il était de la journée du 10 août.

Il suivit avec intérêt les succès des armées françaises, ayant eu connaissance de la journée du 15 brumaire, et jugeant la révolution finie, il rentra dans son pays. Le premier consul l'accueillit avec bonté, et lui fit rendre son grade de colonel.

Ce fut lui qui porta à Kléber la nouvelle de la chute du Directoire; l'enfant de la révolution l'attacha dès-lors à sa personne comme aide-de-camp Il combattit sous ses yeux, comme chef de brigade, à la bataille d'Alexandrie, où il se montra digne de guider au feu le célèbre vingt-deuxième des chasseurs à cheval.

La capitulation d'Alexandrie le ramena en France; il y reçut le brevet d'officier de la Légion-d'Honneur.

Sa carrière militaire fut alors non moins active. Déjà distingué en Autriche au combat d'Enns, on s'accorda à reconnaître qu'il était un des héros de la belle victoire d'Austerlitz. L'empereur le reconnut aussi et nomma, le 25 décembre, Latour-Maubourg, général de brigade, malgré son besoin de bons colonels. En Prusse, en Pologne en 1806 et 1807, il continua de faire son devoir; à la suite des combats de Bergfried et de Deppen, il reçut le brevet de lieutenant-général.

Les Russes apprirent encore à le mieux connaitre à la bataille de Heilsberg, le 10 juin 1807, où il poursuivit leur arrière-garde avec un si grand succès. Déjà blessé à Deppen, il le fut encore à Friedland.

L'année suivante il reçut le commandement de la cavalerie du midi à l'armée d'Espagne. Là d'innombrables fatigues l'attendaient.

Le 28 mars 1809 il aida Victor à gagner la bataille de Mérida; plus tard, aux batailles de Cuença et d'Ocana, il se distingua parmi les plus habiles et les plus braves. Aux combats de Santa-

Martha et de Villalba, à la bataille de la Gebora, il continua de se distinguer. Ce fut à la suite de cette dernière, qu'il avait contribué à gagner, qu'il fut nommé Grand-Officier de la Légion-d'Honneur, sur la demande de son général en chef, l'illustre maréchal Soult.

De Campo major à Badojoz, avec une poignée d'infanterie et de cavalerie, il contint quinze mille Anglo-Portugais avec un succès qui tint du prodige. Le même succès l'accompagna à la bataille d'Albéra, le 16 mai 1811 où ils rendit inutiles les cavaliers Anglo-Portugais.

Il contribua ensuite à la levée du célèbre siège de Badajoz. Ce fut lui qui dirigea l'embuscade si heureuse, dans laquelle le colonel Lallemand attira et sabra la cavalerie de Wellington.

Latour-Maubourg seconda ensuite le maréchal Soult dans ses belles opérations en Andalousie et dans le royaume de Grenade. Sa victoire à Las-Vertientes fut le dernier coup qu'il frappa sur les Espagnols.

Napoléon l'appelait vers les neiges de la Russie. Ayant pris un commandement dans le grand corps de cavalerie de Grouchy, il maintint la brillante réputation qu'il avait acquise au-delà des Pyrénées. Les soldats sous ses ordres se rappellent encore son attaque sur l'arrière-garde du prince Bagration, le 14 juillet 1812.

A la bataille de la Moskowa, il commandait les cuirassiers saxons de Tielman et contribua avec eux au succès de cette terrible journée.

Dans la retraite qui suivit l'incendie de la capitale de l'empire russe, Latour-Maubourg déploya d'autres talens, et un courage peut-être plus difficile que le courage devant l'ennemi. Aussi, l'empereur le nomma-t-il grand-croix dans l'Ordre-Impérial de la Réunion, le 3 avril 1813.

Dans la campagne de Saxe, il fut constamment, avec le premier corps de cavalerie dans les endroits les plus périlleux, à Lutzen, à Reichembach, à la bataille de Dresde. Il quitta cette ville avec l'empereur, et rejoignit le sixième corps d'armée à Muisen.

La fin de sa carrière militante l'attendait là. Il devait la terminer de la manière la plus décisive, à la bataille de Wachau, où il enleva vingt-six pièces d'artillerie et eut ensuite la cuisse emportée par un boulet.

Ce cruel évènement l'empêcha de seconder l'empereur dans les campagnes de France.

Après l'abdication de Fontainebleau, il crut pouvoir se rendre aux ordres du roi Louis XVIII, qui le nomma membre du conseil de la guerre, chevalier de Saint-Louis et pair de France. Il lui fut fidèle lors des Cent Jours, et avec le marquis de Vioménil organisa les volontaires royaux.

A son retour, le roi le récompensa en lui conférant le grade de commandeur dans l'Ordre de Saint-Louis et le titre de marquis.

L'évènement de Wachau n'avait fait qu'altérer sa santé et lui avait laissé tout son jugement, toutes ses qualités intellectuelles. Il en fit preuve comme ambassadeur en Angleterre, dans l'année difficile de 1819, et comme ministre de la guerre du 8 décembre de cette même année, au 14 décembre 1821.

Ce fut lui qui mit l'administration des Invalides et de ses succursales, en rapport avec l'institution du corps des intendans militaires.

A la mort du duc de Coigny, le 12 août, le roi l'avait désigné pour le remplacer ; mais il n'entra en charge qu'à sa sortie du ministère le 30 décembre 1821.

Il conserva son gouvernement des Invalides jusqu'en 1830, époque à laquelle il crut devoir donner sa démission. On ne saurait trop louer l'ordre, l'activité, la bonté, l'énergie, qu'il y déploya pendant neuf ans. Il voulait tout voir par lui-même. Il donnait audience régulière aux vieux soldats placés sous ses ordres. Il veillait à ce qu'aucun passe droit, aucune injustice ne leur fussent faits. On le vit souvent réparer à ses dépens les fautes de ses subordonnés. Jamais avant lui, le même ordre, la même régularité dans les services n'avait régné à l'Hôtel. Les invalides ne pouvaient l'oublier; ils sont restés fidèles à la mémoire du héros de Wachau, malgré les hautes illustrations qui depuis les ont gouvernés.

Le premier soin du marquis de Latour-Maubourg, comme gouverneur de l'Hôtel, ce fut de faire en sorte, que le délaissement dans lequel les faveurs de la cour laissaient l'Hôtel, eût un terme. Il voulut que l'asyle des invalides redevînt véritablement l'Hôtel Royal, comme il avait été l'Hôtel Impérial.

Les princes recommencèrent à s'y montrer.

Le duc d'Angoulême y vint pour la seconde fois le 17 janvier 1822; Monsieur frère du roi y vint de même pour la seconde fois le 23 mai. Le 10 juin enfin Louis XVIII, faisant violence à ses sentimens, se détermina à affranchir solennellement la grille de ce repaire, comme quelques fanatiques de l'émigration osaient appeler l'Hôtel.

Laissons parler sur cette visite le procès-verbal officiel :

Le roi Louis XVIII, vient visiter l'Hôtel Royal des Invalides.

Le roi est arrivé aujourd'hui 10 juin, à deux heures, à l'Hôtel, et à son entrée S. M. a trouvé réunis tous les fonctionnaires de l'établissement, ayant à leur tête le gouverneur qui a eu l'honneur de la complimenter en ces termes :

« Sire, j'ai l'honneur de présenter à V. M. les
« chefs de l'Hôtel Royal des Invalides, de cet
« asyle plein des souvenirs de votre auguste famille
« et dans lequel, depuis Louis XIV, les services
« rendus au roi et à la Patrie, trouvent leur plus
« honorable récompense.

« Les rois, vos prédécesseurs, comme V. M. le
« fait aujourd'hui, ont daigné s'assurer eux-
« mêmes, que leurs intentions bienfaisantes
« étaient remplies. Vos militaires invalides, sire,
« attendaient avec une vive impatience, le bonheur
« que V. M. daigne leur procurer.

« Le roi verra par la reconnaissance dont tout
« ce qui est ici est pénétré, le dévouement de ses
« vieux guerriers pour V. M. et les Bourbons.
« Ces sentimens transmis d'âge en âge, se sont
« accrus s'il est possible par les bienfaits du roi
« et vont se fortifier par la présence de l'auguste
« protecteur des vétérans de l'armée ».

Le roi a paru sensible aux sentimens qui lui

ont été exprimés et, avec sa bonté accoutumée, S. M. a daigné rendre les clefs à M. le marquis de Latour-Maubourg.

Reçu au bruit des plus vives acclamations, le roi s'est rendu dans la cour royale, en passant devant le front des deux lignes de tous les militaires invalides, qui y étaient rassemblés. Arrivée devant les marches de l'église, S. M. s'est arrêtée pour recevoir les hommages du clergé, ceux des sœurs de la charité et, toujours attentive à distinguer leur noble dévouement, elle a daigné adresser des paroles pleines de bienveillance à leur vénérable supérieure.

Le roi a ensuite pris la parole, et d'une voix qui retentira longtemps dans le cœur des vétérans de l'armée, S. M. leur a dit :

« Militaires invalides, mes braves camarades,
« je suis invalide aussi, et si j'en ai quelque re-
« gret aujourd'hui c'est de ne pas mieux vous
« voir, c'est de ne pouvoir passer dans vos rangs ;
« mais je n'en éprouve pas moins un vrai plaisir
« à me trouver au milieu de vous ».

L'accent si énergique et si français que le roi a mis à prononcer ces paroles, ont fait naître des cris unanimes d'enthousiasme et d'amour.

On a ensuite apporté du pain et du bouillon, dont le roi a bien voulu goûter.

S. M. craignant que le vin qu'on lui apportait ne fut du vin des officiers, a positivement insisté pour qu'on lui donnât du vin des soldats, et elle a daigné boire à leur santé. Cet insigne honneur a été reçu aux cris mille fois répétés de vive le roi! vive les Bourbons! dignes descendans de l'illustre fondateur de ce magnifique établissement! Le roi a montré combien le bien être des soldats occupait sa pensée.

Avec la permission du roi, et au nom de tous les militaires invalides, le gouverneur y a répondu en buvant à la santé de S. M. et de son auguste famille et l'enthousiasme a redoublé.

La manière toute paternelle dont le roi s'est informé des vœux et des besoins des invalides, la grâce qu'il a mise, en ajoutant au bonheur de sa présence, ont donné à son auguste visite le caractère d'une fête de famille. Déjà gravée pour jamais dans la mémoire des invalides, cette heureuse journée leur a rappelé plus vivement, que si c'est à Louis XIV qu'ils ont dû l'honorable repos dont ils jouissent, c'est à la sollicitude de Louis XVIII, qu'ils doivent l'état de prospérité et de grandeur, toujours plus remarquable de leur glorieux asyle.

A trois heures moins un quart, le roi s'est retiré ; de nouvelles acclamations l'ont suivi jusqu'aux portes de l'Hôtel.

Six salves d'artillerie ont annoncé l'arrivée et le départ de S. M.

Le roi, avant de quitter l'Hôtel, a bien voulu, sur la demande du gouverneur, accorder plusieurs décorations des Ordres de Saint-Louis et de la Légion-d'Honneur, a des militaires invalides et des fonctionnaires de l'administration recommandables par d'anciens services, des blessures graves, par leur zèle ou leur dévouement.

La visite du roi Louis XVIII fut bientôt suivie de l'inauguration de la nouvelle statue équestre de Louis XIV, sur la place des Victoires. Cette inauguration eut lieu le 25 août 1822. Cent cinquante invalides y assistèrent. C'était une justice. Leur attitude devant cette statue, montra qu'ils savaient apprécier la reconnaissance due par eux à leur bienfaiteur.

Un centenaire, nommé Huet fut appelé par la ville de Paris à cette inauguration. Il avait vu la fin du règne de Louis XIV et, disait-on, la première inauguration de la statue. Ce centenaire reçut, durant la cérémonie, la croix de la Légion-d'Honneur, et quelque temps après, comme il demanda à être reçu aux Invalides, on l'exempta de toutes formalités.

Plusieurs années se passèrent sans rien amener d'important à l'Hôtel, si ce n'est, de jour en jour, quelque vétéran des guerres passées. La campagne de 1825 laissa froids les cœurs des vieux soldats.

Ils donnèrent quelques regrets sincères au roi Louis XVIII dont le service funèbre fut célébré à Saint-Louis le 16 septembre 1824. Ils étaient reconnaissans envers ce prince de ce qu'il n'avait pas permis qu'ils fussent maltraités; ils le remercièrent aussi de leur avoir donné pour gouverneur et pour père Latour-Maubourg.

Aussitôt son avènement que des salves annoncèrent, le roi Charles X s'empresse de venir pour ainsi dire se faire reconnaître par les vétérans impériaux. Sa visite solennelle eut lieu le 19 octobre. Le dauphin accompagnait son père, Le marquis de Latour-Maubourg les assura du dévouement de la population invalide ; le roi repondit avec bonté ; il distribua des secours et des décorations. Chacun fut enchanté de son affabilité royale ; le dauphin s'entretint avec quelques soldats qu'il reconnut pour les avoir vus en Espagne.

Deux jours après, la duchesse de Berry vint à son tour. Elle entra dans les plus grands détails. Touchée de la malheureuse position de quelques veuves d'invalides, elle leur laissa quelques secours.

La question du monument de Quiberon était alors à l'ordre du jour; elle fut résolue dans le même mois pour l'Hôtel. Les Invalides firent entr'eux une souscription générale dont le fond dût être appliqué à l'érection de ce monument. Le marquis de Clermont-Tonnerre, dont nous avons signalé les actes législatifs ayant rapport à l'Hôtel, était ministre de la guerre depuis le 5 août 1824. Le maréchal-duc de Bellune, le général-vicomte Dijeon et le baron de Dumas l'avaient précédé, depuis l'entrée aux Invalides du marquis de Latour-Maubourg.

Le 17 mai 1825, cet excellent gouverneur reçut une visite remarquable au moins par son étrangeté.

Ayant entendu raconter les campagnes de la République et de l'Empire, Sidi-Mahmoud, envoyé extraordinaire de Tunis, voulut voir quelques uns des hommes qui avaient fait de si grandes choses.

On lui montra les invalides.

Quelques mois après la duchesse de Berry revint aussi parmi eux.

Laissons encore parler les registres officiels, c'est la meilleure manière de dire la vérité.

Visite à l'Hôtel de S. A. R. madame la duchesse de Berry et de S. A. R. le prince de Salerne.

Le samedi 30 juillet 1825, S. A. R. madame

la duchesse de Berry, accompagnée de son oncle le prince de Salerne, est venue visiter l'Hôtel Royal des Invalides.

Le prince et la princesse ont été reçus par LL. EE. le ministre de la guerre et M. le marquis Victor de la Tour-Maubourg, gouverneur de l'Hôtel. L'eau bénite leur a été présentée par le clergé qui les a conduits ensuite à l'autel ou l'on a chanté l'*Exaudiat*. Après avoir fait leurs prières. LL. AA. RR. se sont dirigées aussitôt vers l'église du dôme où le prince s'est plu à considérer les tombeaux de Turenne et de Vauban.

Madame, qui au mois d'octobre dernier avait déjà visité la lanterne du dôme a désiré que le prince y montât pour jouir à son tour de la vue admirable qu'offrent Paris et ses environs. Malgré la chaleur tous deux ont franchi avec courage la hauteur immense de l'édifice. Un grand nombre de dames et de fonctionnaires les ont suivis et ont été témoins du plaisir qu'ils ont pris à contempler le beau panaroma mouvant.

De là LL. AA. RR. ont parcouru successivement et examiné dans le plus grand détail la boulangerie, les greniers d'abondance, la lingerie, les salles de bains, les réfectoires, les dortoirs, les cuisines, la pharmacie et l'infirmerie; partout des acclamations se sont fait entendre sur leur passage; partout leur présence a causé de la joie et de l'attendrissement. Eh, comment en effet n'eût-on pas été attendri des paroles affectueuses qu'elles adressaient aux malades, des consolations qu'elles offraient aux uns, des espérances qu'elles donnaient aux autres, et en général des vœux qu'elles semblaient faire pour la guérison de tous. Le centenaire Prévost s'est trouvé comme curieux dans une des salles de l'infirmerie ; Madame et le prince se sont arrêtés devant ce vieux militaire âgé de 104 ans, et l'ont fait asseoir pour causer avec lui plus longtemps.

Le prince l'a interrogé sur son âge, son lieu de naissance, sur ses campagnes et sur le régime habituel de vie qui lui procure une si belle viellesse ; le centenaire quoique vivement ému a répondu à toutes ces questions avec une mémoire et une présence d'esprit admirables. Madame ne se lassait point d'attacher ses regards sur lui, et LL. AA. RR. ne l'ont quitté qu'en lui souhaitant encore de longs jours.

LL. AA. RR. ont terminé leur visite par la bibliothèque, par la salle du conseil où les portraits en pied des maréchaux de France décédés ont été l'objet de leur attention particulière, et enfin par les longues et vastes salles qui contiennent les plans en relief des principales forteresses de France. Ce spectacle a paru les intéresser beaucoup. Madame désignait elle-même au prince celles des places frontières qui avoisinent le plus l'Italie, et l'auguste voyageur en considérant avec surprise ce travail de tant d'années a souvent fait des remarques qui prouvaient l'étendue de ses connaissances dans l'art des fortifications.

Il était plus de cinq heures lorsque LL. AA. RR. sont remontées dans leur voiture et sans qu'elles parussent fatiguées de la longue promenade qu'elles venaient de faire.

Les cris de *vive le roi! vive Madame! vive les Bourbons!* les ont accompagnées à leur sortie, et elles ont pu entendre encore de loin, l'air si chéri des Français, *vive Henri IV!* que la musique de l'Hôtel a souvent répété pendant le cours de la visite.

Si la visite de madame la duchesse de Berry fut accueillie avec tant de bonheur aux Invalides, ils eurent bientôt l'occasion d'être édifiés par une seconde apparition royale.

Le clergé commençait alors à dominer dans les conseils de Charles X. Ceux qui entouraient le roi lui parlaient de l'impiété qui régnait à l'Hôtel. Ils chargeaient la conscience du roi des péchés de ses sujets.

Charles X consentit à se présenter en pénitent

sous les voûtes de Saint-Louis. C'était l'année du grand Jubilé.

Le procès-verbal de la visite contient des choses trop curieuses pour que nous les omettions. Il s'agit d'un miracle.

4 avril 1826, année du grand Jubilé.

Stations de S. M. Charles X et de la famille royale.

A midi et demi le roi accompagné de M. le dauphin et de madame la dauphine est parti des Tuileries pour visiter successivement les églises de Saint-Roch, de l'Assomption, de Saint-Philippe-du-Roule et des Invalides.

S. M. est arrivée à deux heures et demi à cette dernière. Tout était disposé à l'avance pour recevoir dignement le petit fils de l'immortel fondateur de ce magnifique et glorieux asyle. La haie était bordée depuis l'entrée de l'avenue de Tourville jusqu'à la porte du midi par des militaires invalides. M. le ministre de la guerre et M. le maréchal duc de Reggio avaient précédé S. M. et se sont réunis à M. le marquis de Latour-Maubourg, gouverneur de l'Hôtel, qui, à la tête de l'état-major et des principaux fonctionnaires, a eu l'honneur de recevoir le roi et LL. AA. RR. à leur descente de voiture. S. M. après avoir été complimentée par M. le curé et avoir reçu l'eau bénite et l'encens, est entré dans l'église où les prières d'usage ont été chantées. S. M. est sortie par la porte du nord et à trouvé tous les Invalides rangés en bataille dans la cour royale.

Après avoir promené quelque temps ses regards sur cette foule de guerriers mutilés qui ont élevé si haut la gloire du nom Français, le roi les a passés en revue. S. M. a parcouru lentement les rangs adressant à tous la parole avec la plus touchante bonté et a été constamment accueillie par les plus vives acclamations.

Des salves d'artillerie ont annoncé l'arrivée et le départ de S. M. qui est rentrée aux Tuileries à trois heures et demi,

Stations du roi à l'église des Invalides.

Après avoir visité les églises de Saint-Roch, de l'Assomption et de Saint-Philippe-du-Roule, le roi accompagné de monseigneur le dauphin et de madame la dauphine est arrivé à deux heures et demi à l'entrée méridionale de l'Hôtel des Invalides pour entrer de là à l'église du dôme et y faier sa quatrième station du Jubilé.

On avait pris toutes les dispositions pour recevoir dignement le petit fils du roi qui a fondé cet asyle à la valeur et à la gloire des armées françaises.

L'église du dôme ne s'ouvrant que pour la procession de la Fête-Dieu et pour le roi, selon l'usage on avait jeté un pont couvert de tapis sur le fossé en face de l'entrée méridionale. M. le comte de Clermont-Tonnerre, ministre de la guerre et M. le duc de Reggio, s'étaient réunis au digne gouverneur de l'Hôtel, M. le marquis de Latour-Maubourg, avec M. le comte de Lussac, général commandant, s'étaient mis à la tête de l'état-major et des principaux fonctionnaires entre le pont et le grand escalier du dôme pour recevoir le roi et LL. AA. RR.

Les officiers et les soldats invalides rangés dans la cour saluèrent S. M. à à son arrivée par les cris redoublés de *Vive le roi!*.

Au haut du grand escalier, M. le curé de l'Hôtel ayant présenté à S. M. l'eau bénite et l'encens, l'a complimenté, et le roi est monté processionnellement dans l'église du dôme. En s'avançant ravi comme s'il était venu pour la première fois visiter ce temple sacré, il dit plusieurs fois « que cela est beau ! que cela est grand ! que cela est magnifique ! » On lui fit observer que c'était à la piété d'un grand roi, son aïeul, que la religion doit ce chef-d'œuvre envié et admiré par les étrangers.

Le roi se plaça sur son prie-dieu, ayant à ses côtés le dauphin et la dauphine. Plus loin, à sa droite, se tenait monseigneur l'évêque d'Hermopolis et deux chapelains du roi.

Les officiers de l'Hôtel était assis sur des banquettes de chaque côté du fauteuil du roi.

Les prières étant finies, et M. le curé ayant donné sa bénédiction, le roi s'est rendu de l'église du dôme à travers l'église des Invalides, dans la cour royale, où il a passé en revue les militaires invalides qui y étaient rangés ayant leur chefs de division à leur tête.

S. M. daigna adresser la parole à plusieurs d'entr'eux, et monseigneur le dauphin reconnut plusieurs des braves qui sous sa conduite, ont fait la campagne d'Espagne.

La revue étant terminée le roi monta en voiture, aux cris répétés de *vive le roi !* et il sortit par la grille au nord de l'Hôtel.

A son entrée et à sa sortie, le roi fut salué par vingt-un coups de canon.

Les invalides sous les armes formaient la haie jusqu'à la fontaine.

La population des quartiers environnans rassemblée sur les promenades des Invalides, joignit ses vives acclamations pour saluer le roi à sa sortie.

La garde royale et les gardes-du-corps avaient fait le service dans les trois autres églises ; les militaires invalides eurent seuls l'honneur de garder le roi tant que S. M. fut dans l'enceinte de l'Hôtel.

Le clergé de l'église paroissiale qui, après une part si active à la bonne œuvre, est toujours occupé, soit à réconcilier les braves militaires invalides, soit à donner la bénédiction nuptiale à des mariages qui, par suite de la révolution n'avaient été contractés que par devant le magistrat civil, accompagna le roi.

En rapportant la visite que monsieur l'archevêque de Paris fit le 9 du mois de mars dernier aux militaires invalides, on a oublié une circonstance qui mérite d'être conservée.

Après avoir célébré la sainte messe et fait l'instruction, le prélat se rendit dans l'infirmerie dont il visita toutes les salles, adressant la parole à un grand nombre de malades.

Instruit qu'un d'entr'eux dont l'état donnait de l'inquiétude, ne s'était pas encore décidé à se réconcilier avec Dieu pour se préparer au passage de l'éternité.

Monseigneur l'archevêque s'approcha de son lit pour lui adresser une exhortation touchante, il ne le quitta qu'après que ce brave militaire lui eût donné la main et sa parole qu'il allait de suite se disposer chrétiennement, ce qu'il a fait avec beaucoup d'édification ; le ciel lui a déjà accordé une récompense temporelle : après avoir reçu les sacremens de l'église, il a repris peu à peu ses forces, il a quitté l'infirmerie parfaitement guéri.

A ce procès-verbal le suivant est pour ainsi dire annexé.

Avant-hier monseigneur le nonce du pape et monseigneur le légat, sont venus voir l'Hôtel Royal des Invalides.

En parcourant toutes les parties de cette grande maison, ils n'ont point oublié l'infirmerie dont ils ont visité toutes les salles.

Après avoir attentivement contemplé l'église du dôme, monseigneur le légat dit : « Jusqu'ici je « n'avais pris qu'une idée peu favorable des églises « de Paris, mais après avoir vu le dôme des Inva- « lides, je suis changé, je n'oublierai point l'im- « pression qu'à faite sur moi la vue de cet édifice « royal. »

Le jeune duc de Bordeaux dont l'artillerie de l'Hôtel avaient naguères prédit la royauté comme elle avait prédit celle du roi de Rome, suivit de près son grand père dans la maison royale.

On vint le montrer le 27 septembre de la même année, aux soldats de Wagram et d'Eylau.

Là s'arrêtèrent les visites royales ou princières.

Elles ne recommencèrent qu'en juin 1830. Alors vint le roi de Naples. Les fêtes qui l'accueillirent furent célébrées comme on l'a dit sur un volcan. Elles annoncèrent la catastrophe pour les uns, la révolution du grand mois de juillet pour les autres.

De 1826 à 1830, deux dépôts remarquables avaient été confiés aux caveaux de l'Hôtel.

Le premier fut celui du cœur du héros de l'expédition d'Egypte, du cœur de Kléber. Le marquis de Latour-Maubourg qui avait été aide-de-camp de ce grand homme, accueillit avec enthousiasme, sa relique dernière. Ce fut Madame Dumas, veuve du lieutenant-général de ce nom qui la lui remit le 11 juillet 1829.

Nulle fête ne célébra d'ailleurs ce dépôt.

Le second fut celui des cendres du maréchal Gouvion Saint-Cyr. Elles furent inhumées le 5 avril 1830.

Le comte de Bourmont successeur du vicomte Decaux, était ministre de la guerre depuis 1829.

Enfin, depuis 1815 jusqu'à 1830, outre les vétérans des combats que nous avons nommés, la maison royale et la succursale d'Avignon avaient ouvert leurs portes à un certain nombre de pensionnaires provenant de guerres nouvelles dont voici le tableau, continuation de celui qui a déjà été donné.

1823. Guerre d'Espagne. — Passage de la Bidassoa, Oudinot-Molitor ; combat de Saint-Sébastien, 9 avril, Bourke ; combat de Talavera, 27 mai, Vallin ; combat de Sagonte, 15 juin, Molitor ; prise de la Corogne, 17 juillet, Bourke ; capitulation de Ballasteros, 4 août, Molitor ; prise de Santona, 11 septembre, Schaffer ; prise de Pampelune, 17 septembre, Lauriston ; prise de Saint-Sébastien, 28 septembre, Ricard ; capitulation de Barcelonne Tarragone, 2 novembre, Moncey.

1827. Guerre de Turquie. — Navarin, Hostalrich, 20 octobre, de Rigny.

1828. Débarquement en Morée, 30 août, Maison ; prise de Navarin, 6 août, Maison ; prise de Modon et Coron, 7 et 9 octobre, Maison ; prise du château de Morée, 31 octobre, Schneider.

La guerre d'Alger ne commença comme on sait, que le 14 juin 1830, par le débarquement sur la côte d'Alger.

Les invalides furent reçus sous le gouvernement qui succéda.

CHAPITRE VI.

LES INVALIDES DEPUIS 1830 JUSQU'EN 1845.

SOMMAIRE. — La révolution de juillet est accueillie aux Invalides, comme partout ailleurs. — Le maréchal Jourdan remplace le marquis de Latour-Maubourg démissionnaire. — Vie militaire de Jourdan. — Dépôt à l'Hôtel des drapeaux pris par les troupes françaises à la conquête d'Alger. — Le lieutenant-général baron Fririon commandant de l'Hôtel. — Moncey gouverneur des Invalides. — Analyse rapide de la vie militaire de cet illustre maréchal. — Evènemens de son gouvernement. — Visite du duc et de la duchesse d'Orléans aux Invalides. — Cérémonie funèbre en l'honneur du lieutenant-général Damrémont. — Le général Petit succède au général Fririon. — Esquisse de sa vie militaire. — Translation à l'Hôtel des cendres de l'empereur. — Mort du maréchal Moncey. — Le général Petit gouverne l'Hôtel par intérim. — Le duc de Reggio succède au maréchal Moncey. — Aperçu de la vie militaire de l'illustre maréchal OUDINOT. — Evènemens de son gouvernement. — Avenir de l'Hôtel.

La révolution de juillet se fit aux Invalides comme partout, sans désordre, sans commotion. Accoutumés à l'obéissance militaire et à la soumission aux lois du pays, les vétérans de la France assistèrent à cet évènement politique, avec les sentimens qu'on devait attendre d'hommes qui ont usé leur existence au service de la Patrie et qui acceptent comme un bienfait toutes les innovations sociales ou politiques, qui peuvent contribuer à la prospérité et à la gloire de cette nation qu'ils ont élevée si haut dans l'estime des peuples.

La plupart des militaires faisant partie de l'Hôtel en 1830, n'avaient connu d'autre drapeau que le drapeau tricolore, ce ne fut donc pas sans une profonde émotion qu'ils le virent flotter sur leur tête ; aussi leur adhésion au gouvernement nouveau, fut entière, absolue, spontanée même. Toutefois les militaires invalides ne pouvaient oublier, en cet instant solennel, que le royal fondateur de leur glorieuse institution, était membre de cette dynastie dont on venait de prononcer la déchéance, et si leur soumission fut prompte et loyale elle fut empreinte du sentiment de dignité et de noblesse, qui convenait à des hommes de leur âge et de leur caractère.

Les invalides de la succursale d'Avignon, suivirent l'exemple de la métropole. M. le maréchal-de-camp de Villelume commandant cet établissement, écrivait le 21 août au gouverneur, que, conformément à l'ordonnance signée le 1er août par S. A. R. le duc d'Orléans, lieutenant-général du royaume, les militaires invalides de la succursale, avaient arboré le drapeau et les couleurs nationales, en même temps que la ville et la garnison, et que la tranquillité n'avait pas été troublée un seul instant dans cet établissement.

A l'intérieur de l'hôtel de Paris, comme dans celui d'Avignon, l'ordre le plus parfait n'avait pas cessé de régner, mais on n'y avait pas été sans inquiétude sur les dispositions qui s'étaient révélées à l'extérieur. Des avis multipliés avaient prévenu le gouverneur qu'il serait attaqué le 28 juillet au soir, et tout semblait confirmer l'exactitude de ces renseignemens. En effet, un poste d'infanterie de ligne venait d'être désarmé sur le boulevart des Invalides, au bout du terrain qu'occupe l'Hôtel; un autre poste avait été enlevé, dans le même moment, au Gros-Caillou, et il s'était engagé une fusillade très-vive entre le peuple et les suisses de la garde, placés à la Ferme des Tabacs.

L'apparition des troupes du général St-Chamons qui vint stationner environ une heure et demie sur l'esplanade, put seule empêcher le peuple de se porter à l'Hôtel.

La nuit du 28 au 29 ne fut signalée par aucun évènement remarquable; on y faisait bonne garde, tous les postes avaient été doublés, quatre-vingts militaires invalides armés d'autant de fusils, les seules armes à feu qui se trouvaient dans l'Hôtel, étaient formés en piquet et prêts à se porter partout où leur présence serait nécessaire ; ils étaient en outre secondés par les élèves de l'École d'application du corps royal d'état-major, que le général d'Hautpoul commandait et qu'il s'était empressé d'offrir à M. le marquis de Latour-Maubourg, pour défendre l'Hôtel, dans le cas où il serait attaqué.

Ces précautions furent inutiles ; les militaires invalides ne devaient rien avoir à craindre d'un peuple qui s'était soulevé pour faire respecter les lois méconnues et qui inscrivait sur son drapeau : *Liberté, Ordre public*. Tout ce que la révolution demandait, c'était que l'Hôtel arborât immédiatement les couleurs nationales. Le drapeau tricolore fut inauguré le 29 juillet, vers les quatre heures de l'après-midi ; dès cet instant personne ne songea à violer l'asyle des vieux défenseurs de la Patrie ; ils continuèrent à se reposer à l'abri de leur gloire.

En effet, une révolution qui s'accomplissait au milieu d'un peuple, le plus généreux de la terre, au nom d'un principe destiné à consacrer le droit commun et à le présenter comme un symbole aux nations jalouses de leur indépendance, cette révolution, répétons-le, devait honorer, respecter le séjour du guerrier blessé en combattant pour les mêmes principes, ce qu'elle fit. Ce n'est pas tout, il entrera dans les destinées de ce gouvernement qui vient à peine de naître, de placer l'Institution des Invalides à une hauteur qui l'étonnera elle-même. Mais n'anticipons pas sur les évènemens.

M. le marquis de Latour-Maubourg que tant de titres rattachaient au gouvernement de Charles X, ne crut pas devoir conserver ses fonctions de gouverneur de l'Hôtel Royal des Invalides ; il fut remplacé par M. le maréchal Jourdan. Une aussi haute illustration militaire placée à la tête des Invalides, attestait l'importance que le gouvernement nouveau attachait à leur Institution ; elle contribua puissamment à lui conquérir toutes leurs sympathies.

D'un autre côté, M. le maréchal Soult, ministre de la guerre, ne tarda pas à prendre toutes les mesures nécessaires pour assurer aux Invalides les privilèges dont ils avaient joui sous les gouvernemens précédens. Tout concourut ainsi à préparer une transition, à assurer un avenir auquel la rapidité des évènemens accomplis, n'avaient pas permis de songer.

La vie militaire du nouveau gouverneur est l'une des plus brillantes de la République et de l'Empire ; le cadre dans lequel nous sommes obligés de nous renfermer ne nous permet pas de l'examiner avec tous les développemens quelle comporterait, essayons toutefois d'en esquisser les traits les plus saillans.

Né le 29 avril 1762, à Limoges (Haute-Vienne), Jourdan (Jean-Baptiste), s'engagea à l'âge de 16 ans, dans Auxerrois-Infanterie et fit ses premières armes dans la guerre d'Amérique. L'indépendance des États-Unis ayant été reconnue, il rentra dans sa famille, et il ne reprit du service qu'en 1783. Réformé pour cause de santé le 26 juin de l'année suivante, il resta au milieu de ses compatriotes, jusqu'au 9 octobre 1791, époque où il fut élu chef du 2ᵉ bataillon de la Haute-Vienne. Le courage, l'intrépidité de Jourdan le signalèrent bientôt à l'opinion publique et personne ne fut surpris de le voir, dans l'espace de deux ans, promu aux grades de général de brigade et de division.

Nommé, quelques mois après, général en chef de l'armée des Ardennes, Jourdan soutint dans sa haute position, sa réputation de bravoure et d'habileté, et ses succès quoique rapides n'étonnèrent personne. A l'armée du Nord, il gagna, les 25 et 26 vendémiaire an II, la bataille de Watignies près Maubeuge. Promu le 9 mai 1794 au commandement en chef de l'armée de la Moselle, les avantages importans qu'il obtint à Arlon et à Dinan, lui valurent le commandement de l'armée des Ardennes et celui d'une partie de l'armée du Nord.

Jourdan se voyait, à cette époque, à la tête de 70,000 hommes; impatient de justifier la confiance dont il était l'objet, il passe la Sambre le 12 juin, investit Charleroi le 25, attaque le 26 l'armée de Cobourg forte de 100,000 hommes ; trois fois ses troupes sont repoussées par des forces supérieures, trois fois il les ramène au combat, et après douze heures d'efforts surhumains, il est proclamé vainqueur sur le champ de bataille.

La Convention Nationale décrète que Jourdan et ses soldats ont bien mérité de la Patrie, et les événemens suivans justifient le décret des Représentans de la Nation.

Le 12 juillet, le vainqueur de Fleurus poursuit ses succès à Mons, à Namur, à Bruxelles et à Lièges. Il accule les Autrichiens sous les murs de Maëstrich, prend Lendrecies, le Quesnoy, Valenciennes, Condé, et culbute toutes les troupes qui défendent le passage de la Chartreuse, où il enlève cinq drapeaux à l'ennemi après lui avoir fait 3,000 prisonniers.

Jourdan que rien n'arrête, fait passer dans l'âme de ses soldats l'ardeur qui l'anime, il repousse 80,000 Autrichiens au passage de la Roër, prend Julliers et s'empare de Maëstrich où l'ennemi est forcé de laisser 200 pièces d'artillerie.

La France entière applaudit à tant de succès, le gouvernement lui confirme de nouveau par acclamation son commandement de l'armée de Sambre-et-Meuse, et Jourdan lui en témoigne sa reconnaissance en attaquant le 7 septembre la ville de Dusseldorff où il enlève 168 pièces de canon.

La victoire qui a, pour ainsi dire, précédé jusqu'ici la marche de cette armée, va se montrer un instant infidèle ; le concours de Pichegru sur lequel Jourdan se reposait, lui manque au moment où seul il ne peut faire face à ses ennemis, il est obligé de faire repasser le Rhin à ses troupes ; ce revers momentané offre à Jourdan l'occasion de signaler sa capacité sur un nouveau terrain, et sa retraite lui attire les éloges publics de Carnot qui ne peut s'empêcher de le proclamer comme un chef-d'œuvre de tactique et d'habileté.

Reprenant bientôt l'offensive, le vainqueur de Fleurus passe la Sieg, chasse les Autrichiens de leur formidable position d'Ukerath et les écrase à Altenkirchen.

Tant de combats, tant de luttes, tant de fatigues n'avaient pu épuiser le courage de Jourdan, mais elles lui avaient rendu le repos nécessaire et il vint recueillir dans sa ville natale le fruit de ses travaux et de ses victoires, mais il n'entrait pas dans ses destinées de rentrer si vite dans la vie privée.

Fiers de donner au volontaire de la guerre de l'indépendance un témoignage d'estime, les compatriotes de Jourdan le chargèrent en 1796, de les représenter au Conseil des Cinq-Cents. Un jugement profond, des connaissances étendues, une aptitude remarquable pour les travaux législatifs, fixèrent bientôt sur Jourdan les regars de ses collègues, et il fut nommé deux fois président de cette célèbre assemblée dont il ne se sépara que pour prendre en 1798, le commandement en chef de l'armée du Danube.

L'ancien commandant en chef de l'armée des Ardennes déploya dans cette campagne tout ce que le génie, l'audace et la bravoure sont capables de faire inventer; jamais il ne fit preuve de plus de capacité, rarement il avait été plus heureux que dans cette expédition, et cependant malgré ses efforts et l'habileté de ses manœuvres dont la victoire de Stokok fut le résultat, il fut remplacé le 3 avril dans son commandement par Masséna.

Appelé encore une fois au Conseil des Cinq-Cents par le vœu de ses compatriotes, Jourdan manifesta publiquement ses craintes contre les entreprises de Bonaparte; il s'opposa avec énergie aux prétentions que le héros du 18 brumaire ne prenait plus la peine de dissimuler, et son opposition lui valut une disgrâce dont on chercha à le consoler en le nommant quelques mois après ambassadeur en Piémont.

Toujours empressé de donner à Jourdan un nouveau témoignage d'estime et de confiance, son département l'élut en 1802, candidat au Sénat-Conservateur, c'était faire connaître à Napoléon que le concours de Jourdan était capable de lui rallier de nombreuses sympathies; il le sentit et il chercha à se l'attacher d'une manière indissoluble, en le comprenant dans la fameuse promotion des maréchaux de France qui inaugura définitivement, en 1804, le commencement du règne impérial.

L'Empereur à qui rien ne semblait impossible dans ce moment de sa toute-puissance, venait de placer son frère Joseph sur le trône de Naples, Jourdan suivit le nouveau souverain dans ses États. Nommé gouverneur de sa capitale, il ne quitta ce gouvernement que pour accompagner, en qualité de major-général, le roi de Naples qui avait été chargé par l'Empereur d'aller présider aux destinées de l'Espagne.

On sait tout ce que cette mission devait rencontrer de peines et de difficultés insurmontables vis-à-vis d'un peuple qui est peut-être le seul au monde dont on puisse dire que s'il a été souvent battu, il n'a jamais été vaincu.

Trompé par son génie dans cette circonstance,

l'Empereur attribua à la conduite de ses généraux des évènemens qu'il fallait attribuer aux choses, il destitua Jourdan. Cette disgrâce était loin d'être méritée, aussi l'opinion publique et, plus tard, les faits en dédommagèrent amplement la victime.

Le prestige attaché jusque là aux armes de Naléon, perdit considérablement de son éclat dans cette déplorable expédition. L'homme qui était entré en vainqueur dans presque toutes les capitales de l'Europe, recula devant l'héroïque résistance d'un peuple qui se bat pour sa nationalité et son indépendance. Moscou, Waterloo ayant achevé la ruine de l'Empereur, Jourdan fut un des premiers à adhérer à sa déchéance.

Nommé en 1816 gouverneur de la 1ère division militaire et, quelque temps après, commissaire provisoire au département des affaires étrangères, il fit preuve dans ces diverses fonctions du zèle et de la capacité qui l'avaient toujours distingué. Le roi Louis XVIII, en l'élevant, le 7 mars 1819 à la dignité de pair de France, couronnait sa carrière par la plus noble des récompenses à laquelle l'homme puisse aspirer, et Jourdan montra encore dans cette circonstance, qu'il était digne de tous les honneurs qui lui étaient accordés. En effet, à la chambre des pairs comme dans l'Assemblée des Cinqs-Cents, il prit part aux discussions les plus remarquables, et, soit qu'il discutât à la tribune ou dans le sein des commissions, toujours il se montra l'ami dévoué de son pays et le partisan des institutions nationales.

Surpris comme un grand nombre de ses collègues par les évènemens de 1830, le maréchal Jourdan vit dans l'élévation de la branche cadette des Bourbons, une nouvelle source de grandeur pour la France ; il donna au nouveau gouvernement son adhésion franche et spontanée, et il en fut récompensé par sa nomination au gouvernement des Invalides.

Le maréchal Jourdan ne fit pour ainsi dire que passer dans ce dernier poste, et il y termina sa carrière si glorieusement parcourue, le 23 novembre 1833, à l'âge de 74 ans.

Ses restes mortels reposent aujourd'hui au milieu de cette longue liste de gouverneurs dont la haute position sociale et les vertus guerrières ont contribué si puissamment à placer l'Institution des Invalides au rang qu'elle occupe dans l'opinion publique.

L'épitaphe qu'on lit sur la tombe de cet illustre gouverneur, et qui le représente comme un bon Français, un bon soldat, et un excellent père de famille, est trop modeste pour un héros qui a rendu des services si importans à son pays. Commandant en chef de presque toutes les armées républicaines, la France entière a applaudi à ses triomphes, plusieurs fois ses représentans lui ont voté par acclamation les remerciemens unanimes du pays.

Il nous reste maintenant à analyser les évènemens remarquables qui se sont passés aux Invalides sous le gouvernement de l'homme célèbre dont nous venons d'esquisser la vie militaire.

La Restauration, en léguant à la France la conquête d'Alger, léguait aux Invalides de nouveaux lauriers, de nouveaux trophées à conserver. Le premier dépôt en fut fait à l'Hôtel, le 16 septembre 1830, avec l'éclat attaché à ces sortes de réceptions. Ces drapeaux provenant de la prise d'Alger par l'armée française, sont au nombre de 71, dont 8 étendards ou queues de cheval.

Absorbé par les évènemens de son règne, Louis-Philippe Ier, roi des Français, n'honora les Invalides de sa première visite royale que le 11 octobre 1830.

Un assez grand nombre de militaires faisant alors partie de l'Hôtel avaient combattu sous ses ordres à Jemmapes et à Valmy ; pressentant les heureux effets de sa présence au milieu d'eux, ils attendaient avec impatience la visite qui leur était annoncée. Leurs espérances ne furent pas déçues. Le roi ne parut à l'Hôtel que pour réparer des oublis et distribuer aux anciens défenseurs du pays de nobles récompenses. S. M. fut affable, populaire, elle se fit rendre compte dans les plus petits détails des divers services de l'intérieur de l'Hôtel; elle accueillit toutes les réclamations; elle prit en un mot possession du cœur de nos vieux braves.

La visite du roi à l'Hôtel ayant été marquée par la distribution de douze décorations, on y salua franchement l'aurore d'un règne qui s'annonçait le protecteur des intérêts particuliers en même temps que celui des droits nationaux.

Quelques esprits chagrins et malveillans, cherchaient cependant à insinuer à la populations de quelques-uns des faubourgs de Paris, que la révolution de juillet avait été vue d'un mauvais œil aux Invalides, et ces rumeurs prirent une certaine consistance en février 1831.

L'orage toutefois ne pouvait pas être sérieux. La conservation des fleurs de lys que le bon sens du peuple de juillet lui avait fait respecter, excitait, à la vérité, quelques récriminations de la part du faubourg Saint-Antoine, mais lorsque cette population apprit que M. le maréchal Jourdan, après en avoir obtenu l'autorisation du ministre de la guerre, avait supprimé ces emblêmes dans les endroits les plus apparens de l'Hôtel, on n'entendit plus ni plainte, ni menace.

En effet, le peuple de 1830 ne pouvait pas ignorer que l'Hôtel Royal des Invalides, avait été protégé par le peuple de 93, et qu'à toutes les époques, sous tous les gouvernemens, le séjour du guerrier blessé au service de son pays, la demeure du vieux soldat, avait toujours été regardé comme un asyle inviolable et sacré, comme un sanctuaire impénétrable. Les étrangers eux-mêmes, lors de l'invasion de 1814, respectèrent l'Hôtel Royal des Invalides.

Les patriotes italiens excités par l'exemple de la France, se soulevèrent contre ce qu'ils appelaient le joug de fer de l'Autriche, mais leurs efforts furent stériles, et l'un des plus célèbres d'entre eux, le malheureux Menotti expirait à Modène.

Les réfugiés étrangers voulant honorer dignement sa mémoire, demandèrent au maréchal Jourdan, que l'ancien temple de Mars fût mis à leur disposition; le général Lafayette se rendit leur interprète auprès du gouverneur qui dut en référer au ministre de la guerre. Cette autorisation fut refusée.

Quelque temps après, M. le lieutenant-général Dalerme, commandant de l'Hôtel, y termina sa carrière ; sa mort eut lieu le 13 avril 1832.

L'esprit de justice et de bienveillance qui présidait à tous ses actes, le faisait aimer des vieux soldats. Quoiqu'il fût ferme et parfois un peu sévère, jamais on n'entendit s'élever la plus légère improbation contre son commandement, et le souvenir de cet officier-général est encore présent à l'esprit d'un grand nombre.

Le lieutenant-général baron Fririon le remplaça dans ce commandement. La vie militaire de cet officier-général, l'un des plus braves et des plus distingués de l'ancienne armée, mérite d'être connue; nous essaierons donc d'en citer les passages les plus remarquables.

Entré au service dès l'âge de seize ans, Fririon gagna la plupart de ses grades sur les champs de bataille, et l'avancement qu'il obtint fut presque toujours le résultat d'un trait de courage ou d'une action d'éclat. Imbu au plus haut degré des principes d'émancipation politique, qui dominaient alors son époque, Fririon se faisait remarquer entre tous ses compagnons d'armes, par l'amour le plus vif de la gloire de son pays, et de son indépendance. Ces sentimens étaient partagés par la plupart des membres de toute sa famille; le nombre des défenseurs qu'elle a donnés à la France, mérite une mention particulière, il lui donne des droits incontestables à la reconnaissance du pays; on lit en effet, dans le *Dictionnaire Historique* des généraux français, que la famille Fririon a compté presque simultanément sous les drapeaux, dix de ses membres, dont cinq, tous officiers, ont été tués au champ-d'honneur. Dans ce nombre, nous n'avons pas compris le fils de l'officier-général dont nous esquissons la vie, qui est chef de bataillon dans le quatrième régiment d'infanterie légère, et qui suit avec distinction la carrière des armes si brillamment parcourue par ses ancêtres.

Nommé adjudant-général de brigade, le 9 mars 1797, Fririon mérita les éloges du Directoire Exécutif, par la bravoure éclatante qu'il déploya sous les ordres du général Lorges, à la prise de Sion. Le 7 juillet 1800, il fut promu au grade de général de brigade. Cette nomination était la plus noble récompense que pouvait ambitionner Fririon, et tout le monde s'accorda à reconnaître qu'elle était bien placée. Le commandement de Saltzbourg et des pays voisins, lui ayant été confié pendant l'armistice qui précéda la paix de Lunéville, le général Fririon trouva dans ce nouveau poste, l'occasion de révéler au gouvernement l'étendue de ses connaissances administratives. La manière dont il s'acquitta de ces fonctions, lui valut le commandement du Bas Rhin, qu'il exerça à partir du 6 octobre 1802, jusqu'au 15 juin 1804, et quelque temps après le titre de chef d'état-major-général de l'armée, aux ordres du prince Eugène, vice-roi d'Italie.

Il prit, en 1806, le commandement d'une brigade de la division Boudet, formée à Véronne; il se distingua au siège de Tralsund, et à la prise de l'île de Ruger dont il se rendit maître avec neuf cents hommes, bien que cette île fût protégée par un fort armé de quatorze pièces de canon, défendue par six cent cinquante Suédois et un grand nombre d'habitans de l'île, montés sur des chaloupes canonnières.

Le général Fririon ayant été nommé au grade de lieutenant-général, occupa successivement plusieurs commandemens importans dans l'intérieur du royaume pendant les dernières années de l'Empire et sous la Restauration, et ce fut en cette qualité qu'il termina aux Invalides sa longue et brillante carrière militaire.

Les discussions qui s'élevèrent sous son commandement dans l'intérieur de cet établissement, sont trop récentes pour que nous puissions nous permettre de les juger ici; nous laisserons cette tâche à ceux qui pourraient être tentés de nous suivre dans la carrière que nous avons ouverte, nous nous contenterons donc d'en toucher un mot lorsque nous serons arrivés à l'analyse des évènemens qui ont signalé le gouvernement de M. le maréchal Moncey duc de Conégliano.

Le 10 août 1832, l'Hôtel Royal des Invalides fut honoré de la visite de Marie-Amélie, reine des Français. S. M. fidèle aux habitudes de toute sa vie, ne passa à l'Hôtel que pour y imprimer le souvenir de ses vertus. Quelques officiers invalides s'étant mis dans le cas d'être renvoyés, elle intercéda pour eux, et les coupables justifièrent par leur conduite la faveur dont ils furent l'objet.

Le maréchal Jourdan dont la santé s'altérait de jour en jour, ne survécut que d'un an à cette visite royale ; il mourut le 23 novembre 1833.

L'Hôtel Royal des Invalides fut pendant quelque temps privé de gouverneur et il fut question en ce moment de supprimer définitivement cette haute dignité. Cette mesure devait, disait-on, compléter les réformes et les économies que 1830 avait déjà opérées dans le personnel de cet établissement. On pensait qu'un général-commandant, suffirait pour représenter la majesté de cette institution et cette opinion trouva de l'écho dans le sein de la chambre des députés ainsi que nous en avons rendu compte ; il ne fallut pas moins de toute l'énergie du gouvernement pour empêcher l'adoption d'une mesure qui eût été plus fatale à l'Hôtel Royal des Invalides, que ne l'avaient été pour elle, les orages de la première révolution.

L'opinion publique traduite à la chambre des députés, dans les mémorables discours qui furent prononcés dans la séance du 21 avril 1834 par MM. Liadières, Joubert et Dupin aîné, (président) triompha de cette nouvelle levée de boucliers.

L'illustre maréchal Moncey, duc de Conégliano, fut non seulement confirmé à la tête du gouvernement des Invalides que le roi venait de lui confier, il fut encore reconnu que l'Hôtel Royal des Invalides était la première des institutions nationales de la France et qu'elle devait être maintenue pour l'honneur du pays, dans cet état de prestige et de grandeur dont elle n'a cessé d'être environnée depuis sa création.

Le maréchal Moncey prit donc possession de l'Hôtel Royal des Invalides, et c'est sous son gouvernement que nous allons voir cet établissement arriver à cet apogée qui doit désormais garantir sa durée contre toutes les évantualités de l'avenir.

Moncey a été quelquefois comparé à Turenne. L'ensemble de la vie du duc de Conégliano révèle, en effet, la plupart des qualités et des vertus que l'on admire dans Turenne. Comme lui, Moncey est plein de modération, de sagesse, de fermeté, comme lui, Moncey est surtout digne de commander aux autres parcequ'il sait se commander à lui-même ; mais ce qui rapproche le plus le vainqueur des Dunes, du héros dont nous nous proposons d'analyser la vie militaire, c'est que s'ils surent, tous les deux se rendre illustres par la voie des armes, ils se rendirent non moins célèbres par la pratique des vertus sociales qui rehaussent le plus la gloire militaire, telles que la modération, la probité, la justice et un désintéressement sans exemple.

Volontaire au régiment de Champagne (infanterie) en 1768, le jeune Moncey prit et reprit deux fois du service, sans être bien décidé à suivre ou à renoncer définitivement à cette carrière.

Arraché enfin pour la troisième fois aux études par lesquelles son père cherchait à lui ouvrir la clef du Parlement, il s'engagea le 18 avril 1774, en qualité de gendarme dans la compagnie des Anglais. Après quatre ans de services consécutifs dans cette arme, il fut nommé sous-lieutenant dans les volontaires de Nassau-Siégen, régiment de dragons.

Lieutenant en second en 1782, lieutenant en premier dans le même régiment en 1785, il fut nommé capitaine en 1788 et chef de bataillon, le 1er avril 1791. Attaché, depuis cette époque à l'armée des Pyrénées-Orientales, son courage, son esprit républicain, sa belle tenue, le signalèrent bientôt au commandant en chef comme l'un des officiers supérieurs les plus distingués de son corps-d'armée, il fut en conséquence nommé le 18 février 1794 général de brigade, par le représentant près l'armée des Pyrénées-Occidentales.

Promu le 9 juin de la même année au grade de générale de division, il justifia la rapidité de son avancement par les victoires suivantes qu'il remporta successivement sur les ennemis de son pays.

Le 22 messidor an 2, Moncey enlève de vive force le camp de Besclaritz. Les 9, 10, et 12 thermidor de la même année il s'empare à la baïonnette des retranchemens de l'ennemi dans la vallée de Bastan. Le 14 thermidor, il se rend maître de Fontarabie; deux jours après, il pénètre dans la ville et la citadelle de Saint-Sébastien, défendues par deux cents bouches à feu qui tombent en son pouvoir. Le 26 vendémiaire an 3, à la bataille de Villanova, il enlève les fonderies d'Egui et d'Orbayette, évaluées à 32,000,000. Le 26 messidor de la même année, il s'empare de Bilbao et de Vittoria; il ordonne enfin une attaque générale sur toute la ligne; l'ennemi forcé dans toutes ses positions, abandonne la Biscaye, se retire derrière l'Ebre et accepte la paix.

Ces évènemens qui, par l'importance de leurs résultats et l'habileté avec laquelle ils furent conduits, suffiraient à l'illustration d'une longue carrière militaire, Moncey les accomplit dans le courant d'une année.

A partir de cette époque, le commandant en chef des Pyrénées-Orientales, exerça presque toujours des commandemens à l'intérieur. On le retrouve cependant encore en 1799, général en chef de l'armée du Rhin, où il seconde puissamment les efforts de Moreau qui le voit avec peine passer à l'armée d'Italie. Mais Bonaparte avait rêvé le triomphe de la nature et des élémens, il avait compté sur Moncey pour lui faciliter sa marche à travers les Alpes, et le 22 mai de l'année 1800, le corps d'armée de son digne lieutenant, après avoir franchi avec des difficultés inouïes, le Simplon et le Saint-Gothard, prenait position sur un point de l'Italie qui n'avait pu être occupé une première fois que par les troupes d'Annibal et ne pouvait l'être, une seconde fois, que par celles de Bonaparte.

Nommé, le 5 décembre 1801, inspecteur-général de toute la gendarmerie de France, Moncey éleva cette arme jusqu'à une sorte de magistrature ; les immenses services qu'elle a rendus et qu'elle rend tous les jours, sont en partie dus à l'admirable organisation qu'il lui donna.

Elevé le 19 mai 1804, à la dignité de maréchal d'Empire, Moncey se montra dans toutes les occasions, digne des hautes fonctions inhérentes à la première dignité de l'armée. L'empereur compta toujours Moncey au nombre des maréchaux qui lui furent le plus sincèrement attachés. Il reçut les témoignages nombreux de sa loyauté pendant tout le temps que dura la brillante fortune de l'Empire, et l'orsque les désastres de 1814 survinrent, Moncey sut prouver à l'empereur par sa belle défense de Paris, qu'il n'avait pas tenu à lui de s'ensevelir sous les ruines de la gloire impériale.

Dégagé de ses sermens par l'abdication de Fontainebleau, le duc de Conégliano pensa que l'intérêt de la France devait se rallier au drapeau des Bourbons; il vint en conséquence se mettre à la disposition du gouvernement provisoire, ainsi que tout le corps de la gendarmerie.

Louis XVIII, comprenant toute l'importance d'une pareille acquisition, ne négligea rien pour se l'attacher; non-seulement il le confirma dans tous ses titres, il le nomma encore ministre d'état.

Dévoué à son pays, esclave de sa parole et de sa conscience, Moncey n'était pas de ces hommes qui savent se plier à toutes les exigences des positions diverses où la fortune les place; il en donna une preuve à Louis XVIII lorsque ce monarque, poussé à la violence par les exigences de l'étranger, appela le duc de Conégliano pour présider, en qualité de doyen des maréchaux de France, le tribunal militaire qui devait juger l'infortuné prince de la Moskowa.

Ney que Berryer n'avait pu arracher à la vindicte des ennemis de la France, trouva un noble défenseur dans le généreux courage de son frère d'armes ; nous n'hésitons pas à le dire, si une puissance au monde eût été capable d'empêcher la catastrophe qui priva l'armée et le pays de l'une de ses plus grandes gloires, le prince de la Moskowa eût été sauvé par le maréchal Moncey. Nous ne sachons pas qu'il existe dans la vie du duc de Conégliano un évènement qui lui ait fait plus d'honneur que la mémorable lettre qu'il adressa à cette occasion à Louis XVIII, nous la citons textuellement :

« Sire,

« Placé dans la cruelle alternative de désobéir
« au roi ou de manquer à ma conscience, j'ai dû
« m'en expliquer à V. M. Je n'examine pas si Ney
« est innocent ou coupable, votre justice et
« l'équité de ses juges en répondront à la posté-
« rité qui pèse dans la même balance les rois et

« les sujets ; mais, sire, je ne puis taire les dan-
« gers dont on environne V. M. Eh quoi ! le sang
« français n'a-t-il pas assez coulé ? Nos malheurs
« ne sont-ils pas assez grands ? L'avilissement de
« la France n'est-il pas à sa dernière période ?
« et c'est lorsqu'on a besoin de rétablir, d'adoucir
« et de calmer, qu'on nous propose, qu'on exige
« de nous des proscriptions ! Oh sire ! si ceux qui
« dirigent vos conseils, ne voulaient que le bien
« de V. M., ils lui diraient que jamais l'échafaud
« ne fit des amis. Croient-ils donc que la mort soit
« si redoutable pour ceux qui la bravèrent si
» souvent. . . . .
. . . .
« Où étaient les ennemis de Ney lorsqu'il fai-
« sait triompher sur tant de champs de bataille
« l'honneur du nom français ? Ah ! si les alliés et la
« Russie ne peuvent pardonner au vainqueur de
« la Moskowa, la France peut-elle oublier le héros
« de la Bérésina ? Et j'enverrais à la mort celui à
« qui tant de Français doivent la vie, tant de fa-
« milles, leurs fils, leurs époux, leurs parens !!!
« non sire. Ma vie, ma fortune, tout ce que j'ai
« de plus cher au monde, est à mon pays, à mon
« roi ; mais mon honneur est à moi, aucune puis-
« sance humaine ne peut me le ravir. »

Destitué par ordonnance royale du 29 août 1815,

Moncey paya encore de sa liberté son opposition à Louis XVIII. Mais les Prussiens qui gardaient le fort de Ham sur lequel il avait été dirigé, fêtèrent son arrivée, et sa disgrâce se convertit en véritable triomphe.

Doué d'une énergie et d'une force de volonté que rien ne dominait, Moncey s'était montré jusque là supérieur à toutes les vicissitudes, à tous les bouleversemens qui ont remué le monde pendant sa longue carrière ; mais une épreuve à laquelle il devait être loin de s'attendre, le frappa au cœur. La mort tragique de son fils, victime d'un accident de chasse, influa sur le reste de ses jours ; jamais il n'oublia cette catastrophe. L'armée entière s'associa aux regrets de l'illustre doyen des maréchaux de France Le colonel Moncey était à la vérité l'un des plus jeunes colonels de nos phalanges, mais il en était aussi l'un des plus distingués. Soldat depuis qu'il avait pu supporter le poids d'une épée, il avait assisté à toutes les batailles mémorables de la fin de l'Empire. Son avancement était le résultat de sa brillante valeur. Aimé de ses soldats, estimé de ses chefs, l'avenir se présentait à lui sans bornes et sans nuages, un hasard le précipita dans la tombe à l'âge de 33 ans.

Le maréchal Moncey qui avait laissé de si nobles souvenir en Espagne dans les premières années de la République, n'accepta en 1825 le commandement du 3ᵉ corps d'armée, que pour faire un instant trêve à sa douleur. Au retour de cette expédition, il se retira en Franche-Comté, son pays natal qui devint son séjour habituel.

Lorsque 1830 arriva, Moncey donna son adhésion au nouveau gouvernement. Quoique très-avancé en âge, il prit encore part aux mémorables discussions qui s'élevèrent à la chambre des pairs à la suite de la chute de l'ancienne dynastie, et jamais on ne le vit plus zélé, plus dévoué pour les institutions de son pays que dans ce moment où l'avenir de la France préoccupait au plus haut degré tous les hommes politiques.

La mort du maréchal Jourdan ayant laissé vacantes les fonctions de gouverneur des Invalides, la voix unanime du pays désigna Moncey pour ce poste éminent. Nous allons analyser les évènemens qui se sont passés sous son gouvernement.

Tout le monde connaît la catastrophe qui eut lieu sur le boulevart du Temple, le 28 juillet 1835, pendant la revue que le roi passait de la garde nationale. Les jours de S. M. furent épargnés, mais la machine infernale de l'assassin exerça d'horribles ravages autour de sa personne. L'illustre maréchal Mortier que le fer et le feu de l'ennemi avaient respecté si souvent, tomba sous le feu meurtrier du régicide Fieschi.

Cet événement plongea Paris dans la consternation, la France entière en fut émue.

Le gouvernement désirant donner aux victimes de cet attentat un témoignage public de sympathie, pensa qu'il ne pouvait mieux les honorer, qu'en ouvrant à leurs dépouilles mortelles, l'asyle des braves et le sanctuaire où reposent les restes de tant de guerriers célèbres, morts en combattant pour leur pays.

Un service solennel fut célébré le 5 août en leur honneur, et leurs cendres reposent en ce moment dans des caveaux particuliers pratiqués sous les voûtes du dôme de Mansard.

Le 8 août 1836, le roi de Naples, accompagné du prince de Salerne et du duc de Nemours, visite les Invalides. Le 18 du même mois, on reçoit à l'Hôtel 7 drapeaux ou étendards pris sur Abd-el-Kader, au combat de la Sickak, par le général Bugeaud.

Le 8 juillet 1837, le duc et la duchesse d'Orléans visitent l'Hôtel. Le 5 décembre de la même année, l'église des Invalides retentit encore de chants funèbres, en l'honneur du lieutenant-général Damrémont, tué d'un coup de canon à la prise de Constantine. Les princes, jaloux de donner un témoignage public d'estime au héros enseveli dans son triomphe, assistent à cette cérémonie.

Le 20 janvier 1839, trois pavillons du fort St-Jean d'Ulloa, enlevés par le vice-amiral Baudin et apportés en France par le prince de Joinville, viennent grossir le nombre des trophées qui ornent l'ancien temple de Mars.

M. le maréchal Valée, gouverneur général de l'Algérie, s'empare de douze drapeaux au combat d'Ottad-Halley, ils sont déposés à l'Hôtel le 5 avril 1840.

Le 6 juin de la même année, le roi fait don à l'Hôtel de son portrait en pied ; on le place à la Bibliothèque, en face du portrait du premier consul, peint par David, et représentant le passage du St-Gothard.

Le 8 octobre de la même année, M. le lieutenant général baron Petit, pair de France, prend le commandement de l'Hôtel Royal des Invalides. Quoique cet officier-général soit appelé à commander encore long-temps dans cette enceinte, son nom se rattache de trop près aux illustrations de la France, pour qu'il nous soit permis de passer sous silence sa vie militaire. Nous ne ferons du reste qu'énumérer ses états de service. Petit (Jean-Martin) né à Paris, le 22 juillet 1772, se voua de bonne heure à la carrière des armes, et le 29 août 1792 le trouva sergent-major au 2ᵉ bataillon des volontaires nationaux. En l'an II, il servait au même corps comme lieutenant, et en l'an IV, il passait avec son grade à la 55ᵉ demi-brigade de ligne.

Nommé aide-de-camp du général Mireux, le 1ᵉʳ nivose an V, il passa l'an VI en cette même qualité, et avec le grade de capitaine, auprès du célèbre général Friant. Il fut fait chef de bataillon en l'an IX et nommé chef d'état-major de la division d'Alexandrie en Egypte.

De retour en Europe avec l'armée expéditionnaire, nous le retrouvons major au 15ᵉ régiment d'infanterie légère. Promu le 17 novembre 1808 au grade de colonel dans le 67ᵉ régiment de ligne, il mérita bientôt celui de général de brigade qui lui est conféré le 28 juin 1812. Le 20 novembre 1815, l'empereur le nomma major au 1ᵉʳ régiment des grenadiers de la vieille garde, et un mois après, adjudant-général de cette arme ; c'est en cette qualité qu'il reçoit les adieux de Fontainebleau.

Maréchal de camp et major des grenadiers de France, il rejoint l'Empereur à son retour de l'île d'Elbe, et ne quitte qu'à Waterloo la carrière des combats.

Le général Petit a fait les campagnes de la Belgique et de l'Allemagne, de 1792 à l'an IV, la campagne de l'an V en Italie, celles des années VI, VII,

VIII et IX en Egypte; celles de l'an XII et de l'an XIII à l'armée des côtes de l'Océan, celles de l'an XIV et de l'an 1806 à la Grande Armée; celles de l'an 1808 en Portugal, de 1809 en Allemagne; celles de 1810, 1811, 1812 et 1813 en Catalogne, celles de 1813 et 1814 en France, et enfin celle de 1815 à Waterloo.

Si nous jetons à présent un coup-d'œil sur les batailles, sièges ou combats auxquels a pris part le général Petit, nous le trouvons au bombardement de Lille par les Autrichiens, à toutes les affaires qui ont eu lieu en Belgique et en Hollande sous les ordres de Dumouriez, aux engagemens dans les bois de Vigogne, sous Dampierre, au déblocus de Dunkerque et aux brillantes affaires de Hondschoote avec Houchard.

Il était encore au fameux déblocus de Maubeuge avec Jourdan, il combattait avec lui au siège de Charleroi et dans cette gigantesque bataille de Fleurus, il a fait le siège de Maëstrich avec Kléber et de Mayence avec Marceau,

En l'an V, il se trouvait avec Bonaparte au passage du Tagliamento et à la prise de Fradisca.

L'année suivante il abordait en Egypte et il se battait à Ramanieth, à Chambrésis, et aux Pyramides.

Plus tard Desaix le guidait à Sédimant et à la

bataille de Sahmanout, et il payait de sa personne avec le même général, en poursuivant les Reys dans la haute Egypte, et notamment à celle d'Aboumahna, où il fut blessé.

Nous le retrouvons ensuite sous le général Friant, à la bataille d'Héliopolis, à la reprise de Belbeis et au siège du Caire. Il fut l'un des premiers à s'opposer au débarquement des Anglais, le 17 ventôse an 9. Il eut un cheval blessé de trois coups de feu à l'affaire du 22 ventôse, dirigée par le général Friant, et un cheval tué à celle du 30, du même mois.

Dirigé de nouveau sur l'Espagne, après avoir assisté à la bataille d'Austerlitz, d'Esseling et de Wagram, où il eut encore deux chevaux tués sous lui, il prit part avec sa brigade à toutes les luttes si acharnées que soutint la Catalogne.

Pendant tout le temps que dura cette malheureuse expédition, il fut constamment en présence de l'ennemi. Au siège de Figuières, aux affaires de Vicq, d'Olot, de Meuresse, et vingt autres, il se montra toujours ce qu'il était, brave et réfléchi, entreprenant et calme, ne pensant jamais à lui, toujours prêt à se dévouer.

Les campagnes de France lui réservaient des jours encore plus pénibles ; mais l'instant le plus solennel, le plus glorieux et tout à la fois le plus amer de sa longue carrière militaire, fut celui où il fallut se séparer du vainqueur de l'Italie et d'Egypte. Qui ne connaît ces adieux déchirans dans lesquels il reçoit pour l'armée, les derniers embrassemens de l'empereur. La peinture les a retracés, la poésie les a chantés. Associé aux adieux de Fontainebleau, (1) le nom du général Petit devient inséparable du vainqueur immortel d'Arcole et d'Austerlitz.

(1) Après avoir embrassé cet officier général, l'empereur embrassa le drapeau du premier régiment des grenadiers à pied de la garde impériale, et le fit remettre immédiatement au général Petit, par le général Drouot.

Ce drapeau ayant été conservé par le général Petit, est devenu sa propriété, et depuis 1830, il reste exposé dans ses salons.

La hauteur de ce trophée est d'un mètre carré environ, et sa forme représente un carré parfait.

Les angles sont ornés du chiffre de l'empereur, et, dans le milieu surmonté d'un aigle, on lit d'un côté, l'inscription suivante :

GARDE IMPÉRIALE.
L'empereur NAPOLÉON
Au 1er régiment des
GRENADIERS A PIED.

De l'autre côté sont inscrites les batailles mémorables auxquelles a pris part ce régiment ; ce sont :

Marengo, — Austerlitz, — Eylau, — Ekmul, — Wagram, — Moskowa, — Berlin, — Ulm, — Iéna, — Friedland, — Essling, — Smolensk, — Vienne, — Madrid, — Moscou.

Le tissu de ce drapeau est en soie rouge, il est brodé en or et percé de plusieurs balles.

A Waterloo l'ancien volontaire de 1792 fit d'inutiles efforts, la cause impériale était perdue.

Les Bourbons respectèrent sa gloire. Le général Petit reçut en 1825, le titre de lieutenant-général honoraire, et la révolution de 1830, s'empressa de l'appeler à elle, en confirmant ce titre, en l'élevant plus tard à la dignité de pair de France, et en lui confiant enfin, le 7 octobre 1840, le commandement des Invalides.

A peine était-il nommé à ce poste, qu'on reçut à l'Hôtel quarante-huit drapeaux pris à l'ennemi à la bataille d'Austerlitz, et le chapeau que l'empereur portait à la bataille d'Eylau. Cette dernière réception précéda d'un jour celle des dépouilles rapportées de Saint-Hélène.

La restitution des cendres de l'empereur, ne fut pas un de ces évènemens dont on s'entretient longtemps à l'avance, et qui, longtemps attendus, perdent lorsqu'ils éclatent, une partie de leur action. Préparée silencieusement par la diplomatie, elle fut une véritable surprise faite à la nation et dont la nation se montra profondément reconnaissante envers les gouvernans. En brisant l'exil qui pesait sur le vainqueur et le vaincu de l'Europe, en réalisant les vœux que le héros avait exprimés sur le rocher de Sainte-Hélène, de reposer sur les bords de la Seine, le gouvernement de 1830, donnait satisfaction aux sympathies nationales, il se créait des titres indestructibles à l'amour et à la reconnaissance du peuple français.

Le 20 mai 1840, nos mandataires discutaient un projet de loi d'intérêt général. Le ministre de l'intérieur demande la parole pour une communication du gouvernement. La solennité avec laquelle la demande du ministre est formulée annonce un de ces évènemens qui font époque, le silence le plus profond se fait au milieu de l'assemblée ; M. de Rémusat s'exprime ainsi :

« Messieurs !

« Le roi a ordonné à son A. R. monseigneur
« le prince de Joinville de se rendre avec sa fré-
« gate à l'île Sainte-Hélène, pour y recueillir les
« restes mortels de l'Empereur Napoléon.

« La frégate chargée de cette immortelle dé-
« pouille, se présentera au retour, à l'embouchure
« de la Seine, un autre bâtiment l'apportera à
« Paris, elle sera déposée *aux Invalides*, une céré-
« monie solennelle, une grande pompe religieuse
« et militaire, inaugurera le tombeau qui doit les
« garder à jamais.

« Il importe, en effet, messieurs, à la majesté
« d'un tel souvenir que cette sépulture auguste

« ne demeure pas exposée sur une place publique,
« au milieu d'une foule bruyante et distraite; il
« convient qu'elle soit placée dans un lieu silen-
« cieux et sacré, où puissent la visiter avec re-
« cueillement, tous ceux qui respectent la gloire
« et le génie, la grandeur et l'infortune.

« Il fut empereur et roi, il fut souverain légi-
« time de notre pays ; à ce titre, il pourrait être
« inhumé à Saint-Denis ; mais il ne faut pas à Na-
« poléon, *la sepulture ordinaire des rois; il faut*
« *qu'il règne et commande encore dans l'enceinte où*
« *vont se reposer les soldats de la patrie, et où iront*
« *toujours s'inspirer ceux qui seront appelés à la dé-*
« *fendre.*

« Son épée sera déposée sur sa tombe. L'art
« élèvera sous le dôme, au milieu du temple
« consacré par la religion au Dieu des armées,
« un tombeau digne s'il se peut du nom qui doit
« y être gravé. Ce monument doit avoir une beauté
« simple, des formes grandes et cet aspect de soli-
« dité inébranlable qui semble braver l'action du
« temps. Il faudrait à Napoléon un monument du-
« rable comme sa mémoire. »

D'universelles acclamations accueillirent la communication du gouvernement. En conséquence le 10 juin de la même année, il fut présenté une loi dont l'art. 1er est ainsi conçu :

Il est ouvert au ministre de l'intérieur un crédit spécial de 1,000,000 pour la translation des restes mortels de l'empereur Napoléon à l'église des Invalides et pour la construction de son tombeau.

L'article deux, statue que le tombeau sera placé sous le dôme consacré, ainsi que les chapelles latérales, à la sépulture de l'empereur Napoléon, et qu'à l'avenir aucun cercueil ne pourra y prendre place.

Cette loi ayant été votée à l'unanimité, le prince de Joinville se rendit à Sainte-Hélène ; tout le monde sait avec quel zèle, avec quelle dignité il accomplit la sublime mission qu'il recevait de la France.

Les restes mortels de l'empereur avaient été retrouvés et dans un état de conservation presque parfaite ; il les apporta en France comme il les avait reçus. Mais dans l'intervalle de son voyage, notre magnanime alliée s'était presque transformée en ennemie, le prince avait pu en être informé ; sa première pensée, son premier mouvement, fut de prescrire toutes les dispositions nécessaires, en sorte que, selon l'expression de l'un de ses compagnons de gloire, *la frégate pût être vaincue, mais prise, jamais.*

La dépouille de Napoléon toucha enfin la terre de France, et le 30 novembre au matin, la Belle-Poule, fière du poids de sa gloire entra dans le port de Cherbourg.

A partir de ce moment, jusqu'à son arrivée à l'Hôtel Royal des Invalides le cercueil qui renfermait les restes de l'homme dont le génie avait provoqué tant de haine, tant de vengeance, ne put se frayer sa route qu'en s'arrachant pour ainsi dire aux acclamations d'une foule immense accourue de tous le points de la France et dont l'enthousiasme semblait tenir de la frénésie et du délire.

Les siècles qui suivront auront peine à croire à une pareille épopée; nul ne fut jamais entouré d'autant de gloire que Napoléon, ne reçut à aucune époque de sa vie, ni après sa mort, autant d'hommages, de vœux et de bénédictions que le captif de Sainte-Hélène; ni Alexandre à son retour de l'ancienne capitale des Chaldéens, ni César lors de son entrée triomphale dans Rome, ni Charlemagne au milieu des honneurs funèbres qui lui furent rendus à Aix-la-Chapelle. Tous ces souvenirs quoique grandis par le temps qui les éternise sous l'histoire des peuples, s'éffacent en présence de cette évènement dont la grandeur nous désespère, parceque nous ne nous sentons pas la possibilité de le présenter avec la majesté qu'il commande.

Le fait en lui-même est unique dans les annales des nations. Prisonnier d'un peuple parjure, signalé au banc de l'Europe, il expie sa gloire sur un rocher, à six mille lieues du pays qu'il a fait si grand; dans la crainte que son ombre ne gagne encore des batailles, ses restes mortels sont condamnés à un exil sans fin, et il ne faut rien moins qu'une grande révolution pour que ses vœux de reposer un jour sur les bords de la Seine, soient enfin accomplis.

Dès que la France apprend qu'elle possède le plus grand de ses héros, elle se lève pour ainsi dire, comme un seul homme; toutes les affaires sont suspendues; le gouvernement, les chambres, la presse ne s'occupent que de l'homme dont les destinées ont été si diverses, et quand le cercueil impérial approche de cette capitale d'où il était parti si souvent pour imposer des lois à l'Europe, Paris tout entier s'élance loin de son domicile pour venir à la rencontre de son empereur.

Ce n'est plus cet homme qui, frappant du pied la terre pour en faire surgir des soldats, semblait, aux jours de ses malheurs, n'avoir reçu d'autre mission, que celle de dévorer les générations; il se présente sous la double auréole de la persécution et du martyr, c'est la majesté de la mort, unie à la majesté du malheur, c'est, en un mot, l'empereur Napoléon.

La France pouvait-elle manquer de l'accueillir avec un enthousiasme sans bornes? non. Elle se rappella son génie, sa gloire, ses bienfaits, ses revers; aussi, la réception qu'elle fit à sa dépouille mortelle fut digne du héros qu'elle voulut honorer; nous en donnons la description officielle, c'est le seul moyen de mettre le lecteur à même de connaître toutes les particularités d'un évènement qui ne se reproduira probablement jamais dans l'histoire des peuples et dont les plus petits détails ne sauraient être passés sous silence.

Le 15 décembre 1840, jour à jamais mémorable dans les annales de l'Hôtel Royal des Invalides, les tambours de la garde nationale battaient le rappel dans toutes les légions : une heure après, la garde nationale de Paris toute entière, et dans une admirable tenue, était sous les armes et se rendait sur le terrain où l'avait déjà devancée une foule considérable, avide d'assister à la solennité de la translation des restes mortels de l'Empereur. A dix heures l'immense étendue des Champs-Élysées, avenues et carrés compris, l'avenue de Neuilly, jusqu'au pont de ce nom, étaient encombrées d'une foule de plusieurs centaines de milliers de personnes. Vers cette heure, les marins de la *Belle-*

Poule, en grande tenue, débarquaient le cercueil de l'Empereur et le plaçaient dans le char Impérial, qui stationnait dans le temple funèbre, construit en face du lieu de débarquement, où il avait été amené la nuit précédente. Les autorités civiles et militaires étant arrivées, l'absoute fut donnée, et le cortège se mit en marche dans l'ordre suivant :

La gendarmerie de la Seine, avec trompettes, le colonel en tête ; la garde-municipale à cheval, avec étendard et trompettes, le colonel en tête ; deux escadrons du septième lanciers, avec étendard et musique, le colonel en tête ; le lieutenant-général Dariule, commandant la place de Paris et son état-major, auquel s'étaient joints les officiers en congé ; un bataillon d'infanterie de ligne, avec drapeau, sapeurs, tambours et musique, le colonel en tête ; la garde-municipale à pied, avec drapeau et tambours, le lieutenant-colonel en tête ; les sapeurs-pompiers, avec drapeau et tambours, le lieutenant-colonel en tête ; deux escadrons du septième lanciers, le lieutenant-colonel en tête ; deux escadrons du cinquième cuirassiers, avec étendard et musique, le colonel en tête ; le lieutenant-général Pajol, commandant la division, et son état-major ; les officiers de toutes armes sans troupe, employés à Paris, au ministère et au dépôt de la guerre ;

l'école spéciale et militaire de Saint-Cyr, son état-major en tête ; l'école polytechnique, son état-major en tête ; l'école d'application d'état-major, son état-major en tête ; un bataillon d'infanterie légère, avec drapeau, sapeurs, tambours et musique, le colonel en tête ; deux batteries d'artillerie ; le détachement du premier bataillon de chasseurs à pied ; les sept compagnies du génie cantonnées dans le département de la Seine, formant un bataillon sous les ordres d'un chef de bataillon ; les quatre compagnies de sous-officiers vétérans ; deux escadrons du cinquième cuirassiers, le lieutenant colonel en tête ; quatre escadrons de la garde nationale à cheval, avec étendard et musique, le colonel M. le comte de Montalivet en tête ; le maréchal Gérard, commandant supérieur de la garde nationale de la Seine et son état-major ; la deuxième légion de la garde nationale de la banlieue ; la première légion de la garde nationale de Paris ; deux escadrons de la garde nationale à cheval de Paris, le lieutenant-colonel en tête. Un carosse dans lequel était M. l'abbé Coquereau, aumônier venant de Sainte-Hélène ; les officiers généraux de l'armée de terre et de mer, du cadre de réserve ou de retraite qui se trouvaient à Paris et qui s'étaient présentés en uniforme et à cheval ; les officiers généraux et autres de la marine royale ;

le corps de musique funèbre ; le cheval de bataille ; un peloton de vingt-quatre sous-officiers décorés, pris dans la garde nationale à cheval, dans les corps de cavalerie et de l'artillerie, de la ligne et de la garde-municipale, sous les ordres d'un capitaine de l'état-major de la garde nationale ; un carrosse attelé de quatre chevaux, dans lequel était la commission de Sainte Hélène ; un peloton de trente-quatre sous-officiers décorés, pris dans l'infanterie de la garde nationale, dans l'infanterie de ligne, de la garde-municipale et dans les sapeurs-pompiers, sous les ordres d'un capitaine [de l'état-major-général de la garde-nationale à pied ; les maréchaux-de-France ; les quatre-vingt-six sous-officiers portant les drapeaux des départemens sous les ordres d'un chef-d'escadron de la division ; S. A. R. le prince de Joinville et son état-major ; les cinq cents marins arrivés avec le corps de l'Empereur.

Venait ensuite le char funèbre ; le maréchal duc de Reggio, grand-chancelier de la Légion-d'Honneur, le maréchal Molitor, l'amiral baron Roussin et le lieutenant-général Bertrand tenaient chacun un cordon d'honneur fixé au poêle impérial ; les anciens aides-de-camp et officiers civils et militaires de la maison de l'empereur ; les préfets de la Seine et de police ; les membres du conseil général ; les maires et adjoints de Paris et des communes rurales, ainsi que les membres des conseils municipaux qui se sont joints au cortège; les anciens militaires de la garde impériale en uniforme, la députation d'Ajaccio, les militaires en retraite.

La garde nationale et la troupe de ligne qui formaient la haie, suivaient immédiatement le cortège après avoir rompu alternativement de chaque côté.

La marche du cortège était fermée depuis le pont de Neuilly, jusqu'à l'esplanade des Invalides ainsi qu'il suit :

Un escadron du 1er de dragons, le lieutenant-colonel en tête ; M. le lieutenant-général Schneider, commandant la division hors de Paris et son état-major ; M. le maréchal de camp Hecquet, commandant la 4e brigade d'infanterie hors Paris ; un bataillon du 55e de ligne avec drapeau, sapeurs et musique, le colonel en tête ; M. le maréchal de camp Lawœstine commandant la brigade de cavalerie de Paris ; deux escadrons de dragons avec étendards et musique, le colonel en tête.

Le char monté sur quatre roues massives et dorées se composait d'un soubassement et panneaux encadrés dans des colonnettes à chapiteaux, surmonté du mausolée. Le socle était revêtu jusqu'à terre d'une draperie de velours violet et or, parsemée d'abeilles et d'étoiles avec des aigles dans des couronnes ; il était rehaussé d'un aigle à chaque angle de l'entablement. L'avant et l'arrière-train étaient décorés de quatre trophées de drapeaux de toutes les nations.

Le mausolée supporté par quatorze figures entièrement dorées, représentant nos principales victoires, était décoré du manteau impérial, du sceptre et de la couronne. Le char entier couvert d'un crêpe, était attelé de seize chevaux panachés et couverts complètement de housses dorées aux armes de l'empereur. Arrivé sous l'Arc-de-Triomphe de l'Etoile, il fit une courte station : pendant ce temps, les batteries d'artillerie placées sur les hauteurs, à gauche de la barrière, exécutèrent une salve de vingt et un coups de canon. Une première salve d'honneur avait été tirée à Courbevoie, au moment du départ, par les deux batteries qui y étaient placées.

L'Arc-de-Triomphe était entouré de douze grands mâts pavoisés des flammes tricolores, sur lesquelles étaient écrits les noms de nos principales armées : on pouvait y lire : les armées *de Hollande, Sambre-et-Meuse, Rhin-et-Moselle, Côtes de l'Océan, Catalogne, d'Aragon, d'Andalousie, d'Italie, de Rome, de Naples, Grande-Armée et Armée de reserve.* Sur la plate-forme était l'apothéose de

Napoléon, composée comme il suit : l'empereur en grande tenue impériale ; à ses côtés le Génie de la Guerre et celui de la Paix. Ce groupe était posé sur un socle orné de guirlandes et de trophées d'armes de toute espèce, rappelant les batailles et victoires de Napoléon. Aux angles étaient deux renommées à cheval, représentant la Gloire et la Grandeur ; enfin plus loin et à chaque angle du monument, était placé un trépied d'où s'élevaient des flammes de couleur.

Tous les candelabres placés autour de l'arc-de-triomphe étaient transformés en faisceaux de drapeaux aux couleurs nationales.

Les décorations de la grande avenue des Champs-Élysées étaient magnifiques, chaque colonne pyramidale, surmontée d'un grand aigle doré, était ornée de faisceaux de drapeaux tricolores, et portait un bouclier avec l'inscription de nos plus célèbres victoires jusqu'à l'affaire de Montmirail en 1814.

A chaque angle du pont de la Concorde, il y avait une colonne triomphale surmontée d'un aigle et ornée à la base d'un bas-relief représentant les génies de la Guerre et de la Paix, puis, sur les piédestaux du milieu, huit statues représentant la Prudence, la Force, la Justice, la Guerre, l'Agriculture, les Beaux-Arts, l'Éloquence et le Commerce. Enfin, en avant de ce même pont, sur le milieu du perron de la chambre des députés, était placée la statue colossale de l'Immortalité.

Sur l'esplanade des Invalides, depuis la grille de l'Hôtel jusqu'au quai d'Orsay, trente-deux statues décoraient la droite et la gauche de cette avenue : elles représentaient : Clovis, Charles-Martel, Philippe-Auguste, Charles V, Jeanne d'Arc, Louis XII, Bayard, Louis XIV, Turenne, Duguay-Trouin, Hoche, Latour-d'Auvergne, Kellermann, Ney, Jourdan, Lobeau, Charlemagne, Hugues-Capet, Louis IX, Charles VII, Duguesclin, François Ier, Henri IV, Condé, Vauban, Marceau, Desaix, Kléber, Lannes, Masséna, Mortier et Macdonald. On avait placé entre chacune de ces statues des trépieds qui jaillissaient des flammes ; enfin derrière et dans les quinconces, étaient construites deux lignes d'estrades, drapées et ornées de mâts pavoisés où pouvaient prendre place plus de 30,000 personnes.

En avant de la grille d'entrée de l'Hôtel Royal des Invalides, s'élevait un immense dais, espèce d'arc de triomphe, richement orné et pavoisé, sous lequel s'arrêta le char impérial pour y laisser son précieux dépôt en présence des autorités civiles et militaires, placées à droite et à gauche du dais sous des estrades.

L'allée conduisant de la grille d'entrée à la cour

royale était bordée de deux rangées de candélabres, surmontés de cassolettes qui jetaient des flammes.

Sur la façade principale de la cour royale où est placée la statue de l'Empereur, se trouvait une vaste chapelle ardente de cinquante quatre pieds d'élévation. Cette chapelle pavoisée tout autour, était décorée de bas-reliefs imitant le bronze et représentant toutes nos batailles et victoires. Dans cette même cour, avaient été ménagées des estrades de chaque côté, pouvant recevoir chacune 6,000 personnes. Ces estrades étaient bordées d'une ligne de trophées portant les noms des grands-maréchaux et généraux de l'Empire.

L'intérieur de l'église et tout le dôme, depuis le sol jusqu'au premier ordre d'architecture, était tendu d'une draperie en velours violet et or, et parsemé de tous les insignes impériaux ; au milieu, à l'emplacement où s'élève en ce moment le tombeau de l'empereur, on avait érigé un immense catafalque orné de plumes d'aigle, des armes de Napoléon, rehaussé de quatre rideaux de velours bordés d'hermine, se relevant et soutenus par une couronne octogone ; puis ce même catafalque, entouré de trophées, de drapeaux tricolores, était surmonté au niveau des croisées de la coupole, de quatre grands cercles formant une dentelle lumineuse. Tout-à-fait au fond de l'église, on avait construit un autel, au-dessus duquel à droite et à gauche étaient deux tribunes destinées au roi et à sa famille. Trois bannières portant le chiffre de Napoléon, étaient placées, l'une entre les deux tribunes, et les deux autres vis-à-vis les tombeaux de Vauban et de Turenne. Là furent construites d'immenses estrades où vinrent prendre place les chambres des pairs et des députés.

Le procès-verbal constatant la cérémonie de la réception des restes mortels de l'empereur Napoléon dans l'église de l'Hôtel Royal des Invalides, complétera la description des honneurs qui furent rendus au plus grand des héros des temps anciens et modernes ; nous livrons en entier ce précieux document.

« Ce jourd'hui 15 décembre 1840, nous Vauthier, Christophe-Anne, sous-intendant militaire de 1re classe, officier de la Légion-d'Honneur, chargé de l'administration des Invalides, agissant ensuite des ordres de M. le maréchal Moncey, duc de Conégliano, pair de France, grand-croix de la Légion-d'Honneur, gouverneur des Invalides.

Vu la loi du 10 juin 1840, portant que les restes mortels de l'empereur Napoléon seront transférés à l'Hôtel Royal des Invalides, pour être déposés sous le dôme.

Vu le procès-verbal dressé le 15 octobre 1840 à

l'île St-Hélène, par M. le comte de Rohan-Chabot, commissaire, en vertu des pouvoirs reçus de S. M. Louis-Philippe Ier, roi des Français, pour présider au nom de la France à l'exhumation et à la translation des restes mortels de l'*empereur Napoléon*, ensevelis dans *l'île de Ste-Hélène*, et à leur remise par l'*Angleterre* à la France, conformément aux décisions des deux gouvernemens.

Le susdit acte constatant : « Que le cercueil a
« été trouvé bien conservé, sauf une petite por-
« tion de la partie inférieure, laquelle, quoique
« reposant sur une forte dalle, elle-même appuyée
« sur des pierres de taille, était légèrement al-
« térée, que le cercueil en fer blanc, ayant été
« ouvert, le corps entier de *Napoléon* a paru, et
« que les traits avaient assez peu souffert, pour
« être immédiatement reconnus. »

Vu le *procès-verbal* rapporté par *M. Guillard* Remy-Jullien, chirurgien-major de la frégate la *Belle-Poule,* indiquant l'état dans lequel ont été trouvés les restes mortels de l'empereur *Napoléon* et les objets enfermés aussi dans son cercueil.

Il résulte de ce procès-verbal :

« Que les restes de l'empereur *Napoléon*, sont dans six cercueils : 1° un cercueil en fer blanc, 2° un cercueil en bois d'acajou ; 3° un cercueil en plomb ; 4° un deuxième cercueil en plomb, séparé du premier par de la sciure et des coins de bois, 5° un cercueil en bois d'ébène ; 6° un cercueil en bois de chêne qui protège le cercueil en ébène. »

Vu, enfin, le rapport en date du 30 novembre 1840, par lequel S. A. R. le prince de Joinville, capitaine de vaisseau, commandant la frégate la *Belle-Poule,* rend compte de la translation à bord de ce bâtiment, en rade de Sainte-Hélène du cercueil de l'empereur Napoléon et de son arrivée à Cherbourg.

Les susdits actes et rapports annexés en copies dûment certifiées conformes par nous, sous les numéros 1, 2, 3 et 4.

Nous sommes rendus à onze heures du matin à l'église des Invalides, en même temps que M. le maréchal-gouverneur, qui est accompagné de MM. de Bellegarde, lieutenant-colonel (corps royal d'état-major), officier de la légion-d'honneur; L'Heureux, chef-d'escadron (corps royal d'état-major), chevalier de la Légion-d'Honneur; de M. le lieutenant-général baron Petit, pair de France, commandant l'Hôtel, grand-officier de la Légion-d'Honneur.

Et de MM. Delpire, lieutenant-colonel, major de l'Hôtel, officier de la Légion-d'Honneur; baron Le Duc, sous intendant militaire, chargé de la surveillance des services de l'Hôtel, officier de la Légion-d'Honneur; J. Jacques, ancien chef d'escadron d'artillerie, archiviste, trésorier, conservateur des trophées; Ancelin, curé de l'Hôtel, chevalier de la Légion-d'Honneur; Rougevin, architecte de l'Hôtel; Bugnot, inspecteur, vérificateur des bâtimens; Leberton, colonel titulaire invalide, chevalier de la Légion-d'Honneur.

Dans la dite église, où tout répond à la solennité de la cérémonie qui va être célébrée, le Roi, revêtu de l'uniforme de la garde nationale, arrive à midi avec la famille Royale.

Sa Majesté est reçue à la grande porte du Dôme par M le maréchal-gouverneur et M. le curé des Invalides, à la tête de son clergé.

Avaient déjà pris place dans l'église :

1° Les ministres : MM. le maréchal Soult duc de Dalmatie, président du conseil, ministre de la guerre; Martin (du Nord), garde-des-sceaux; Guizot, ministre des affaires étrangères; l'amiral baron Duperré, ministre de la marine; le comte Duchâtel, ministre de l'intérieur; Teste, ministre des travaux publics; Cunin-Gridaine, ministre de l'agriculture et du commerce; Villemain, ministre de l'instruction publique; Humann, ministre des finances.

2° Les maréchaux de France.

3° La Chambre des Pairs et son président le baron Pasquier.

4° La Chambre des Députés et son président M. Sauzet.

5° Le Conseil d'État ; la Cour de Cassation ; la Cour des Comptes ; la Cour Royale ; l'état-major des armées de terre et de mer ; le Conseil d'Amirauté ; les membres de l'Université ; l'Institut ; les Tribunaux de 1re Instance et de Commerce ; les officiers de la maison civile et militaire de l'Empereur : d'anciens fonctionnaires de l'Empire et un grand nombre d'honorables citoyens.

A deux heures après-midi, une salve de vingt-un coups de canon, annonçant l'approche du cercueil de l'Empereur, le Roi sort du salon d'attente, et vient s'asseoir sur son trône, la Reine à sa gauche, les Princes à la droite du Roi, et les Princesses à la gauche de la Reine.

M. le maréchal-gouverneur ayant reçu le Roi, avait repris sa place sous le dôme ; mais son grand âge, ses infirmités et l'épuisement de ses forces, après la fatigue extrême qu'il venait d'éprouver, le mettent dans l'impossibilité d'aller recevoir en personne le corps de l'Empereur, à l'entrée de son gouvernement. Il délègue alors M. le lieutenant-général baron Petit, commandant de l'Hôtel, pour accomplir en son nom, ce devoir d'honneur.

En conséquence, M. le lieutenant-général baron Petit, M. le lieutenant-colonel-major, M. le conservateur des trophées et MM. les officiers-majors de l'Hôtel, tous l'épée à la main, viennent se mettre à la tête du cortège.

Le char funèbre étant arrivé à la grille de l'Hôtel, les marins de la *Belle-Poule*, sous les ordres de S. A. R. le prince de Joinville, en descendent le cercueil, et le portent jusqu'à l'arc de triomphe disposé en avant du porche de l'église.

Les quatre coins du drap mortuaire sont tenus par : MM. le maréchal duc de Reggio, grand-chancelier de la Légion-d'Honneur ; le maréchal comte Molitor ; l'amiral baron Roussin : le lieutenant-général comte Bertrand, ancien grand-maréchal du palais.

Derrière le cercueil marchent :

Les Membres de la Commission de Sainte-Hélène ; MM. le comte de Rohan-Chabot, commissaire du roi ; le lieutenant-général Gourgaud, aide-de-camp du roi ; Emmanuel, baron de Las Cases, député ; le baron Marchant.

Suivent :

MM. le comte de Rambuteau, préfet de la Seine; Gabriel Delessert, préfet de police ; les Membres du Conseil général de la Seine ; les maires et adjoints de la ville de Paris et de la banlieue ; l'état-major de la garde nationale, sous les ordres de M. le maréchal comte Gérard, commandant en chef la garde nationale et la troupe de ligne ; le lieutenant-général comte Pajol, pair de France, commandant la 1re division militaire ; le lieutenant-général baron Darriule, pair de France, commandant le département de la Seine et la place de Paris.

Enfin, une grande affluence d'officiers-généraux, d'officiers supérieurs et autres des armées de terre et de mer.

A l'arrivée du cortège à l'arc-de-triomphe, le corps de l'Empereur est déposé sur une estrade. Là, les prières consacrées par l'église sont commencées par Monseigneur Affre, archevêque de Paris, assisté de deux archidiacres, de MM. les curés de la capitale et d'un nombreux clergé, que précèdent M. l'abbé Ancelin, curé de l'Hôtel et de ses deux vicaires chapelains. Des aspersions d'eau bénite sont faites sur le corps. Au même instant un nombreux chœur de chantres entonne un *De profundis*, puis le cortège continue sa marche.

M. l'abbé Coquereau, aumônier de la frégate la *Belle-Poule*, est en avant du cercueil.

Un détachement composé de sous-officiers de l'Hôtel des Invalides, de la garde nationale et de l'armée, tous décorés de l'ordre de la Légion-d'Honneur, forment une escorte d'honneur, sous le commandement de M. Leberton, colonel invalide, chevalier de la Legion-d'Honneur.

Pendant que trois cents musiciens exécutent une marche funèbre, le Roi, suivi des Princes, ses fils, et de ses aides-de-camp, se rend, de son trône à l'entrée du dôme, où le cercueil est de nouveau déposé sur une estrade.

Là, le prince de Joinville dit, en s'adressant à Sa Majesté :

« Sire, je vous présente le corps de l'Empereur « Napoléon. »

Le Roi, en élevant la voix, répond :

« Je le reçois au nom de la France. »

Aussitôt, M. le lieutenant-général Athalin, portant sur un coussin violet l'épée de l'Empereur, la remet à M. le maréchal duc de Dalmatie, président du conseil, ministre de la guerre, qui a l'honneur de la présenter au Roi.

Sa Majesté, en la remettant à M. le lieutenant-général comte Bertrand, dit :

« Général, voici l'épée de la journée d'Auster-« litz ; déposez-là sur le cercueil de l'Empereur « Napoléon. »

Ce que s'empressa de faire M. le lieutenant-général Bertrand, puis le roi va reprendre sa place sur son trône.

Les marins de la *Belle-Poule*, toujours sous les ordres de S. A. R. le prince de Joinville, déposent alors le cercueil dans l'intérieur du magnifique catafalque destiné à le recevoir.

Monseigneur l'archevêque de Paris est à l'autel avec son clergé; on célèbre la Messe; le *Requiem* de Mozard est chanté. A quatre heures, vingt-un coups de canon annoncent que les cinq absoutes vont commencer.

A la fin de la dernière absoute, qui est chantée par monseigneur l'archevêque de Paris, le Roi et les princes viennent jeter l'eau bénite sur le corps.

A l'issue d'un *De profundis* en faux-bourdon, le Roi et sa famille se retirent.

Tous les assistans, profondément émus, sortent de l'église, lentement et en silence.

Immédiatement après la cérémonie, l'épée d'Austerlitz, qui avait été placée sur le cercueil, est remise par M. le lieutenant-général baron Athalin, aide-de-camp du roi, entre les mains de M. le maréchal-gouverneur, à qui la garde en est confiée au nom de S. M. En la recevant, M. le maréchal la presse de ses lèvres avec la plus vive émotion.

D'après tout ce qui vient d'être rapporté, nous constatons que le cercueil contenant les restes mortels de l'Empereur Napoléon, repose sous le dôme, où il demeure à jamais confié aux militaires invalides : heureux, ainsi que leur gouverneur, de posséder un dépôt aussi précieux.

En conséquence, nous avons dressé et clos le présent procès-verbal, que les personnes de l'Hôtel qui s'y trouvent dénommées et qualifiées, ont signé avec M. le maréchal-gouverneur et avec nous.

La minute de cet acte sera transcrite sur le registre des délibérations du Conseil d'administration, et sur le registre des actes importans déposés aux archives.

Des ampliations en seront adressées à M. le président du Conseil d'administration de la succursale des Invalides à Avignon.

Fait à l'Hôtel des Invalides, à Paris, les jours, mois et an sus-mentionnés.

    Signé : etc., etc.

En présence de pareilles scènes, la poésie sera toujours au-dessous de la réalité ; l'écrivain brise sa plume, l'artiste jette son pinceau.

Comment raconter un effet, un évènement qui remuait en un jour tous les souvenirs de l'Empire ? Quel spectacle, que celui d'une population de plus de six cent mille personnes, saluant avec amour le cercueil triomphal ! quel empressement, quelle émotion !!! un froid de près de dix degrés et cinq heures d'attente sous la neige, n'avaient découragé personne ; on tremblait, on souffrait horriblement ; mais on restait là, moralement soutenu par un sentiment de devoir, et mentalement réchauffé par l'enthousiasme.

Mais un fait qui mérite surtout d'être signalé à l'attention publique, c'est l'attitude des militaires invalides, au milieu de cette solennité sans exemple.

Depuis le jour où ils apprirent que leur empereur allait reposer au milieu d'eux, ils se préparèrent à cet évènement comme à un jour de bataille ; leur joie calme, sévère, presque sombre attestait la profondeur de leur émotion et imprimait au fond de l'âme un indicible sentiment de tristesse qu'on avait peine à comprendre, au milieu de l'ivresse générale. Sans doute l'arrivée des cendres de Napoléon fut pour la plupart d'entr'eux, comme la résurrection de toute leur existence militaire ; mais pouvaient-ils oublier ces soldats d'Egypte, d'Arcole et d'Austerlitz que ce géant qui les avait promenés sur le globe en faisant des conquêtes, leur paraissait non plus comme autrefois, distribuant des couronnes, changeant la carte du monde, mais renfermé dans une urne funèbre, victime de son génie, martyr de sa gloire.

Passé brillant et douloureux, gloires et catastrophes, triomphes et humiliations, un seul jour évoquait tous ces souvenirs.

Plusieurs militaires invalides ne survécurent pas aux émotions de la journée. Leur vénérable gouverneur, l'illustre maréchal Moncey lui-même, parut un instant succomber sous les impressions qui agitaient sa grande âme. On l'entendit prononcer ces mots, en s'inclinant profondément devant le tombeau dont la garde venait de lui être confiée : *Maintenant, j'ai assez vécu.*

Avant de mourir, le doyen des maréchaux de France vit cependant encore quelques évènemens importans qui eurent lieu sous son gouvernement.

Le 7 janvier 1841 il reçut du ministre de la guerre une boîte renfermant les trois clefs du cercueil de l'empereur.

Le 6 février de la même année, les cendres de l'empereur qui étaient restées exposées au milieu du chœur de l'église, depuis la cérémonie funèbre du 15 décembre, furent transférées dans la chapelle de Saint-Jérôme où elles reposeront jusqu'à ce que le monument qu'on élève, sous le dôme de l'église des Invalides, soit prêt à donner un dernier asyle à la dépouille du héros.

Le 5 mai suivant, une couronne d'or votée par la ville de Cherbourg, fut déposée par le maire de cette ville sur le cercueil de l'empereur, en présence de M. le maréchal Moncey accompagné de tout son état-major.

Cette cérémonie, de même que celle du 6 février précédent, se fit avec beaucoup de pompe et de solennité, et le maréchal qui en avait réglé lui-même les dispositions, resta dans l'église jusqu'à la fin, malgré son grand âge, la rigueur de la saison et son état de souffrances habituelles.

Parvenu à sa quatre-vingt-huitième année, chaque jour d'existence était pour ainsi dire un jour de grâce accordé à cet illustre vétéran des plus grandes batailles; paralysé depuis plus de douze ans, atteint d'infirmités graves, sa mort paraissait imminente et prochaine, elle arriva le 20 avril 1842, à dix heures du soir.

De tous les hommes éminens qui ont passé au gouvernement des Invalides, depuis la création de cette magnifique institution, Moncey est, sans contredit, un de ceux dont les vertus guerrières ont le plus contribué à l'illustration de cet établissement mais une des qualités qui distinguèrent toujours au plus haut degré ce vénérable doyen des maréchaux de France, c'est qu'il fut plutôt le père des invalides que leur gouverneur, et que le souvenir de ses bienfaits s'y perpétuera aussi longtemps que celui de sa gloire.

Les obsèques du vertueux maréchal furent célébrées le 25 avril à l'église de l'Hôtel Royal des Invalides, et son corps fut déposé dans le caveau réservé aux gouverneurs de cet établissement. On rendit à l'illustre défunt les plus grands honneurs militaires. Toutes les illustrations de l'armée qui se trouvaient à Paris, assistèrent à ses funérailles.

Les coins du poêle étaient tenus par MM. le maréchal duc de Dalmatie, président du conseil, ministre de la guerre; M. le maréchal duc de Reggio, grand chancelier de la Légion-d'Honneur; M. le maréchal comte Gérard, commandant supérieur des gardes nationales du département de la Seine et M. le maréchal comte Molitor. On voyait à côté de ces grandes illustrations M. l'amiral Duperré, ministre de la marine, M. l'amiral Roussin, les maréchaux Grouchy, Sébastiani et Valée; les généraux Petit, commandant de l'Hôtel Royal des Invalides, Schneider, Excelmans, Berthezène, Leydet, Cavagnac, Pelet, Gourgaud, Schramm, Durieux, Baudrand, de Rumigny, Athalin, Cubières, Rampon, d'Houdetot, le vice-amiral Rosamel, etc.

La grande députation de la chambre des pairs était composée de MM. le comte Reille, prince de

Wagram, comte de Sparre, prince de la Moskowa, Gouvion-Saint-Cyr, vice-amiral baron de Mackau, comte de Monthyon, comte des Roys, Dutaillés, etc.

Les députés étaient aussi très-nombreux; nous pouvons citer entr'autres MM. Sauzet, président de la chambre; Dupin aîné; Odilon-Barrot, Clément (du Doubs), Larabit, marquis de Mornay, etc.

On remarquait ensuite la plupart des officiers supérieurs et autres de la garnison de Paris, des officiers de la garde nationale, des officiers d'état-major, des députations de l'École polytechnique et de l'école d'application; des membres du conseil d'état, de la Cour des comptes et de la cour de cassation, etc., etc Le catafalque était gardé par vingt-quatre sous-officiers de toutes les armes.

Les troupes composant la garnison de Paris, ainsi que plusieurs bataillons de la division du général Schneider, rendirent les derniers honneurs au maréchal Moncey.

Le lieutenant-général Pajol, dans cette religieuse et triste solennité, avait pris le commandement de ces troupes.

Le corps placé sur un corbillard traîné par six chevaux, et le cortège, à la tête duquel marchait le clergé, fit le tour extérieur de l'Hôtel des Invalides.

Le corps était salué à son passage par des décharges d'artillerie; le cheval de bataille du maréchal suivait le corbillard, et le deuil était conduit par MM. le colonel Bourlon de Moncey et le baron de Conégliano, ses gendres; venaient ensuite les hauts dignitaires et fonctionnaires de l'Hôtel, tous les militaires invalides, toute la maison du défunt et les voitures de la cour.

Avant que la pierre tumulaire recouvrît les restes du vieux guerrier, M. le maréchal duc de Dalmatie paya en ces termes un dernier tribut de regret à la mémoire de son plus ancien camarade d'armes, dont la mort venait de lui donner le titre de doyen des maréchaux de France :

« C'est un dernier adieu que je veux donner à
« l'homme de bien, au soldat illustre que la mort
« nous a enlevé. Lié avec lui depuis quarante ans
« de la plus étroite amitié, j'ai connu toutes ses
« vertus guerrières, toutes ses qualités de citoyen;
« j'ai vu tout le bien qu'il a fait; je l'ai suivi dans
« la longue carrière qu'il a parcourue au milieu
« des combats où sa gloire s'est fondée; partout,
« je l'ai trouvé égal à lui-même, modeste, redou-
« tant presque qu'on s'occupât de lui, qu'on le

« jugeât capable des actions d'éclat qu'il venait
« d'accomplir. Ainsi, lorsqu'en 1794, aux Pyré-
« nées, il fut élevé au grade de général de divi-
« sion, et que le comité de Salut-Public, le nomma
« général en chef, il refusa en disant qu'il ne se
« reconnaissait point la capacité de remplir cette
« tâche, et pourtant il conduit à la victoire les
« braves qui sont sous ses ordres. A Villanova, il
« fait deux mille cinq-cents prisonniers, prend
« cinquante pièces de canon et des drapeaux, s'em-
« pare de toutes les manufactures d'armes de la
« Biscaye, et dicte la paix à l'Espagne.

« En Italie, sur le Rhin, en Helvétie, partout
« où il fit la guerre, il soutint l'honneur du pre-
« mier rang. La sagacité de Napoléon ne tarda pas
« à le distinguer parmi tant de soldats d'élite qui
« se pressaient dans les rangs de nos armées.
« Nommé en 1801, premier inspecteur-général de
« gendarmerie, il était maréchal de France en
« 1804. En 1809 il commandait en Espagne le
« corps d'observation des côtes de l'Océan, devenu
« plus tard troisième corps; et par la prise de
« Monte-Torrero, il s'associait glorieusement à la
« brillante issue du siège de Sarragosse.

« En 1814, commandant en chef de la garde
« nationale de Paris, c'était le grand citoyen qui

« disputait sans espoir, à l'Europe en armes, les
« barrières de la capitale.

« Enfin, en 1823, à la tête du troisième corps
« de l'armée des Pyrénées, il retrouvait, sur le
« théâtre de son ancienne gloire, les souvenirs
« encore vivans d'une réputation sans tâche.

« Au temps malheureux de nos discordes civi-
« les, Moncey refuse de siéger dans un conseil de
« guerre appelé à juger un des plus glorieux fils
« de la France, un des plus braves parmi ses sol-
« dats.

« A la mort du maréchal Jourdan, le roi nomma
« spontanément le maréchal Moncey, duc de Coné-
« gliano, gouverneur des Invalides; c'était faire
« vibrer encore une fois l'orgueil de ces glorieux
« débris de nos armées qui entourent ici son cer-
« cueil; c'était leur offrir, dans la personne de
« leur maréchal, un modèle de toutes les vertus.

« Adieu mon viel ami! adieu soldat sans peur,
« comme sans reproche, adieu Moncey! adieu! »

Ce discours, prononcé avec émotion, fut écouté
avec un profond recueillement, et il produisit une
vive impression sur tous les auditeurs.

Si notre cadre nous permettait d'entrer dans
de plus longs développemens, nous citerions encore les discours qui furent prononcés sur la tombe

de Moncey, par MM. le lieutenant-général baron Petit, commandant de l'Hôtel, et Dupin (aîné) qui, lui aussi, revendiqua, au nom de la cité, le droit de rendre hommage aux vertus de l'homme privé, aux nobles qualités du citoyen qui avait honoré son pays autant par ses vertus civiles, que par ses vertus guerrières. Il est toutefois un passage du discours de l'ancien président de la chambre des députés que nous ne saurions passer sous silence, parcequ'il rappelle les luttes que le maréchal Moncey eut à soutenir dans son gouvernement des Invalides. La France entière a retenti des démêlés qui s'élevèrent en 1834, entre l'autorité militaire et l'autorité administrative de l'Hôtel ; notre rôle d'historien nous impose peut-être le devoir de retracer l'origine de ce conflit, de le suivre dans toutes ses phases et de faire connaître enfin, par quels moyens l'illustre gouverneur des Invalides vint à bout de faire renaître le bon ordre et l'harmonie au sein d'un établissement confié à sa sollicitude ; mais outre que les faits que nous aurions à raconter, sont connus de tout le monde, nous pensons qu'ils sont encore trop récens pour qu'il nous soit possible de léguer en toute liberté, à l'impartialité de l'histoire, un incident de cette importance.

« Les traits les plus saillans du caractère du

« maréchal Moncey, (ajoute M. Dupin, en faisant
« allusion au fait que nous venons d'évoquer) se
« montrent ici dans tous ses actes. Il regardait
« comme un devoir de probité, d'assurer à ces
« glorieux pensionnaires de l'État, tous les avan-
« tages que la loi leur promet et que les règle-
« mens leur assurent ; il poursuivit les dilapida-
« tions et jura de les faire disparaître. Ce qu'il ne
« pouvait voir par lui-même, il le faisait surveil-
« ler par ses fidèles aides-de-camp (1) ; il les fati-
« guait de ses ordres, heureux et fiers qu'ils étaient
« de lui obéir et de recueillir quelquefois les té-
« moignages de sa satisfaction. Mais remédier aux
« abus n'est chose facile pour personne, il y faut
« du courage, de la constance et presque du
« bonheur. Le maréchal le savait, il fallait lutter
« il lutta ; la chambre des députés lui prêta son
« appui et il triompha. »

Nous eussions désiré faire ressortir plus longuement les évènemens qui ont marqué le gouvernement de l'illustre maréchal Moncey aux Invalides,
la nature de notre travail s'y est opposé ; ce n'est

---

(1) MM. de Bellegarde et l'Heureux.

Le premier lieutenant-colonel d'état-major, remplit les fonctions de sous-chef d'état-major, à la première division militaire.

Le second chef d'escadron au même corps, est attaché à l'état-major particulier du ministre de la guerre.

qu'accidentellement que nous avons pu exquisser le portrait des personnages que la suite de notre récit a naturellement placés sous notre plume, et nous avons été obligé de nous souvenir sans cesse que nous ne faisions pas l'histoire particulière des gouverneurs de l'Hôtel, mais l'histoire générale de l'institution et de la fondation de cet établissement.

Nous nous sommes sans doute éloignés à regret de ce sujet plein d'attraits et de charmes, pour traiter des questions souvent techniques, quelquefois monotones, mais il ne nous était pas possible d'intervertir l'ordre et la marche que nous nous étions imposés. Nous continuerons donc à nous tenir en garde contre l'écueil que nous venons d'indiquer, et nous terminerons notre analyse de la vie de Moncey par quelques détails particuliers, que notre position spéciale près de l'illustre maréchal, nous a permis d'apprécier, et qui intéresseront nos lecteurs.

Atteint de paralysie depuis près de treize années, le maréchal avait successivement perdu l'usage absolu de la jambe, de l'œil gauche et du bras droit : ces graves infirmités avaient, toutefois, respecté les parties nobles de l'illustre vieillard ; et l'activité de son imagination, l'ardeur de sa pensée, l'énergie de sa volonté semblaient à chaque instant tirer une force nouvelle de la privation de ces facultés physiques.

Ne pouvant écrire de la main droite il y suppléait avec la main gauche, et il ne concéda jamais à personne le droit de signer sa correspondance officielle. L'amour du travail qu'il avait contracté dès sa jeunesse, ne l'abandonna jamais ; il s'occupa jusqu'à son dernier moment de l'ensemble et même des plus petits détails du gouvernement des Invalides.

Réduit à l'impossibilité de faire le moindre exercice, il cherchait à rendre supportable son repos forcé, par la lecture et la méditation. Les ouvrages militaires étaient l'objet de ses préférences et de ses sympathies, surtout quand ces écrits avaient pour but l'intérêt de l'armée et la prospérité du pays. Ainsi, pour n'en citer qu'un exemple :

La question des haras et des remontes avait été longuement agitée en 1840, 41 et 42. Non seulement la presse s'en était emparée, mais elle avait été portée devant les chambres. Le maréchal qui avait longtemps médité ce sujet y attachait une grande importance, et il répétait souvent que dans une foule de circonstances l'insuffisance de la cavalerie nous avait fait perdre tous les fruits de la victoire.

La question des remontes et des haras venait d'être traitée avec une grande clarté dans un écrit intitulé : *Traité des remontes de l'armée et de leurs rapports avec l'administration des Haras.* L'auteur de cet écrit, le général Oudinot, avait été l'ami le plus intime du colonel Moncey. Cette circonstance ajoutait peut-être à l'approbation exclusive que le maréchal donnait au travail du compagnon d'armes de son fils ; empressons-nous, toutefois de reconnaitre que, dans ces appréciations le publiciste s'était placé au même point de vue que le vieux guerrier. Ce dernier nous dicta, quelques jours avant sa mort, une lettre qu'il adressait au général Oudinot, et que nous croyons opportun de reproduire, parcequ'elle résume la pensée de l'illustre maréchal sur l'une des plus graves questions d'intérêt militaire et d'économie sociale ; la voici :

« Je viens de lire, mon cher général, avec
« beaucoup d'attention votre ouvrage intitulé :
« *Des remontes de l'armée et de leurs rapports avec*
« *l'administration des Haras.*

« Les considérations que vous faites valoir à
« l'appui de votre opinion, me prouvent de plus
« en plus que l'armée a raison de vous considérer
« comme l'un de ses plus habiles et plus dévoués

« défenseurs ; vous démontrez jusqu'à l'évidence
« que, dans la question des remontes, les intérêts
« individuels sont intimement liés aux intérêts
« particuliers. Oui, mon cher général, cette ques-
« tion est vitale pour le pays et j'aime à le répé-
« ter avec vous, quand la cavalerie pourra se
« procurer en France tous les chevaux qui lui
« sont nécessaires, de nouvelles sources de pros-
« périté, de gloire et de puissance seront ouvertes
« à la Patrie.

« Déjà les besoins de la cavalerie sont mieux
« compris ; vous avez donné l'impulsion ; nous
« sommes en voie de progrès ; préparez-vous
« cependant, à lutter contre des sentimens égoïstes
« et routiniers ; mais, si le succès exige de la
« persévérance, poursuivez votre œuvre avec le
« même zèle, et sachez qu'avant de descendre
« dans la tombe, un vieux soldat applaudit à des
« efforts qui ont toutes ses sympathies.

« Recevez, avec assurance, mon cher général,
« l'expression particulière de ma haute estime et
« de mon inaltérable attachement.

« MONCEY. »

Château de Baillon, le 20 février 1842.

Deux mois après, jour pour jour, Moncey,

doyen des maréchaux de France, avait terminé sa longue et glorieuse carrière.

Sa mort fut digne de sa vie; il s'éteignit lentement, sans souffrance, avec le calme et la sérénité de l'homme de bien. Ses dernières paroles furent celles-ci : maintenant, dit-il, en se tournant vers son nombreux état-major, *j'ai vécu, je souhaite que tout le monde finisse comme moi.*

Ce langage si simple en apparence, devenait sublime dans la bouche de l'illustre vieillard; quatre-vingts huit ans d'une vie sans reproche lui donnaient le droit de se proposer pour exemple; il produisit une impression profonde sur tous ceux qui purent l'entendre.

L'Hôtel royal des Invalides resta privé de gouverneur pendant six mois; M. le lieutenant-général baron Petit, pair de France, fut chargé, par le le ministre de la guerre, d'en remplir les fonctions par intérim.

Le seul évènement remarquable qui eut lieu pendant cet intervalle dans cet établissement, fut la visite des ducs d'Orléans et de Saxe Weimar.

La mort du prince royal survenue quelques jours après, à la suite de la catastrophe du 13 juillet, ajoute un grand prix à la dernière visite qu'il fit à l'Hôtel; nous nous ferons donc un devoir en la racontant, de la faire connaître dans ses plus petits détails.

Le duc d'Orléans annoncé par M. le maréchal duc de Dalmatie, secrétaire d'état au département de la guerre, vint aux Invalides accompagné de M. le duc de Saxe Weimar, le 16 juin 1842, à onze heures du matin ; il y fut reçu à la grande grille d'entrée, par M. le lieutenant-général baron Petit, remplissant par intérim les fonctions de gouverneur, l'état-major et tous les fonctionnaires de l'établissement.

Le prince se rendit ensuite dans la cour d'honneur où il était attendu par toutes les divisions de l'Hôtel rangées en ordre de bataille.

Après en avoir parcouru le front, le duc d'Orléans se plaça en face du portail de l'église et fit commencer le défilé.

Il faut avoir été témoin d'un pareil spectacle pour pouvoir se rendre compte de tout ce qu'il présente de majestueux et d'imposant. A l'heure qu'il est, les restes mutilés des immortelles phalanges de la République et de l'Empire sont encore en majorité aux Invalides, et parmi ces trois mille vétérans dont la plupart n'a conservé d'entier que le cœur, presque tous pourraient répondre que nos plus mémorables batailles ont été gagnées au prix du membre dont ils sont privés.

L'émotion du prince en présence de ces vivans débris était visible; on l'entendit plusieurs fois exprimer toute son admiration pour la noble tenue et la fière attitude de ces vieux braves. Après le défilé il parcourut et visita en détail toutes les parties de l'Hôtel. L'église, le dôme, la chapelle Saint-Jérôme où était déposé le corps de l'empereur, les infirmeries, la salle du conseil, la bibliothèque, les galeries des plans en relief de nos principales villes de guerre, les cuisines, les refectoires, quelques dortoirs, rien ne fut oublié. Dans tout le cours de sa visite, S. A. R. témoigna souvent du vif intérêt que lui inspiraient les pensionnaires de l'État. Il avait exprimé le désir que la décoration de la Légion-d'Honneur fût accordée au doyen des militaires invalides, que les hommes en état de punition pour des fautes légères fussent graciés, qu'on fît une distribution extraordinaire de vins à tous les officiers, sous-officiers et soldats présents à l'Hôtel; tous ces ordres furent exécutés, à l'exception de la décoration qui ne fut pas accordée.

Le prince s'était montré envers tous plein de bienveillance et d'aménité, et sa visite laissa chez tous une impression profonde de satisfaction et de bonheur.

Les invalides déjà instruits de la bienveillance

particulière que leur portait le prince royal, s'étaient convaincus, dans cette circonstance, de l'efficacité de ses bonnes dispositions; les mots d'amélioration avaient été prononcés ; il avait été question d'accorder des décorations, et la promesse qui en fut faite ne serait pas restée une lettre morte, sans l'horrible évènement qui vint, quelques jours après, plonger la France dans la douleur et la consternation. En effet, un mois ne s'était pas écoulé, que ce prince, si jeune, doué de tant de belles qualités, périssait misérablement à la suite d'un accident aussi fatal qu'imprévu.

Cet évènement qui mit tout le pays en deuil, fut surtout vivement senti aux Invalides; l'adresse que M. le lieutenant-général Petit, gouverneur par intérim, fit parvenir le lendemain, aux pieds du trône, au nom de tous ces viellards, est un touchant hommage rendu à la mémoire du prince dont nous pleurons encore la perte, elle mérite de trouver sa place ici :

Sire,

« La France, paisible et confiante dans les des-
« tinées que lui assure le gouvernement de votre
« majesté, voyait avec orgueil sur les marches du
« trône, un prince doué par la nature des quali-
« tés les plus éminentes. Sa brillante valeur, les

« glorieux faits d'armes qu'il avait accomplis en
« avaient déjà fait l'idôle de l'armée, et la Patrie
« se plaisait à placer en lui ses plus chères espé-
« rances.

« Heureuse du présent, confiante dans l'avenir,
« la France croyait n'avoir plus que des actions
« de grâces à rendre à la Providence, lorsqu'elle
« se sent tout-à-coup frappée au cœur.

« Sire, votre douleur n'admet pas de consola-
« tion et nous nous associons avec la France en-
« tière aux larmes de votre royale famille; per-
« mettez-nous cependant de placer à côté de l'a-
« mertume de nos regrets un mot d'espérance.
« Ce royal enfant dont la naissance fut une joie
« publique, héritera des vertus de son père; il re-
« cueillera de vous ces leçons de sagesse, dont la
« France parle avec amour, et l'Europe avec res-
« pect. »

« Sire, vous êtes accoutumé à compter sur l'ap-
« pui de la Providence, le concours du pays ne
« vous manque pas, Dieu protège la France! »

L'impression douloureuse que la mort subite du duc d'Orléans causa à l'Hôtel Royal des Invalides, était non-seulement celle de toute la France, elle eut un immense retentissement en Europe.

En effet, l'abime qui venait de s'ouvrir sous les

marches du trône, n'était pas une de ces calamités que l'on peut renfermer au sein d'une famille, et même d'une province, les intérêts généraux étaient atteints, l'avenir se montrait à tous les amis de l'ordre et de nos institutions, gros d'évènemens, hérissé de difficultés inouïes. »

Le duc d'Orléans était doué de toutes les qualités qui peuvent assurer un beau règne, il était, par son esprit, par son éducation, par ses sympathies, le roi des générations nouvelles; il avait vécu au milieu des idées de son siècle, comme dans son atmosphère. Pour fonder sa dynastie, son auguste père s'était généreusement dévoué à toutes les haines des partis, il avait rempli avec courage, avec persévérance, au péril même de sa vie, la tâche laborieuse d'abattre les factions et de ramener l'ordre, et il avait maintenu la paix du monde. Lorsque le jour serait venu pour lui d'aller se réfugier au sein de l'histoire qui aurait raconté le bien de son règne, il eût emporté dans sa tombe, le prétexte de toutes les haines. Le prince royal ne trouvait plus que des institutions éprouvées et affermies par le temps. La calomnie n'eût pu invoquer contre lui aucun souvenir du passé, et les dissidences se seraient appaisées d'elles-mêmes.

A ce tableau très-imparfait, nous devons ajouter que l'inaltérable bonté du prince, toujours généreux envers les malheureux, n'aurait pas laissé tourner contre lui, l'argument terrible de la misère du peuple. Il eût songé à l'amélioration des classes ouvrières : il y songeait déjà, et tout ceux qui l'ont approché, rendent témoignage qu'il s'en occupait comme du problême de son règne le plus important à résoudre. Ses compagnons d'armes qui l'ont vu au milieu des camps et auprès du lit des soldats malades, dans les hopitaux, porter des secours et des consolations à tout le monde indistinctement, peuvent dire qu'il regardait tous les Français comme ses frères, et qu'il sympathisait profondément à leurs souffrances.

Mais non-seulement le duc d'Orléans était bon et affable pour tous, il était encore, par son intelligence, un des esprits les plus remarquables de son époque, de même que par son courage et sa brillante bravoure, il avait su en quelque temps s'élever au rang des capitaines les plus distingués de l'armée. Comprenant avec une merveilleuse élévation de pensée, toutes les grandeurs et les devoirs de sa position, il était aimé même des ennemis de sa famille, et dans ce grand fleuve de haines et d'injures qui a coulé sur les siens, jamais aucun flot n'a pu monter jusqu'à sa personne.

Durant les loisirs que lui laissaient ses nombreuses études et les soins tout particuliers qu'il donnait à l'organisation militaire du pays, il écrivait les évènemens et les faits d'armes dont il avait pu être témoin. Nous avons mentionné au commencement de notre travail les régimens dont il a écrit l'histoire, nous avons parlé de la mémorable lettre qu'il écrivait à ce sujet à M. le colonel de Gouy, et nous avons placé l'histoire de l'Hôtel Royal des Invalides sous son puissant patronage, en établissant que s'il eût eu le temps de mettre la dernière main à ce patriotique travail, il l'eût couronné par l'histoire des Invalides.

Toutes ces qualités, toutes ces prophéties d'un grand règne sont perdues; il fut brusquement arraché à la vie et au plus beau trône du monde, avant d'avoir eu le temps de ceindre cette couronne que tout dans l'avenir, semblait lui faire présager comme si belle.

Le gouvernement intérimaire de M. le lieutenant-général Petit, ne fut marqué par aucun autre évènement remarquable jusqu'à l'arrivée de M. le maréchal Oudinot, duc de Reggio, qui fut nommé gouverneur des Invalides le 21 octobre 1842.

Le vide laissé à l'Hôtel Royal des Invalides par la mort de l'illustre maréchal Moncey, était difficile à combler : il fallait pour lui succéder un de ces hommes qui comme lui put réunir à l'éclat de la plus haute illustration militaire, le prestige d'une vie sans tache ; le maréchal Oudinot fut cet homme.

Élevé depuis près de soixante ans aux sommités de la hiérarchie militaire, il a non-seulement commandé de nombreuses et puissantes armées, il a gouverné des villes, administré des provinces, et partout, dans toutes les circonstances, ses actions n'ont été dirigées par d'autres sentimens, n'ont eu d'autre mobile, que la gloire et la prospérité de son pays.

Ici encore faisons taire le respect dû aux vivans et essayons de raconter quelques traits de la vie homérique de cet homme de guerre, sans contredit le plus brillant, et l'un des plus remarquables au milieu de cette longue liste de héros qui de 1789 à 1815 ont élevé si haut le nom de la France.

La Lorraine qui, plus qu'aucune de nos provinces, fut dans tous les temps féconde en soldats illustres, aime à compter Oudinot au nombre de ses enfants.

Né le 26 avril 1767, à Bar-sur-Ornain (Meuse), Oudinot (Nicolas-Charles), cédant à une irrésistible vocation, s'enrôla dans le régiment de Médoc, dès 1784 ; mais, trois ans après, et sur les pressantes instances de ses parents, il dut, à son grand regret, quitter le service.

Le jeune Oudinot n'était pas encore consolé de ce sacrifice, quand, vers la fin de 1791, la nécessité de repousser l'agression étrangère fit surgir ces bataillons volontaires auxquels la patrie dut son salut, et où vinrent se ranger tant de généreux courages.

Témoins dans beaucoup de circonstances de l'énergie et du patriotisme d'Oudinot, ses compatriotes crurent démêler en lui le germe de grandes qualités militaires, et lui confièrent le commandement du troisième bataillon de la Meuse. Nous allons voir si leurs pressentiments et leur espoir furent trompés.

L'avancement d'Oudinot fut rapide et devait l'être, car, chaque jour étant marqué par de nouveaux combats, les chances de périls et de récompenses se multipliaient alors dans une égale proportion. Le jeune commandant eut donc bientôt conquis les plus hauts grades sur les champs de bataille.

En septembre 1792, à la suite de la belle défense du château de Bitche, et après avoir fait sept cents prisonniers aux Prussiens, il fut nommé chef de la quatrième demi-brigade, (ex-régiment de Picardie).

Une action non moins glorieuse lui valut, dans le mois suivant, le grade de général de brigade à l'armée de Rhin-et-Moselle. Son régiment, isolé près de Morlanter, soutenait les efforts de dix mille ennemis, depuis quatre heures du matin, lorsqu'à deux heures de l'après-midi, Oudinot, se voyant entouré par une cavalerie innombrable, forme le carré, et rejoint l'armée française, la bayonnette croisée, sans se laisser un seul instant ébranler par les charges les plus vigoureuses. L'élévation du colonel Oudinot au grade supérieur n'est pas la seule récompense de cette belle action : son nom est le lendemain donné pour mot d'ordre à l'armée, et le général en chef cite comme exemple à tous les corps de troupes, la belle conduite de la quatrième demi-brigade. Peu de temps après, le nouveau général reçoit à Haguenau un coup de feu à la tête ; et c'est ici que commence pour lui cette série de blessures que nous allons voir se succéder presque sans interruption.

Si les limites de cet écrit le permettaient, nous décririons, dans l'intérêt de la science militaire, la manœuvre à la fois habile et audacieuse à l'aide de laquelle, le 19 thermidor an II, (6 août 1794), Oudinot se rendit maître de Trèves, où il eut la jambe cassée, et dont il devint gouverneur.

Le 26 vendémiaire an III (17 octobre 1794). Oudinot reçoit, dans une attaque de nuit à Neckrau, cinq coups de sabre, et forcé de céder au nombre, sa valeur ne peut le préserver de la captivité. Il est retenu pendant cinq mois prisonnier en Allemagne; mais, à peine rendu à l'armée, on le voit, à la tête de sa brigade, prendre Nordlingen, Donavert et Neubourg. Il soutenait depuis près de dix heures, à Ingolstadt, les efforts du corps autrichien de Latour, auquel il était numériquement très inférieur, quand il reçut un coup de feu et plusieurs coups de sabre; et, peu de mois après, bien que son bras fût encore en écharpe, à la tête des septième de hussards, dixième et dix-septième de dragons, il fit mettre bas les armes à plusieurs bataillons, prouvant ainsi qu'il n'avait pas moins d'aptitude au commandement de la cavalerie qu'à celui de l'infanterie.

Oudinot se signala encore successivement au combat de Feldskirch, à la prise de Manheim, et à celle de Constance, que défendait l'armée de Condé, de concert avec un corps d'armée autrichien. Là, plus d'un émigré fait prisonnier par l'armée républicaine trouva dans le général Oudinot un compatriote généreux.

Enfin, le grade de général de division récompensa, le 23 germinal an VII (12 avril 1799), de nombreux et éclatans services.

Bientôt le général de division Oudinot, devenu

chef d'état-major de Masséna, contribua puissamment au succès de cette immortelle journée de Zurich, où la défaite de Korsakow rendit stériles tous les succès de Souwarow, et qui préserva notre pays de l'invasion étrangère. Cette fois encore Oudinot fut atteint d'un coup de feu, et cette blessure fut suivie de tant d'autres, qu'il nous sera impossible de les mentionner toutes ici.

Cependant l'année 1799 avait été désastreuse pour nos armées en Italie. Le gouvernement, qui éprouvait le besoin de ranimer le moral des troupes dans cette contrée, les plaça sous les ordres du héros de Zurich. Pour accomplir dignement sa mission, l'*Enfant chéri de la Victoire* emmena avec lui les généraux qui lui inspiraient le plus de confiance : à leur tête étaient Soult et Oudinot. Ce dernier conserva le titre de chef d'état-major-général; et, dans la campagne qui fut couronnée par la défense de Gênes, on vit Oudinot associé à toutes les combinaisons du général en chef, son illustre ami. Celui-ci, dans les plus graves circonstances, lui confia le soin de conduire nos colonnes à l'ennemi. Pendant le blocus, dont la durée fut de soixante jours, il traversa deux fois sur une frêle embarcation les lignes anglaises, et parvint à transmettre les volontés de Masséna au corps de Suchet, avec lequel il importait de rester en communication. Dans ces diverses missions toujours il déploya autant de talent et de valeur que de dévouement et de fermeté d'âme.

C'est donc un hommage que Masséna rendait à la vérité quand il écrivait au gouvernement, en parlant de son chef d'état-major : « Je n'ai pas
» d'expressions pour donner une idée du patrio-
» tisme et de la haute intelligence avec lesquels le
» général Oudinot m'a secondé en Suisse et en
» Italie : il était partout et à tout ; il n'a pas seu-
» lement conquis mon estime et mon attache-
» ment, il a droit à la reconnaissance publique. »

Le successeur de Masséna au commandement en chef de l'armée d'Italie, Brune, avait instamment réclamé pour chef d'état-major, le général Oudinot, auquel son penchant faisait cependant préférer le commandement direct des troupes. Le nouveau général en chef ne tarda pas à s'applaudir de son choix.

L'armée autrichienne avait réuni, le 26 décembre 1800, toutes ses forces entre l'Adige et le Mincio ; elle se préparait à passer le fleuve ; mais Brune résolut d'arrêter sa marche. Il fit établir sur les hauteurs de Monzambano une batterie de grosse artillerie, à la faveur de laquelle tout le centre de l'armée passa le Mincio, sans éprouver de grands obstacles. Profitant d'un monticule qu'ils avaient fortifié, les Autrichiens construisent une redoute masquée qu'ils garnissent d'une artillerie formidable ; puis, par une retraite simulée, ils laissent nos bataillons s'avancer presque sans résistance. Mais, bientôt la mitraille produit dans nos rangs d'horribles ravages ; le désordre se met parmi nos soldats, qui fuient et se précipitent vers le Mincio. Oudinot voit que personne ne cherche à réparer cet échec, il accourt en toute hâte, et, sans même regarder s'il est suivi, il s'élance sur cette batterie meurtrière et sur les canonniers ennemis. Les uns épouvantés de tant d'audace se dérobent par une prompte fuite au sort qui les menace ; les autres se font tuer courageusement sur leurs pièces par le général français, secondé seulement de quelques officiers et d'une petite escorte de chasseurs. Cette action hardie a pour effet immédiat de ranimer tous les courages. Nos bataillons ralliés prennent leur revanche, font payer cher aux ennemis leur succès momentané, et ceux-ci, repassant l'Adige avec précipitation, continuent leur retraite jusqu'aux lagunes de Venise, toujours poursuivis par l'armée française, dont le triomphe n'est interrompu que par la paix.

Nous venons de voir quelle impulsion savait donner aux troupes le chef d'état-major de l'armée d'Italie ; peut-être lira-t-on avec intérêt le compte-rendu par lui de la bataille de Monzambano. Dans un journal historique des opérations de l'armée d'Italie, adressé par lui au ministre et imprimé par orde du gouvernement, on lit :

« Conduits par un général hors ligne, là où la
» résistance était la plus forte, quelques officiers
» d'état-major (ici se trouvent les noms de ces
» militaires) culbutèrent tout ce qui se trouva sur
» leur passage, parvinrent à enlever une pièce
» de canon, et donnèrent, par ce dévouement, le
» temps à la division Boudet d'arriver à leur hau-
» teur ; le général qui était à leur tête eut son cheval
» blessé, etc. » (1)

On le voit, le guerrier auquel est dû en réalité le succès de la journée, évite avec soin de prononcer son nom en rendant compte de la bataille ; sa modestie n'est donc comparable qu'à sa valeur. N'est-ce pas ainsi que Turenne écrivait ses bulletins !

L'armistice de Trévise, conclu avec le général Bellegarde, permettant à Brune de se priver pendant quelque temps de son chef d'état-major, il le

(1) Journal historique des opérations de l'armée d'Italie, depuis le 27 frimaire an 9, jusqu'au 26 nivose inclusivement, Page 51.

charge de porter à Paris les drapeaux enlevés à l'ennemi dans cette campagne, à laquelle il avait pris une part si glorieuse. L'armée applaudit à ce choix ; et, en témoignage de la reconnaissance publique, le premier consul décerna à Oudinot un sabre d'honneur, et lui donna le canon autrichien dont il s'etait si valeureusement emparé à la bataille appelée indistinctement du Mincio ou de Monzambano. Ce canon décore aujourd'hui la retraite du guerrier, qui possède, à sa terre de Jean-d'Heurs, le plus bel arsenal particulier de l'Europe.

La paix de Lunéville donne à nos armées quelques instans de repos ; le gouvernement en profite pour affermir, dans les corps, la discipline et l'instruction, auxquelles, pendant la guerre, on ne peut donner qu'une attention secondaire. Aimé du soldat, homme intègre et dévoué à ses devoirs, le général Oudinot était éminemment propre à l'inspection des troupes : aussi est-il successivement nommé inspecteur-général d'infanterie et inspecteur-général de cavalerie, tant les deux armes lui sont familières. Pendant ces momens de paix, Oudinot est successivement appelé trois fois au Corps Législatif par le vœu de ses compatriotes.

Nous sommes arrivés au moment où la République fait place à l'Empire. Napoléon, voulant entourer son trône d'institutions monarchiques, fonde l'ordre de la Légion-d'Honneur et Oudinot en est nommé Grand-Cordon. Peu de temps après parut une promotion des maréchaux de l'Empire ; on s'étonna de ne pas y trouver un nom qui était placé si haut dans l'estime publique ; cette lacune accusait la prédilection de l'empereur pour les soldats d'Egypte. Napoléon comprenant que les regrets de l'armée à ce sujet étaient légitimes, dit au général Oudinot qu'en attendant le bâton de maréchal, il lui confiait le commandement des douze mille grenadiers et voltigeurs réunis qui formaient le camp d'Arras.

Dès ce moment, investi de l'un des postes les plus importans qu'aucun homme de guerre ait obtenu, Oudinot va de plus en plus grandir dans l'opinion publique et dans la confiance du soldat. Avant lui, sans doute, le titre de grenadier était déjà, et avec raison, considéré en France ; mais c'est surtout, personne ne l'ignore, depuis la campagne de 1805, que cette qualification a été si honorée parmi nous.

Quel corps, en effet, a joué un rôle plus glorieux dans cette admirable campagne d'Austerlitz que le corps des grenadiers réunis ?

Les camps de Boulogne, d'Ostende, et d'Arras avaient servi de prélude aux grandes destinées de nos soldats. L'armée part de ses cantonnemens en trois colonnes, et quarante-cinq jours lui suffisent pour arriver à Vienne.

Le siège d'Ulm, la victoire de Gunsbourg, furent préparés par les combats de Wertingen et d'Amstetten, où les grenadiers réunis firent des prodiges de valeur. En moins de trois heures ils mirent en déroute dix-huit mille grenadiers autrichiens qui, reculant épouvantés entraînent avec eux l'armée ennemie jusqu'à Amstetten; mais là, comme honteuse d'avoir abandonné de telles positions, elle revient sur ses pas, résolue à les défendre. Les grenadiers d'Oudinot toujours à l'avant-garde, marchaient en pleine sécurité, lorsque le détachement de deux cents hommes qui les éclairait trouva le village de Turnbach occupé par quatre mille hommes d'infanterie, appuyés de quelques escadrons et de plusieurs pièces d'artillerie. Reculer eût été évidemment dangereux; mais l'intrépide Oudinot avait devancé le gros de la troupe, et, sans hésiter il commande la charge, malgré le feu de la mousqueterie. Bientôt l'ennemi mis en fuite, est poursuivi l'épée dans les reins; Turnbach est occupé par une poignée de nos soldats; quatre cents morts et mille huit cents prisonniers sont le résultat de ce combat qui eut sur le reste de la campagne tant d'influence.

La victoire d'Amstetten venait d'ouvrir à l'empe-

reur les portes de Vienne. Les grenadiers d'OUDI-
NOT traversent cette ville l'arme au bras, et les corps
autrichiens, qui, depuis quelques jours, se reti-
raient devant l'armée française, étaient résolus à
défendre le passage du Danube. Ils avaient pris
position sur la rive gauche; leur artillerie était
placée de manière à pouvoir enfiler le pont et à le
croiser par le feu de plusieurs batteries; en outre,
chacune des arches de ce pont était garnie de
barils de poudre. Pendant quelques pour-parlers
entre le prince Murat, le maréchal Lannes, le
général Bertrand, et des parlementaires autrichiens,
le corps des grenadiers réunis, toujours en masse,
effectuait son passage en jetant dans le fleuve tous
les combustibles. Déjà il avait franchi les trois
quarts du pont, lorsque l'on entendit les officiers
autrichiens faire le commandement : « *Feu...!* »
L'ordre allait-être exécuté; les braves grenadiers
voyaient avec un impassible sang-froid cet immi-
nent danger..... Soudain, par une de ces auda-
cieuses inspirations que le sort des armes favorise
presque toujours, OUDINOT se précipite avec son
état-major sur les canonniers ennemis, s'empare
de leurs mèches enflammées, fait battre la charge,
et, à la tête des troupes, franchit le pont au pas
de course. Pour ne point laisser ce succès incom-
plet, les grenadiers électrisés par leur général, se

portent sans délai sur le village de Spitzen ; s'emparent d'un parc d'artillerie composé de cent quatre-vingts pièces de canon et de trois cents caissons, et ne s'arrêtent qu'à Corn-Neubourg, où ils prennent position.

Six bataillons autrichiens, le régiment des cuirassiers de l'Empereur, une partie du régiment de Nassau, et plusieurs détachemens de hussards, furent surpris et enveloppés par cette marche non moins habile que hardie.

Le lendemain le corps d'Oudinot s'empare de Stokereau, y fait mettre bas les armes à deux bataillons hongrois, et se rend maître d'un immense magasin militaire qui devient une grande ressource pour nos soldats.

Nous nous sommes étendus avec détail sur le passage du Danube, parceque ce fait d'armes est, par ses résultats, l'un des plus importans d'une campagne féconde en évènemens merveilleux.

« A cette époque, dit le général Pelet, si Vienne eût tenu quelques momens, si les ponts eussent été coupés, les réserves Russes auraient atteint le Danube, l'armée d'Italie serait venue les rejoindre ; la Prusse attaquait aussitôt nos derrières ; le vainqueur d'Ulm était forcé de se retirer sur le Trasen, peut-être sur l'Emins, etc. »

Jusqu'ici, et malgré tant de dangers, Oudinot avait, dans cette campagne, échappé au fer et au feu de l'ennemi ; mais il eut, le 18 novembre, la cuisse traversée d'une balle au combat d'Hollabrünn. Là nos troupes ayant attaqué corps à corps l'ennemi, les russes perdirent six mille neuf cents hommes tant tués que blessés ou prisonniers.

Quoique sa blessure fût toute récente à la journée d'Austerlitz, le général Oudinot, qui avait été momentanément remplacé par le grand maréchal du palais, Duroc, reprit le commandement de son corps pendant cette grande bataille, et y rendit de nouveaux et éclatans services.

Par le traité du 16 février 1806, Napoléon ayant obtenu de la Prusse la cession des comtés de Neufchâtel et de Valengin, en forma un état distinct qui devint la récompense de Berthier, son chef d'état-major d'Italie, d'Egypte et d'Allemagne. Le corps des grenadiers prit possession de la principauté de Neufchâtel. Cette circonstance mit dans une nouvelle évidence le désintéressement et la loyauté de leur général. Deux faits prouveront qu'il sut à la fois accomplir sa mission à la satisfaction du pays et au contentement du nouveau souverain. Ainsi, à son départ de Neufchâtel, les habitans lui offrirent, avec une épée d'honneur, le titre de citoyen de leur ville, ce titre est transmissible à ses enfans, qui, apprécient, nous le savons, ce noble et glorieux héritage. De son côté, Berthier écrivait à OUDINOT : « Je vous affectionne, je vous estime, et vous me rendez, j'espère, ces sentimens. Je me flatte qu'un jour nous irons ensemble voir ces bons habitans de Neufchâtel, qui vous regardent comme un père. Vous m'avez fait aimer de ces braves gens, et je partage leur dévouement aussi bien que leur reconnaissance pour vous, etc. »

La place nous manque ici pour retracer toutes les actions auxquelles les grenadiers d'OUDINOT prirent part comme réserve de la Grande Armée, dans les campagnes de 1806 en Prusse, et de 1807 en Pologne. N'oublions pas cependant que la victoire d'Ostrolenka leur est due et qu'ils contribuèrent puissamment avec les troupes du maréchal Lefèvre, à la reddition de Dantzik. Le soixante-quatorzième bulletin de la grande armée rapporte que le général OUDINOT tua trois Russes de sa propre main, dans le combat qui amena l'occupation de cette importante place. En citant ce fait particulier, l'empereur a voulu honorer la rare intrépidité du général qu'il se plaisait à surnommer le *Bayard moderne*. Quelques personnes pourront improuver ce courage bouillant d'un guerrier qui, parvenu aux sommités de la hiérarchie militaire, n'a pas toujours assez tenu compte de ses jours. Convenons toutefois que l'excès de bravoure reproché à Oudinot, est le défaut que les français pardonnent le plus facilement.

La campagne de Pologne allait se terminer par une bataille non moins importante que celles de Marengo, d'Austerlitz, d'Iéna. Le 14 juin 1807, le général Oudinot avait résisté, pendant dix heures, avec ses grenadiers et voltigeurs, aux efforts de l'armée russe agglomerée sur un même point, pendant que nos troupes se dirigeaient sur la Pregel. Napoléon, qui avait longtemps refusé de croire qu'Oudinot fût attaqué aussi sérieusement, arrive sur le champ de bataille, et le trouve couvert de morts : « Vous avez fait des prodiges, dit
« l'Empereur au général de ses grenadiers ; quand
« vous êtes quelque part, il n'y a plus à craindre
« que pour vous. Vous me rappelez Léonidas ;
« mais votre dévouement aura un plus heureux
« succès (1). C'est à moi de finir la journée. »
Bientôt en effet, l'ennemi obligé de repasser l'Allemagne dans le plus grand désordre, compte plus de soixante mille hommes hors de combat, et cette

---

(1) Horace Vernet a choisi ce moment pour reproduire la bataille de Friedland que l'on admire au musée de Versailles comme un des chefs-d'œuvre de ce grand peintre.

victoire de Friedland amène promptement la paix de Tilsitt. L'Empereur donna le titre de comte, avec une dotation d'un million, au général Oudinot à la suite de cette campagne. C'était, sans doute, un éclatant témoignage de satisfaction, et cependant le bâton de maréchal, ce sceptre des guerriers, semblait la seule récompense digne de si nombreux et si éminens services.

A cette époque, Napoléon était parvenu à l'apogée de sa gloire; et peut-être eût-il rendu sa puissance indestructible si, au lieu de lui donner une extension démesurée, il se fût occupé de l'affermir; mais la destinée l'entraînait à sa perte par de nouvelles conquêtes. D'abord dans l'espoir d'assurer sa domination sur la péninsule hispanique, il conçoit la pensée de donner le Portugal à l'Espagne, à condition que les provinces espagnoles situées entre les Pyrénées et l'Ebre seront réunies à sa couronne, et, pour marcher à l'accomplissement de ce projet, il met la maison de Bragance dans la nécessité de se réfugier au Brésil. Le trône même de Charles-Quint ne tarde pas à le tenter pour sa dynastie. Il fait envahir l'Espagne par ses troupes, et, dans ce pays si porté à l'indulgence pour les fautes royales, il parvient à susciter une révolution à l'aide de querelles domestiques dont la famille de Charles IV offre le scandaleux exemple.

O Baylen ! journée de douloureux souvenirs ! pourquoi la France ne peut-elle t'effacer de ses annales ! A cette déplorable capitulation, d'autres revers succèdent, qui rendent impérieuse la présence de Napoléon dans la Péninsule. Mais, avant de s'y rendre, ce monarque éprouve le besoin de s'entendre sur l'état des affaires en Europe avec l'Empereur de Russie, le plus puissant de ses alliés, et avec les princes de la Confédération du Rhin. Erfurth est le lieu désigné pour la réunion du congrès ; et, pour qu'aucune pensée de défiance ne puisse pénétrer dans les esprits, le gouvernement de la ville et le commandement des troupes sont confiés au général Oudinot. Quel choix aurait pu réunir des suffrages plus unanimes ! En rapport journalier avec la plupart des souverains du Nord, Oudinot fut bientôt aussi haut placé dans leur affection que, déjà, il l'était dans leur estime. L'Empereur Alexandre, en particulier, lui donna dès-lors des preuves signalées d'une haute et toute spéciale considération.

Cependant la guerre allait bientôt se rallumer en Allemagne, et l'année 1809 devait offrir encore le spectacle d'un grand conflit entre l'Autriche et la France. Oudinot fut pour cette campagne mis à la tête de dix-huit bataillons de grenadiers et voltigeurs réunis ; mais dans ces cadres beaucoup de soldats des compagnies du centre, et même un certain nombre de conscrits avaient remplacé les vieux grenadiers morts au champ d'honneur. Toutefois, les traditions de *la Colonne infernale* (1) étaient vivantes encore, et dès le début de la campagne, le corps d'Oudinot disperse l'ennemi à Pfaffenhoffen.

Quelques jours après, le 1er mai, il fait à Ried quinze cents prisonniers. Une de ses divisions se couvre de gloire et compte trois cents blessés à ce mémorable combat d'Ebersberg, où sept mille Français passèrent sur le corps de trente-cinq mille Autrichiens. Il était dans la destinée d'Oudinot d'entrer encore le premier à Vienne; mais cette fois, l'ennemi avait compris combien il était important de mettre le Danube entre lui et nous. Les ponts qu'il avait détruits, Napoléon les rétablit à Ebersdorf; et bientôt la bataille d'Essling, tout en laissant intact l'honneur des armes françaises, vient détruire le prestige de notre invincibilité. Oudinot prit à cette sanglante journée une part des plus actives; et l'on peut s'étonner qu'il n'y reçut qu'une blessure, et qu'il n'ait eu que deux chevaux tués, lui qui vit la mitraille ennemie détruire presque entièrement à ses côtés ces grena-

---

(1) C'est le nom que lui donnaient les armées ennemies.

diers réunis, dont à si juste titre se glorifie notre pays. Ici, pour ainsi dire en présence de leur tombe, un vœu doit être permis, l'histoire complète de cette immortelle phalange mérite d'être reproduite. (1)

Quoiqu'il en soit, il fallait, après la bataille d'Essling, pourvoir au remplacement du duc de Montebello ; Napoléon n'hésita pas à lui donner pour successeur le guerrier qu'il avait surnommé

---

(1) Personne n'est plus à même de traiter ce sujet que l'officier-général, héritier du nom d'Oudinot et qui a fait toutes les campagnes de l'Empire. Nous croyons savoir qu'il a commencé ce monument national dans lequel notre jeune armée doit trouver de si précieux exemples. Nous le conjurons de ne pas laisser inachevée une œuvre à l'accomplissement de laquelle est d'ailleurs si intéressée une famille, qui se consacre presque toute entière à la gloire des armes.

Plusieurs historiens, et Voltaire en particulier, font remarquer que, dans certaines familles, le courage et les vertus guerrières sont héréditaires. Cette remarque est surtout susceptible d'application dans la famille Oudinot.

Le comte Auguste Oudinot, colonel du deuxième régiment de chasseurs d'Afrique, a été tué en 1842 au combat d'Ismaël, à la suite d'un acte de dévoûment héroïque ; il reste encore au maréchal duc de Reggio, six fils ou petit-fils, présens sous les drapeaux.

1° Le lieutenant-général marquis Oudinot, député.
2° Le comte Charles Oudinot, lieutenant de zouaves.
3° Le vicomte Henri Oudinot, officier de dragons.
4° Le comte Pajol, capitaine d'état-major.
5° Le vicomte Eugène Pajol, capitaine du deuxième chasseurs d'Afrique.
6° Le vicomte de Lorencey, capitaine des chasseurs d'Orléans.

le *Bayard moderne*. Le bulletin qui fit connaître à l'armée la nomination du général Oudinot, s'exprime ainsi :

« L'Empereur a donné le commandement du
« deuxième corps au comte Oudinot, général
« éprouvé dans cent combats où il a montré au-
« tant d'intrépidité que de savoir..... »

Le deuxième corps ne comptait dans ses rangs que quelques milliers de grenadiers réunis, mais son effectif général était de vingt-quatre mille hommes, et il devait jouer un rôle important dans le nouveau conflit qui se préparait entre l'Autriche et la France. Oudinot, qui le premier passe le grand bras du Danube, pendant la mémorable nuit du 4 au 5 juillet 1809, ayant à la pointe du jour pris sa place entre les troupes de Davoust et celles de Masséna, s'empare successivement de Hauss-Gründ et de Muhllenten. L'ennemi occupait le château de Sachsengang et un petit bois à droite, couvert par une redoute. Nos soldats ont bientôt enfoncé les portes ; le château entouré de fossés plein d'eau, avait de l'artillerie, et opposait une résistance vigoureuse, quand Oudinot, par d'énergiques et successives attaques, force les neuf cents Autrichiens dont se composait la garnison de se rendre à discrétion, et leur prend douze pièces de canon. Cet avantage remporté sur l'ennemi n'était que le prélude de plus grands succès.

La possession des hauteurs de Wagram, décida de l'issue de cette journée, où l'on vit plus de quatre cents mille combattans se disputer le sort de l'Europe, et qui a été appelée avec raison le chef-d'œuvre des batailles tactiques.

Napoléon, pour témoigner hautement sa reconnaissance au général Oudinot, l'élève immédiatement à la dignité de maréchal, que l'armée lui avait depuis long-temps décernée ; et, peu de jours après, lui donne le titre de duc de Reggio, auquel il attache cent mille livres de rente. Les récompenses étaient alors proportionnées à la grandeur de l'époque. L'empereur Alexandre ajouta encore du prix à celles dont Oudinot venait d'être l'objet, en lui écrivant de sa propre main la lettre suivante :

« Mon cher maréchal,

« Recevez mes sincères félicitations sur votre
« élévation à la dignité de maréchal ; amis et en-
« nemis applaudissent à cette justice qui vous est
« rendue : elle n'honore pas moins votre souve-
« rain que vous-même. Quand vous réunissez
« ainsi tous les suffrages, le mien ne pouvait vous

« manquer, il est inaltérable comme l'amitié que
« je vous ai vouée. »

Le maréchal Oudinot occupait en 1810 une partie de la Hollande avec son corps d'armée, lorsque des dissidences entre l'Empereur et son frère Louis décidèrent les Français à s'emparer d'Amsterdam, alors capitale du royaume. Le duc de Reggio gouverna ce pays pendant un an, et cette mission, aussi politique que militaire, fit ressortir de plus en plus ses talents administratifs et son esprit de conciliation. Aussi les Hollandais lui offrirent-ils une riche épée, en témoignage de gratitude et de haute estime.

Louis, qui abdiqua la couronne, pour ainsi dire, entre les mains du maréchal Oudinot, lui donna, dans cette occasion, de véritables preuves de confiance et d'affection. Enfin, le roi Guillaume lui envoya le grand-cordon de son ordre, aussitôt que, par son élévation au trône des Pays-Bas, il eut reconquis les droits héréditaires dont nous l'avions dépouillé.

Déjà le roi de Prusse avait, en 1812, donné au maréchal Oudinot un témoignage analogue d'estime et de considération particulière, il lui avait remis la grand'croix de l'Aigle-Rouge et celle de l'Aigle-Noir, parceque, deux fois gouverneur de

Berlin, il avait su obtenir au plus haut degré, la confiance des habitans. Cette faculté de faire aimer le nom français aux peuples que la conquête soumettait à nos armes, est un don inné chez le guerrier dont nous esquissons les principaux traits.

Nous voici arrivés au moment de l'entreprise gigantesque qui conduisit nos soldats au milieu des régions glacées de la Russie. Le nom d'Oudinot va recevoir encore un nouvel éclat, dans cette mémorable campagne, où furent soumises à de si rudes épreuves les caractères les plus énergiques et les mieux trempés.

Sous les ordres du duc de Reggio, le deuxième corps, fort de trente-six mille hommes, passe un des premiers le Niémen, se dirige sur Polotsk, et s'empare du camp retranché que défendait Wittgenstein, l'un des plus habiles capitaines de l'armée russe. A cette ville viennent aboutir quatre routes principales, et parmi elles la grande route de Pétersbourg à Wilna. En prescrivant au maréchal Oudinot de s'établir à Polotsk, l'Empereur menaçait ainsi le siège du gouvernement de son ennemi, et se flattait de conserver ses communications avec le deuxième corps, tandis qu'il dirigeait en personne, l'invasion du gros de son armée en Moscovie.

Les forces de Witgenstein étaient plus considérables que celles de son adversaire, et cependant les opérations du maréchal Oudinot furent presque toujours couronnées de succès. L'affaire d'Oboiarszina, aussi appelée de la Drissa, fait particulièrement honneur au deuxième corps et à son chef. Ce combat, dans lequel, selon sa constante habitude, le duc de Reggio chargea lui-même l'ennemi à la tête des colonnes, coûta la vie au général Kounief, qui commandait ce corps; une division entière y fut anéantie; quatorze pièces de canon, treize caissons, et plus de deux mille prisonniers tombèrent en notre pouvoir et, pendant près de trois quarts de lieue, la terre fut couverte de cadavres russes.

Cependant, les fatigues, les privations, plus encore que le feu ennemi, avaient réduit à vingt mille hommes les troupes d'Oudinot; l'Empereur les renforça par quinze mille hommes, formant le sixième corps, aux ordres du général Gouvion-Saint-Cyr. Wittgenstein avait de son côté reçu des renforts plus considérables, et se disposait à nous attaquer. Oudinot en est instruit, et, pour prévenir son adversaire, il se porte par Valintsoï à sa rencontre. Le village de Spas, sur lequel Wittgenstein dirige tous ses efforts, finit par rester en notre pouvoir, après avoir été pris et repris plusieurs fois. La nuit sépare les combattans, qui bivouaquent en présence. Mais le duc de Reggio, blessé grièvement le 17 août, est forcé de remettre le commandement supérieur à Saint-Cyr, qui, poursuivant la pensée de son prédécesseur, remporte le lendemain la victoire de Polostsk. Ce service signalé lui valut le bâton de maréchal, auquel de glorieux faits d'armes lui donnaient d'ailleurs des titres antérieurs. Malgré l'importance du succès qu'il venait d'obtenir, le nouveau général en chef dut se conformer au système défensif prescrit par l'Empereur au maréchal Oudinot. Il ne s'éloigna pas de Polotsk ; il s'y retrancha.

On sait par quel enchaînement de circonstances, Napoléon, qui s'était long-temps fait illusion sur sa position, fut déçu dans l'espoir qu'il avait conçu d'imposer la paix à l'autocrate russe. Le 19 octobre 1812, après être resté 34 jours au milieu des cendres de Moskou, il se décide enfin à quitter cette antique capitale. Vers le même temps, Saint-Cyr commence sa retraite ; il ne sort toutefois de Polotsk qu'après la plus belle défense, et se dirige sur l'Oula avec le deuxième corps. Bientôt il est rejoint à Tschachuik par le maréchal Victor ; mais là, Saint-Cyr, qui avait reçu une balle au pied, est forcé de se démettre de son commandement dans les premiers jours de novembre. Le duc de Reggio trouve alors, dans la gravité des évènemens, la force de surmonter les souffrances de sa récente blessure, et vient à Tschüa, se remettre à la tête de ses troupes.

Les deuxième et neuvième corps (aux ordres des maréchaux Oudinot et Victor), font de concert quelques tentatives pour rejeter Witgensttein derrière la Dwina ; mais les désastres de la grande armée leur étant annoncés, les deux maréchaux obéissent à la nécessité de se rapprocher de l'Empereur. Oudinot, qui comprenait toute l'importance de Borisow, se dirige sur cette ville, et le 23 la division russe Lambert, est culbutée jusque dans Borisow, qui, à l'entrée de la nuit tombe en notre pouvoir. Vainement chercherait-on à décrire les transports de joie avec lesquels cette nouvelle fut accueillie par les débris de notre grande armée. Echappée à la retraite de Moskou, elle s'abandonnait en effet aux plus tristes pressentimens et avait en perspective un nouveau Pultawa. Parvenus près du grand pont de Borisow sur la Bérésina, les éclaireurs du deuxième corps eurent la douleur de le voir sauter à leur approche. Il fallait y suppléer. Oudinot, ayant eu connaissance de trois passages réputés guéables, les fait reconnaître, et envoie immédiatement le général Aubry, chef de son artillerie, s'emparer de celui de Strudianka, qui lui semble préférable aux autres.

Il écrivait au prince de Neufchâtel le 24 : « Je me suis fixé sur le point de Strudianka, où je pense effectuer mon passage cette nuit ou demain matin. Je multiplie les démonstrations sur Stadhof, et surtout à Oukholoda, pour donner le change à l'ennemi. »

Napoléon, arrivé le 26 à sept heures du matin à Strudianka, se rend aussitôt chez le duc de Reggio, qui, faisant passer la Bérésina à la nage à quelques cavaliers, jette successivement quatre cents hommes d'infanterie sur la rive ennemie, au moyen de radeaux improvisés. On établissait pendant ce temps sur la Bérésina deux ponts éloignés seulement l'un de l'autre d'une centaine de toises, et dont la construction n'avait demandé que deux jours et deux nuits. Celui de droite étant terminé à une heure de l'après-midi, le deuxième corps, qu'animait une indicible ardeur, y passe le premier dans le plus grand ordre. Ce corps comptait sept mille combattans; c'était beaucoup, relativement à l'effectif général de l'armée, qui n'avait pas trente mille hommes en état. Parvenu sur la rive droite, Oudinot, marchant vigoureusement contre les Russes aux ordres de Tchitchakoff, les refoule dans la direction de Borisow, et dirige incontinent un détachement sur Lembin, dont la possession est précieuse, car elle nous assure la route de Malodeczno.

Notre plume est impuissante à reproduire dignement ce combat, où la destinée de deux empires était en jeu, et où le duc de Reggio, auquel une balle traversa le corps, fut proclamé le *Sauveur de l'armée!*

En parcourant cette vie d'un guerrier qui est assez heureux pour avoir rendu de tels services à son pays, on se demande quel doit être l'évènement dont le souvenir lui est le plus cher... Est-ce la bataille de Mincio, celle de Friedland, celle de Wagram, ou bien le passage de la Bérésina? A cette question, nul autre qu'Oudinot ne saurait répondre; mais, quelle que soit sa préférence, elle porte sur un fait dont il doit s'énorgueillir, et qui tout seul peut satisfaire une noble ambition.

Le général, qui venait d'ouvrir à son souverain et à l'armée le chemin de la France, allait, à raison même de sa blessure, être exposé à des dangers d'une nature nouvelle. Le secrétaire de l'empereur (baron Fain), rend compte, à ce sujet, dans le manuscrit de 1812, d'un remarquable épisode.
« Des cosaques, dit-il, ont paru en même temps que
« nos convois de blessés à Plechnitzio; ils ont enlevé
« le général Hamenski et les bagages de l'inten-

« dant-général Mathieu Dumas ; ils ont même été
« sur le point de faire prisonnier le duc de Reggio,
« qui s'y était fait transporter ; mais, nouveau
« Bayard, le maréchal, se levant sur son matelas
« et saisissant son épée, repousse l'assaut de son
« logement ; et, comme si tous les jours de gloire
« d'Oudinot devaient être consacrés par une bles-
« sure, il en reçoit encore une dans ce combat :
« un boulet, traversant sa chambre, fait voler un
« éclat de bois dont il est atteint... »

La campagne de Russie venait de faire perdre à la France cette armée qui avait été si long-temps sa gloire et la terreur de l'ennemi. Nos revers causèrent à l'Europe plus d'étonnement encore qu'elle n'en avait éprouvé de nos triomphes ; mais, ce premier moment de surprise passé, nous devions avoir à lutter contre une ligue redoutable, dont les cris de joie ne tardèrent point à se faire entendre. Qu'on ne s'y trompe pas néanmoins, *le lion n'est pas encore mort!* (1) et Napoléon, qui a conservé toute son énergie, fait partager à la France l'ardeur dont il est animé. Moins de trois mois lui suffisent pour mettre sur pied deux cent cinquante mille hommes, avec lesquels il reprend l'offen-

(1) Paroles de Napoléon à Murat.

sive; et Oudinot, en qualité de commandant du douzième corps, poursuit, après la bataille de Lutzen, sur la route d'Altenbourg et de Chemnitz, Wittgenstein, son ancien adversaire.

A la journée de Bautzen, le duc de Reggio, placé à l'extrême droite, au pied des montagnes de la Bohême, combattit les russes avec acharnement, et eut une grande part au gain de cette bataille qui fut suivie de l'armistice de Neumark.

Mais l'importance de nos succès en Allemagne était diminuée par nos revers dans la Péninsule-Hispanique. La défaite de Vittoria et l'abandon de l'Espagne par nos troupes, vinrent ajouter aux embarras de notre situation. L'armistice expira le 15 août 1813, et le lendemain les hostilités recommencèrent.

L'empereur d'Autriche s'était réuni aux ennemis de Napoléon, et la coalition avait fait des efforts inouïs pendant cette trêve. Aussi la masse des troupes qu'allait avoir à combattre la France, s'élevait-elle à plus de huit cent mille hommes, pourvus de mille huit cents pièces de canon. De son côté Napoléon, dont le génie ne fut jamais plus actif, était parvenu à réunir en Allemagne quatre cent mille soldats et douze cents pièces de canon attelées. Bernadotte, alors prince royal de Suède, commandait dans les environs de Berlin une armée de cent vingt mille russes, suédois et prussiens. C'est Oudinot que l'Empereur veut opposer à ce guerrier, que la France ne s'attendait pas à voir dans les rangs ennemis. Le maréchal était établi à Dahme, sur la route de Torgau à Berlin, avec trois corps d'armée, dont la force ne s'élevait pas à plus de soixante-cinq mille hommes. Napoléon prend Dresde pour pivot des opérations de la grande armée, et se donne ainsi la facilité d'agir sur les deux rives de l'Elbe. Il remporte une éclatante victoire à Dresde ; mais ses lieutenans éprouvent bientôt des échecs successifs en Silésie et dans le Brandebourg.

Dans le même temps, l'empereur ordonne au maréchal Oudinot de pousser une forte reconnaissance sur Berlin. Le maréchal se porte en conséquence par Treblin et Grosberen au-devant de son adversaire; mais les forces numériques de celui-ci sont le double des siennes. Il serait téméraire et imprudent de livrer une bataille générale dans de telles conditions. Le maréchal se décide donc à se retirer sur Witemberg. Il opère sa retraite lentement et avec le plus grand ordre, malgré la supériorité numérique et la formidable cavalerie de l'ennemi.

Toutefois l'empereur aurait voulu qu'au lieu de se retirer sur Wittemberg, le but de Reggio se fut rapproché de Lukau et de Bautran où l'ennemi venait de remporter sur ses lieutenans des avantages marqués. Il confie au prince de la Moscowa le commandement en chef de trois corps d'armée et lui prescrit d'avancer immédiatement sur Bayrout.

Le maréchal Ney ordonne en conséquence à toute son armée de se mettre en marche à huit heures du matin, le 6 septembre 1813 ; mais, soit que l'ordre ait été mal donné, soit qu'il n'ait pas été bien compris, le quatrième corps qui était chargé de tourner Jouterbogk par la droite, se met seul en route à l'heure prescrite ; le septième ne commence son mouvement qu'à dix heures ; le deuxième, qui devait marcher sur Ochna, ne se met en en marche qu'à onze heures et demie.

Le prince de la Moskowa n'avait point le projet d'engager ce jour-là une affaire générale ; son but était de se porter rapidement sur le Danube, en faisant couvrir par le quatrième corps le mouvement de l'armée ; mais, à la hauteur de Dennewitz, il trouve vers dix heures du matin des forces ennemies, s'engage avec elles, et ne parvient que difficilement à déboucher et à se former en avant du village. Les attaques de l'ennemi, devenues alors plus pressantes, furent d'abord victorieusement repoussées. Cependant le quatrième et le septième corps avaient été contraints de se replier et de repasser le défilé de Donnewitz, lorsque le douzième corps, à la tête duquel se trouvait le duc de Reggio, parut à la gauche de Golsdorf. On vient de dire que le départ de ce corps avait été différé par un de ces malentendus si fréquents à la guerre. Aussitôt que le bruit du canon parvint jusqu'à lui, il accourut sur le champ de bataille. La division Guilleminot qui formait la tête de la colonne, aborde aussitôt la droite de l'ennemi. L'artillerie du duc de Reggio prend une position avantageuse sur des plateaux ; elle produisait le plus grand effet sur les lignes de Bernadotte, quand Ney envoie l'ordre pressant au douzième corps de se porter sur la hauteur, en arrière de Dennewitz, pour soutenir la retraite du quatrième corps. Ce changement de direction paraît être un mouvement rétrograde à la brigade saxonne, notre alliée, aussi bien qu'à l'ennemi. Ce dernier, attaquant alors le village avec vigueur, parvient à s'en emparer, et, au même instant, son aile droite se porte en avant. Tandis que le duc de Reggio fait reprendre Golsdorf par le général Guilleminot, les colonnes des alliés s'avancent contre le septième corps, qui, malgré le feu soutenu de son artillerie et une fort belle charge de cavalerie, est obligé de se retirer non sans quelque confusion. La droite du général

Guilleminot se trouvant ainsi découverte ; le duc de Reggio porte de ce côté la division Pactold qui s'y déploie en partie ; mais les forces ennemies se grossissant d'instant en instant par l'arrivée des Russes et des Suédois, dont la force s'élève à soixante-dix bataillons, le douzième corps, qui seul reste sur le champ de bataille, est contraint, lui aussi, de songer à la retraite ; il se retire en bon ordre, repoussant avec succès plusieurs charges de cavalerie. La nécessité de rester en masse lui fait néanmoins éprouver des pertes considérables par l'artillerie ennemie. La poursuite cesse seulement à la nuit, et après une charge de cavalerie qui échoue complètement contre un de nos carrés, auquel le maréchal Oudinot commandait lui-même le feu.

Les détails qu'on vient de lire, extraits textuellement du journal des opérations de la division Guilleminot, nous ont semblé devoir trouver place ici, parcequ'ils font bien connaître la participation du duc de Reggio au combat de Dennewitz, dont les circonstances ont été tant de fois inexactement rapportées.

La Bavière, jusque-là notre alliée fidèle, voyant le génie de Napoléon impuissant contre tant d'ennemis, se décide à en accroître le nombre ; elle accède à la coalition, et, privé d'un auxiliaire si utile, l'Empereur renonce à manœuvrer entre l'Elbe et l'Oder ; il se dirige sur Leipsik, où allait se décider le sort du monde civilisé. Le 16 octobre, les armées alliées prennent à Wachnau, l'initiative de l'attaque, et, dans cette journée de carnage, Oudinot qui avait sous ses ordres deux divisions de jeune garde, rejette Wittgenstein, son constant adversaire, sur Stœrmthal et Gossa. Cependant, Napoléon voyant que ses efforts n'obtiennent que de faibles résultats, tente, le 17, d'ouvrir de nouveau la voie des négociations. Il propose un armistice et l'évacuation de toutes les places de la Vistule, de l'Oder et même de l'Elbe. Mais Bernadotte, Benigsen et Colloredo étant venus renforcer de près de cent-vingt mille hommes l'armée ennemie dans la nuit du 17 au 18, ils se décident à livrer le lendemain une bataille qui, par ses résultats, devait être la plus importante du siècle. Les deux divisions de jeune garde commandées par le maréchal Oudinot y font particulièrement des prodiges de valeur, et notre armée toute entière se couvre de gloire à la sanglante journée de Leipsik. Toutefois la situation de nos affaires était alors désespérée, et un demi-succès équivalait à une défaite. Aussi, bien qu'aucun de nos corps n'eût été entamé, ils étaient exténués de fatigue et de faim, et la retraite devint impérieuse. Les désastres du pont de l'Elster et le désordre de la journée du 19 contristeront à jamais tous les cœurs français. Ne rappellent-ils point en effet que Poniatowski et quinze mille de nos soldats y succombèrent pressés entre la rivière et les masses ennemies ?

C'est le duc de Reggio qui, après l'évacuation de Leipsik, fut chargé du commandement de l'arrière-garde jusqu'à Mayence ; triste et pénible mission qui présentait le spectacle incessant de nos jeunes soldats en proie à toutes les souffrances et décimés par la plus meurtrière des maladies, le typhus! Le maréchal Oudinot ne fut point préservé de ce fléau, et sa santé en éprouva une profonde altération.

Cependant la France, qui avait tant de fois porté la guerre sur le sol étranger, allait, à son tour, être envahie par l'ennemi. En présence des dangers de la Patrie, le moral d'Oudinot triomphe de ses maux physiques, il reprend le commandement de la jeune garde. Les peuples soumis à Napoléon avaient appris de lui à compter pour rien les sacrifices, et la confédération du Rhin elle-même tourna contre son protecteur l'énergie que celui-ci avait su lui inspirer en tant d'autres circonstances. On peut évaluer à un million cent cinquante mille hommes la force des armées lancées contre nous depuis le mois d'août 1813, jusqu'au mois de janvier 1814. Fatiguée de guerres, et rasassiée de gloire, la France n'était plus, comme en 1792, disposée à se lever en masse. Le salut du pays ne reposait donc que sur une poignée de braves. Honneur à leur dévouement et à leur patriotisme ! Gloire aussi à Napoléon ! A aucune époque il ne déploya une énergie plus active que dans cette immortelle campagne de France, si remarquable en mouvemens stratégiques et l'une des plus savantes des temps modernes.

Dès le commencement des hostilités, au combat de Brienne, le duc de Reggio soutient, avec son corps de jeune garde, dans le village de la Rothière, les efforts des généraux Sacken et Blücher. Champ-Aubert, Nangis et Bar-sur-Aube sont successivement témoins de sa valeur surnaturelle et de l'élan qu'il sait inspirer à des troupes encore inexpérimentées. Dans ce dernier combat surtout, aux prises avec Wittgenstein et de Wrèdre, on le voit conquérir de nouveaux droits à la reconnaissance du pays, en même temps qu'à l'admiration de l'armée. Blessé encore (et comment ne l'aurait-il pas été,) au combat d'Arcis-sur-Aube, le 21 mars, rien ne peut le décider à quitter ses troupes, auxquelles est confiée la périlleuse mission de protéger comme arrière-garde, la retraite de l'armée.

Enfin Napoléon, jugeant qu'il ne lui reste plus d'autres ressources que de manœuvrer sur les communications de l'ennemi, au risque de perdre les siennes, se décide à poursuivre Wintzingerode dans la direction de Saint-Dizier, et veut avoir Oudinot avec lui. L'empereur, qui connaît toute l'influence de ce guerrier sur ses concitoyens, lui prescrit de porter ses troupes jusqu'à Bar-le-Duc, bien convaincu que, dans ce moment décisif, sa voix pourra, plus qu'aucune autre, soulever contre l'ennemi la belliqueuse Lorraine. Ce calcul n'était point sans fondement ; l'apparition du duc de Reggio dans les lieux qui l'ont vu naître eut promptement pour effet d'électriser tous les hommes jaloux de l'honneur du nom français et de l'indépendance nationale. Mais, inutiles efforts ! les alliés, qui avaient mis en délibération s'il était plus convenable de se porter sur Paris sans s'inquiéter du mouvement de Napoléon sur la Lorraine que de se replier sur le Rhin, s'arrêtent au premier parti ; et quand l'Empereur est assuré du mouvement concentrique des masses ennemies, quand il apprend leurs succès à Fère-Champenoise, il n'hésite pas à se diriger sur sa capitale à marche forcée par la rive gauche de la Seine. La bataille qui fut livrée sous les murs de Paris, est encore présente à tous les souvenirs ; nous ne réveillerons point les sentimens pénibles qui s'y rattachent.

L'homme géant est vaincu ; il perd en un instant son sceptre, son armée, sa puissance, lui dont naguère les légions s'échelonnaient de Cadix à Moscou, lui qui avait dominé tant de peuples et disposé de tant de trônes !.....

De telles infortunes ne pouvaient affaiblir le respect d'Oudinot pour Napoléon ; il voit toujours en lui son général et son souverain, et ne se décide à quitter l'Empereur qu'après son abdication et au moment de son départ pour l'Ile-d'Elbe. Parmi les témoignages d'estime que reçut le duc de Reggio à cette époque, il en est un qui dut lui être bien précieux. Tous les généraux des diverses puissances étrangères dont les troupes occupèrent successivement la ville de Bar-sur-Ornain, s'empressèrent d'aller rendre hommage au vieux père du maréchal Oudinot ; tous voulurent qu'il fut exempt du logement militaire. « N'avons-nous pas, disaient-ils, « une dette de reconnaissance à payer à un « guerrier dont le désintéressement ne s'est jamais « démenti, et qui, pouvant si facilement user « des droits de la conquête pour s'enrichir, dé- « daigna toujours la fortune? »

L'empereur Alexandre vint plusieurs fois visiter dans son hôtel de la rue de Bourgogne à Paris, le maréchal qui, entouré seulement de quelques uns de ses officiers et d'un petit nombre de membres de sa famille, recevait avec une simplicité antique le monarque vainqueur. Dans ces entretiens, auxquels la bienveillance du prince savait donner une sorte d'intimité, Alexandre ne parlait jamais de la valeur française qu'avec admiration, et de la France elle-même qu'avec estime et déférence. « Il faut, disait-il, que, dans l'intérêt de « l'équilibre européen, votre pays reste fort et « respecté. » Telle était alors la pensée intime de l'empereur. Aussi, en 1814, le traité de Paris laissa-t-il l'ancienne France agrandie sur quelques une de ses frontières, et promptement affranchie des innombrables armées ennemies. (1)

Le duc de Reggio reçut, vers le même temps, de son nouveau souverain, des preuves signalées de confiance ; le roi le nomma gouverneur de la troisième division militaire, ministre d'état, pair de France, et colonel général des grenadiers et chasseurs royaux. Ce fut une heureuse pensée de mettre ainsi le général des grenadiers réunis à la tête de cette infanterie de l'ex-vieille garde, dont presque tous les soldats avaient combattu sous lui.

Mais le chef du grand empire relegué à l'île d'Elbe par la force des évènements, s'y trouvait

(1) Il ne faut pas confondre ce traité avec les funestes traités de 1815.

trop à l'étroit et ne pouvait se résigner à l'exil. Bientôt il reparaît sur la scène du monde. Napoléon, après moins d'un an d'absence, débarque sur la même plage où il avait pris terre, quinze ans auparavant, à son retour d'Égypte. Les soldats n'hésitent point à rejoindre le drapeau de celui qui les avait si souvent conduits à la victoire, et vingt jours suffisent pour accomplir une révolution qui ne coûte pas une goutte de sang. Vainement quelques chefs de l'armée voulurent-ils lutter contre l'entraînement du soldat. Quand les sympathies populaires étaient ainsi acquises à Napoléon, comment les grenadiers royaux se seraient-ils défendus de l'enthousiasme général? La vieille garde cède, par un mouvement pour ainsi dire instinctif, au besoin de reprendre sa place près de cet empereur en possession de tout son dévouement, et qui lui promet de nouveaux périls à affronter. Oudinot comprend, lui, que le général doit quelquefois résister à ses plus sympathiques inclinations; et, dominé par le sentiment d'un devoir supérieur, soumis à la religion du serment, il laisse pendant les cent jours reposer une épée que la guerre civile pouvait seule paralyser.

L'évènement vint justifier ses prévisions. Le roi remonta sur son trône, et, à la seconde Restauration, le maréchal, successivement décoré du grand cordon de Saint-Louis et de l'Ordre du Saint-Esprit fut, à peu de jours de distance, nommé major-général de la garde royale, et commandant en chef de la garde nationale de Paris. Déjà, près de seize années se sont écoulées depuis que le duc de Reggio a quitté ce dernier commandement, et les habitants de la capitale n'ont point oublié avec quel zèle, avec quel dévouement éclairé, il se consacra à la défense de leurs droits et de leurs intérêts.

Il existait, en 1823, entre le trône et la milice citoyenne, une harmonie, une confiance réciproque, dont Louis XVIII sentait tout le prix ; et ce fut sans doute en partie pour consolider une si heureuse union, que le roi fit choix d'Oudinot pour lieutenant dans la campagne d'Espagne. Le maréchal reçut en conséquence le commandement du premier corps de cette armée de cent mille hommes qui, sous les ordres du duc d'Angoulême, eut pour mission d'étouffer l'anarchie dans la Péninsule. Nos troupes atteignirent ce but par une attitude ferme et courageuse, en même temps que par l'austérité d'une discipline contre laquelle existaient des préventions récentes encore. Il y aurait évidemment exagération et ridicule à comparer cette dernière campagne aux grandes actions guerrières dont les annales de la République et de l'Empire rappellent le souvenir. Mais n'est-il pas certain que nos soldats ont accompli alors en Espagne tout ce que la fortune leur permettait de faire? L'histoire répondra affirmativement à cette question ; elle dira que le rôle du maréchal Oudinot fut particulièrement digne et noble dans une guerre où l'armée a moissonné de nouvelles palmes, et qui n'a avec aucune autre ni analogie ni ressemblance.

Quoique le maréchal soit resté constamment inaccessible à toute ambition politique, on le vit cependant sans cesse empressé à soutenir par ses paroles comme par ses actions, l'honneur et l'indépendance de la nation française. Ainsi, quelque temps après son retour d'Espagne, il protesta le premier contre les prétentions de l'ambassadeur autrichien, qui disputait à nos généraux des titres conquis par d'éclatans services ; et la France lui tint compte de cette protestation désintéressée, car le duché de Reggio, situé en Calabre, n'a jamais pu être, de la part de l'Autriche, un objet de contestation. Une telle abnégation d'intérêt personnel fut en tout temps le caractère distinctif du général de nos grenadiers réunis ; aussi avons-nous entendu reproduire, à son occasion, les paroles suivantes appliquées par un orateur célèbre à un autre grand capitaine : « Si les singularités

« sont des espèces de défauts dans la société, M.
« de Turenne en avait deux qu'on reproche à bien
» peu de gens : un désintéressement trop grand
« lorsqu'on voyait régner un esprit d'intérêt uni-
« versel; et une probité trop pure dans une cor-
« ruption presque générale. »

Le maréchal était grand-chancelier de la Légion-d'Honneur lorsque l'Hôtel des Invalides perdit son gouverneur, l'illustre et vénérable maréchal Moncey.

Ainsi que nous l'avons dit, pour remplacer ce guerrier, il fallait un maréchal de l'Empire haut placé comme lui dans l'estime du pays et les respects de l'armée.

L'ordonnance qui nomme le maréchal duc de Reggio au gouvernement des Invalides, est du 22 octobre 1842. L'ordre du jour qu'on va lire fut donné trois jours après par le nouveau gouverneur, et il produisit la plus profonde sensation parmi toutes les divisions de l'Hôtel. Les grenadiers réunis d'Austerlitz, de Friedland et de Wagram étaient heureux et fiers de retrouver à leur tête dans l'asile qui leur est ouvert par la magnificence nationale, le héros qui avait si souvent partagé leurs périls et leur gloire; aussi répondirent-ils à sa voix par les accens du plus vif anthousiasme.

Citons textuellement ces paroles de l'illustre

maréchal, tout commentaire ne pourrait qu'en affaiblir la portée.

« Officiers, sous-officiers et soldats,

« Le roi vient de me confier le gouvernement des Invalides; j'apprécie, comme je le dois, cette récompense; c'est pour moi un honneur signalé d'être apppelé à commander les vieux compagnons d'armes qui, depuis soixante ans, ont mes sympathies et que j'ai rencontrés sur tant de champs de bataille. Je suis fier de succèder à l'illustre maréchal Moncey, à ce guerrier, type de patriotisme dont les vertus militaires seront toujours présentes à votre souvenir ainsi qu'au mien. Je m'applaudis de penser que je terminerai ma carrière au milieu de vous et auprès du grand homme dont la tombe est remise à votre garde, confiée à votre amour. Dès ce moment, braves invalides, mon sort est associé au vôtre et je vous appartiens sans réserve.

« Secondé par le loyal et valeureux général Petit, auquel j'ai voué, depuis longues années, autant d'estime que d'amitié, je me consacrerai tout entier à vos intérêts. Votre bien-être ne sera pas seul l'objet de ma sollicitude, elle s'étendra sur toutes les parties du service. J'aimerai à développer de plus en plus dans cette enceinte les principes d'ordre et de discipline; je m'attacherai à entretenir parmi vous, le dévoûment au roi et au pays, dont nous devons l'exemple à notre jeune armée, et que vous mettez au nombre de vos premiers devoirs. »

On vient de voir que la vie du maréchal Oudinot a été, pour ainsi dire, un combat continuel. Nous avons aimé à en retracer les traits les plus saillans parceque les exemples de modestie et d'héroïsme dont elle est semée, ne seront point perdus pour notre jeune armée.

Le souvenir de ses glorieuses actions est en outre le patrimoine particulier des soldats qui ont combattu sous le maréchal duc de Reggio et qui terminent leur carrière dans l'établissement fondé par Louis XIV.

Là finit notre tâche. Ainsi que nous l'avons vu, l'Institution des Invalides date, pour ainsi dire, du commencement de la monarchie française, et son origine nous a été révélée par l'institution des oblats dont l'existence est aussi ancienne que celle des abbayes elles-mêmes.

L'insuffisance de cette institution devenant chaque jour de plus en plus évidente, en raison de l'accroissement progressif de nos armées, il fallut songer à adopter des mesures plus en harmonie avec les besoins du service.

Philippe-Auguste vivement frappé de la nécessité d'améliorer la condition des soldats victimes de la guerre, s'occupa le premier de les réunir dans un seul établissement.

Saint Louis, Charles V, Charles VIII, Louis XII, François Ier, Henri III, Henri IV, Louis XIII marchèrent dans cette voie, ils préparèrent ainsi la fondation de l'Hôtel Royal des Invalides qui reçut une solennelle et définitive consécration sous le règne de Louis XIV.

La création de l'établissement dont nous venons d'écrire l'histoire, a donc été l'œuvre du temps, et l'expérience démontre chaque jour, que cette institution répond parfaitement au but que se sont proposé ses fondateurs.

Les évènemens politiques qui se sont succédés en France avec tant de rapidité depuis la fin du siècle dernier et qui ont fait disparaître un si grand nombre d'institutions, ont respecté l'œuvre du grand roi; et aujourd'hui, l'Hôtel des Invalides n'est pas seulement le sanctuaire de la bravoure; une retraite ouverte aux défenseurs de la Patrie, il donne encore un asile aux dépouilles mortelles des héros qui ont succombé en combattant pour elle. Cet établissement est donc destiné par sa nature à triompher des vicissitudes du temps et des caprices des hommes ; il vivra aussi longtemps que le souvenir de son immortel fondateur.

Les importantes modifications qui se sont introduites dans nos mœurs militaires à la suite de nos longues guerres avec l'Europe, ont à la vérité apporté quelques changemens dans son administration intérieure ; ces innovations cependant, n'ont été faites que dans un seul but, celui d'améliorer et de perfectionner cette royale institution.

Plus d'une fois, sans doute, l'Hôtel des Invalides a été en butte à de violentes attaques, plus d'une fois son existence a été menacée et son avenir compromis, mais ce mauvais vouloir n'a servi qu'à fournir au pays l'occasion de manifester ses sympathies pour un établissement qu'il a toujours regardé comme la plus utile et la plus glorieuse de ses institutions.

La Convention, le Directoire, le Consulat, l'Empire, la Restauration ont tour à tour proclamé la nécessité, l'importance, la nationalité de l'Institution des invalides et le gouvernement de 1830 en a sanctionné la perpétuité et la gloire, en y déposant les restes mortels de l'empereur Napoléon.

Les citations suivantes terminent cet exposé :

« L'Hôtel des Invalides est le lieu le plus respectable de la terre ;
« j'aimerais autant avoir fait cet établissement si j'étais prince, que
« d'avoir gagné trois batailles. »

MONTESQUIEU.

« La dignité de l'institution en garantit à jamais la durée chez un
« peuple aussi éminemment admirateur du courage militaire; et tant
« que les mots *honneur et patrie*, feront battre le cœur de nos guer-
« riers, l'Hôtel des Invalides sera toujours *le premier monument de la*
« *France.* »

GENTY DE BUSSY,
Intendant militaire, membre de la chambre des députés.

« L'Hôtel des Invalides destiné à donner un asyle aux défenseurs
« de la Patrie, à ces glorieux débris, plus admirables encore par ce
« qui leur manque, que par ce qui leur reste, est de toutes les glo-
« rieuses institutions de la France, celle qui est le plus vivement em-
« preinte du caractère de grandeur, de générosité et de reconnais-
« sance nationale. »

DUPIN AÎNÉ.

FIN.

TABLE DES MATIERES.

CONTENUES

DANS CE VOLUME.

Chapitre 1er. — L'Hôtel sous le règne de Louis XIV. (1671 à 1715). . . . . , ... 2

Chapitre II. — Les Invalides sous le gouvernement du régent et de Louis XV. (1715 à 1774).. 95

Chapitre III. — Les Invalides sous le règne de Louis XVI. (1774 à 1792). 137

Chapitre IV. — L'Hôtel National et l'Hôtel Impérial des Invalides. (1792 à 1815). . . . . . . , . 161

Chapitre V. — L'Hôtel Royal des Invalides sous la Restauration. (1815 à 1830). 255

Chapitre VI. — Les Invalides depuis 1830 jusqu'en 1845. 277